비판적 언어 연구와 국어교육

국어교육학회
국어교육연구총서 3

비판적 언어 연구와 국어교육

2024년 11월 4일 초판 1쇄 인쇄
2024년 11월 15일 초판 1쇄 발행

지은이 김규훈

편집 이근영·조유리
디자인 김진운
본문조판 민들레

펴낸이 윤철호
펴낸곳 ㈜사회평론아카데미
등록번호 2013-000247(2013년 8월 23일)
전화 02-326-1545
팩스 02-326-1626
주소 03993 서울특별시 마포구 월드컵북로6길 56
이메일 academy@sapyoung.com
홈페이지 www.sapyoung.com

국어교육학회
국어교육연구총서
03

비판적 언어 연구와 국어교육

김규훈 지음

사회평론아카데미

머리말

고등학교 국어 교사로 재직하던 시절, 독서 과목을 가르칠 때 들었던 의문이 하나 있었다. 독서 이론에서 잘 정리된 읽기의 유형, 사실적으로 추론적으로 그리고 비판적으로 읽는 것이 학생들에게는 참 어려운 방법이라는 것이다. 물론 교육학 분야의 이론 조각들이 실제 교육 현장에서는 복합적으로 작동하는 것이기에 사실적, 추론적, 비판적 읽기를 명료하게 구분하는 교수·학습도 타당하지는 않다. 그럼에도 학생들은 독서의 방법을 무척 어려워했는데, 특히 글을 비판적으로 읽는다는 것이 무엇인지 또 어떻게 해야 하는지 늘 궁금해했다.

그럴 때마다 국어 교사로서 난감했던 적이 한두 번은 아니었다. 물론 국어 교사라는 자부심에 '비판은 비난이 아니야. 그저 대상이나 현상을 부정적으로만 파악하는 것이 아니지.'라며 그럴듯하게 설명은 해 주었다. 그런데 그다음이 문제였다. 교과서에서 '필자의 의도를 파악해 봅시다.' 혹은 '윗글이 반영하고 있는 사회적 의미를 말해 봅시다.' 등의 발문에는 구체적인 방법을 알려주지는 못하였다. 필자의 의도를 파악한다는 것이 그저 읽기의 차원에서만 해결할 수 있는 문제가 아니기 때문이었다. 그러자 학생들도 점차 '이건 국어를 원래 잘하는 애들이 할 수 있어.'라며 슬픈 공감대를 형성하고 말았다. 일명 '수포자'에 이어 '국포자'도 늘어나는 현상을 교육 현장에서 목도하였다.

고등학교 국어 교사로 재직하면서 대학원에 입학하여 국어교육을 공부하고 있었지만, 비판적 읽기에 대한 의문은 쉽사리 해결되지 않았다. 그나마 비판적 읽기가 비판적 사고와 밀접한 관련이 있으며, 국어교육에서 비판적 사고는 비판적 수용과 관련이 있음을 확인할 수 있었다. 이른바 '텍스트의 비판적 수용과 창의적 생산'이라는 명제는 비판적 사고, 특히 '텍스트의 비판적 수용'을 필자에게 학문적 탐구의 대상으로 남겨주었다. 그리고 고등학교 국어 교사를 그만두고 대학교수가 된 지 한참이나 흘러, 이제서야 국어교육의 '비판'에 관한 아주 작은 학문적 방향을 설정하게 되었다.

이 책은 필자가 대학원 공부를 시작하면서부터 지금까지 꾸준히 연구해 온 '텍스트의 비판적 수용'에 대한 작은 결실이다. 고등학교 교사로 돌아간다면 그 시절의 학생들에게 적어도 비판적으로 읽는 방법을 언어학의 언저리 즈음에서 가르쳐 줄 수 있겠다. 이번 출간은 텍스트를 수용하는 근간에 어휘와 문법이 통합적으로 작동하는 양상을 다양하게 탐구한 결과로, 향후 텍스트와 언어의 긴밀한 상관성에 대한 연구를 확장해 나아가기 위한 작은 발판이다.

'비판적 언어 연구와 국어교육'은 총 3부로 나누어 집필하였다. 1부는 '비판적 담화 분석과 비판적 수용 교육'으로, 2부는 '인지의미론과 어휘 사용 교육'으로, 3부는 '비판적 언어 인식과 국어 의식 교육'으로 구성하였다. 비판적 언어 연구의 주제 가운데 국어교육과 연관성이 큰 '비판적 담화 분석, 인지의미론, 비판적 언어 인식'에 집중하였고, 이들 각각이 국어교육의 세부 교육 내용인 '비판적 수용 교육, 어휘 사용 교육, 국어 의식 교육'과 관련된다는 사실을 파악하였다.

1부에서는 비판적 언어 연구의 중심 이론인 '비판적 담화 분석'과 국어교육의 핵심 명제인 '비판적 수용'의 접점을 탐색하였다. 먼저 비판적 담화 분석을 기반으로 국어교육의 내용이 어떻게 구성되는지 살폈다. 이를 바탕으로 연설, 매체, 광고 등 국어교육에서 다루는 교육 텍스트를 대상으로 비판적 담화 분석의 적용 방안을 제시해 보았다.

2부에서는 비판적 언어 연구의 분석 방법론과 관련된 '인지의미론'을 중심에 두었다. 인지의미론의 하위 이론인 틀짓기, 개념적 은유 등이 어휘 사용을 분석 대상으로 삼는다는 점에서 국어교육의 어휘 사용 교육과 관련짓고자 하였다. 이를 '표현 의도 탐구'로 개념화하고, '틀 의미론', '개념적 은유'를 기반으로 한 타당한 어휘 사용 교육의 내용 구체화를 꾀하였다. 더 나아가 '공공 언어'와 같이 인지의미론적 분석의 대상으로서 사회 문화적 언어 현상을 초점화하여 타당한 어휘 사용 교육의 가능성도 확인해 보았다.

　　3부에서는 비판적 언어 연구의 사회적 실천론인 '비판적 언어 인식'을 기반으로 국어교육에서 '국어 의식 교육'의 교육 내용을 구성하였다. 언어 인식에서 비롯된 비판적 언어 인식을 바탕으로 국어 의식 교육 내용을 재구성해 보았고, 또 시의적 국어 의식 교육 내용을 교육과정 차원에서 검토하였다. 더 나아가 국어 의식 교육의 실천적 방안을 고민할 수 있는 대상으로서 '다문화 현상'을 상정하고 비판적 언어 인식을 함양하기 위한 국어 의식 교육의 실제를 구안해 보았다.

　　총 3부에 걸쳐 비판적 언어 연구와 국어교육의 다양한 모습을 찾고자 하였지만, 출간을 목전에 둔 시점에도 부족한 내용이 적지 않다. 모든 장의 저술이 그간 필자가 게재하였던 논문을 바탕으로 하되 시의적 교육과정을 반영하고 대부분의 문장을 다시 썼지만 여전히 거친 표현도 발견된다. 그럼에도 더 늦기 전에 국어를 공부하는 학생들에게 국어교육의 비판이 무엇인지 그 실체를 조금이나마 알려주고 싶다는 마음과 필자 스스로 비판적 언어 연구를 건축하기 위한 섬돌을 하루빨리 놓고 싶다는 욕심으로 부족한 저술을 세상에 보인다.

　　출간의 자리를 빌려 감사의 인사를 올리고 싶은 분들이 많다. 필자에게는 보통 명사가 아닌 고유 명사인 '선생님', 김혜숙 교수님께 출간의 기뼘을 선물한다. 대학원에서 가르침을 받았던 박인기 교수님, 원진숙 교수님, 이도영 교수님께도 감사와 안부의 인사를 올린다. 국어교육과 동문의 울타리를 지켜오신 민해 선생님과 산행팀 공룡 식구들에게도 감사의 마음을 전한다. 아울러 대학원 시절 꾸린 비판적 언어 연구팀에서 공부해 온 김효연 박사와 현재 부족한 필자의 연구에 도움을 주는 동료 교수와 제자에게 고마움을 전한다. 그리고 아들의 공부에 변함없는 믿음으로 응원해 주신 부모님, 따뜻한 마음으로 지지해 준 아내, 혜인, 현이와 출간의 기쁨을 함께하고 싶다.

아울러 이 책은 국어교육학회의 국어교육연구총서로 발간되었다. 학회 총서로 선정해 주신 전임 국어교육학회장 원진숙 교수님께 거듭 감사의 인사를 올린다. 총서의 발간을 허락해 주신 국어교육학회장 천경록 교수님과 이하 임원진 교수님들께도 감사한 마음을 전한다. 아울러 이 책을 발간해 주신 (주)사회평론아카데미 윤철호 대표님과 꼼꼼하게 편집하고 작업해 주신 이근영 팀장님과 조유리 선생님께 고생하셨다는 말씀을 드리고 싶다.

끝으로 『비판적 언어 연구와 국어교육』은 사범대학에서 국어교육을 전공하는 학부생 및 대학원생과 더불어 교육 현장에서 국어교육을 실천하는 교사들을 위한 책이다. 그런데 지금의 AI 시대에 더 중요해진 비판적 사고력에 관심을 갖고 있는 모든 대중을 위한 책이라 말하고 싶다. 부디 이 책을 발판 삼아 국어교육에서 '비판'이라는 화두가 좀 더 활발히 논의될 수 있기를 기대해 본다.

2024년 9월 27일
햇살 가득한 솔뫼 연구실에서
김규훈 씀

차례

2부 인지의미론과 어휘 사용 교육

3부 비판적 언어 인식과 국어 의식 교육

도입
비판적 언어 연구와 국어교육의 접점*

1. 국어교육에서 비판적 언어 연구의 필요성

비판적 언어 연구(critical study of language)는 사회문화적 맥락에서 언어 사용에 대한 비판적 시각을 탐구하는 것을 목적으로 삼는다. 학문적 으로는 Fairclough(1995)의 비판적 담화 분석(critical discourse analysis; CDA)을 중심으로, '언어, 이념, 권력의 관계 탐구', '담화와 사회문화적 변화', '방언과 권력의 관계', '비판적 담화 분석의 방법론', '정치 담화에 대한 분석', '세계화에서 언어의 역할', '언어와 교육' 등의 범주에서 언어가 사회문화를 어떻게 조망하고 있는지를 밝히고자 한다. 특히 불공정성, 차별, 부정확함의 가치가 언어를 통해 어떻게 정당화되는지를 드러내려 한

....

* 　도입부는 『국어교육연구』 52집에 게재되었던 「비판적 언어 연구와 국어교육: 쟁점과 전 망」을 이 책에 맞게 수정 및 보완한 것이다.

다. 이는 '비판(critique)'이라는 용어가 사회의 지속 가능성을 위한 평가를 기반으로 하고 있기 때문이다(Fairclough, 1995: 7).[1] 비판적 언어 연구는 우리 일상에서 쓰이는 모든 언어가 정치적인 영향을 지닌다는 사실을 중심으로, 언어 사용과 사회문화 속 권력의 관계를 탐구하는 울타리 연구 담론이다.

비판적 언어 연구가 국어교육에서 주목받는 이유는 국어교육의 핵심 명제에 기인한다. 주지하다시피 국어교육은 텍스트를 비판적으로 이해하고, 창의적으로 표현하는 것을 근간으로 삼는다. 이것은 학습자가 다양한 텍스트를 깊이 있게 이해하고, 그 내용 뒤에 숨겨진 의미나 이유를 탐구하도록 유도한다. 이런 비판적 사고는 단순히 텍스트를 분석하는 것을 넘어, 그 내용이 왜 제시되었는지를 묻는 것과 직접적으로 연관된다. 미국 철학회의 델피 보고서(Delphi Report)에 따르면, 비판적 사고는 여러 요소가 복합적으로 작동하는데, 여기에는 해석, 분석, 평가, 추론의 능력이 반드시 포함된다(Facione, 1990: 2). 결국 텍스트를 비판적으로 수용한다는 것의 의미는 표면적인 이해의 차원을 넘어선다. 텍스트에 담겨 있는 중층적인 의미를 파헤치고, 그 속에서 텍스트 생산자가 전달하고자 한 '표현 의도'까지 이해하는 과정을 포함하는 것이다.[2] 이러한 과정은 깊이 있는 분석과 통찰을 요구하며, 비판적 언어 연구가 국어교육에서 중요한 역할을

....

1   '비판'은 현존하는 사회를 평가하고 이를 바람직한 방향으로 변화시키기 위하여, 인류의 참살이와 번영을 지향하는 소위 '좋은 사회(good society)'를 형성하기 위한 관점과 가치를 근간에 둔다(Fairclough, 1995: 7).

2   2022 교육과정에서 표현 의도와 표현 효과를 다음 성취 기준에서 강조하고 있다. "[10공국1-04-03] 다양한 분야의 글과 담화에 나타난 문법 요소 및 어휘의 표현 효과를 평가하고 적절한 표현을 생성한다." 이 성취 기준은 다양한 분야의 글과 담화에서 문법 요소와 어휘를 통해 실현되는 언어 주체의 태도와 인식을 파악하는 것을 교수-학습의 일차적 주안점으로 두고 있다(교육부, 2022: 83).

하게 된다. 그것은 비판적 언어 연구가 국어교육에서 학생들에게 단순한 지식의 전달을 넘어서, 비판적 사고와 깊은 이해를 가능하게 하는 구체적인 방법론을 제공하는 데에 기여한다는 점에서 더욱 그러하다.

곧 학습자가 텍스트를 해석하는 과정에서 자신의 관점을 보다 적극적으로 발현하는 능력을 함양하는 데 있어, 비판적 언어 연구의 접근이 중요한 역할을 한다. 비판적 언어 연구는 텍스트가 내포하는 사회의 불공정성, 차별, 그리고 올바르지 못한 점들을 비판적으로 조명한다. 민현식(2021)에 의하면, 정치적 올바름과 같은 공공 언어의 사용에 대한 탐구는 국어교육에서 필수적인 교육 내용이라고 한 바 있다. 따라서 비판적 언어 연구는 국어와 사회 간의 관계를 탐색하는 학습자에게 필수적인 교육 내용과 방법을 제공할 수 있다. 더 나아가 이는 국어교육을 통해 학습자들이 더 가치 있는 사회를 형성하려는 의식을 키우는 데 기여한다. 국어교육과 비판적 언어 연구의 결합은 학습자들이 자신의 목소리를 찾고, 다양한 사회문화적 현상에 대한 깊은 이해와 비판적 사고를 발달시키는 데 중요한 동력이 될 것이다.

비판적 언어 연구와 국어교육의 접점은 이 지점에서 출발한다. 학습자가 국어 사용의 타당성을 심도 있게 탐구하고, 사회 속에서 유통되는 텍스트가 지닌 본질적 의미를 깊이 있게 파악하는 과정이 필수적이다. 이를 통해 학습자는 세상을 자신의 관점으로 바라보는 국어 의식을 형성하게 될 것이다. 비판적 언어 연구의 국어교육적 적용은 궁극적으로 '비판적 국어교육'의 연구 울타리를 형성해 나갈 것이다.

이 장에서는 '비판적 국어교육'이라는 개념을 형성하기 위해, 비판적 언어 연구와 국어교육에 대한 그간의 학문적 논의를 종합하고 그 쟁점과 미래 전망을 탐색하고자 한다. 이를 위해 비판적 언어 연구의 대상과 영역을 체계적으로 살펴보고, 국어교육 분야에서 이루어진 관련 연구를 정리해 볼 것이다. 이를 바탕으로 국어교육에서 비판적 언어 연구의 중요한 쟁점들을 살펴보며, 국어교육에서의 비판적 언어 연구가 나아가야 할 방향을 가늠해 볼 것이다.

2. 비판적 언어 연구의 대상과 영역

비판적 언어 연구의 영역은 Fairclough(1995)의 비판적 담화 분석과 Stibbe(2015)의 생태언어학(ecolinguistics)으로 대별할 수 있다. 비판적 담화 분석의 경우, 권력관계와 그로 인한 불평등 문제를 중심으로 연구가 이루어졌다. 이를 바탕으로 언중의 인식 경향과 그 영향을 분석하고자 하였다. 생태언어학의 경우, 특히 환경 담화를 중심으로 텍스트가 환경 문제를 대중에게 전달하고 인식시키는지를 탐구하였다. 여기에서는 이러한 연구들을 바탕으로 비판적 언어 연구가 다루어야 할 주요 대상과 영역을 정리하기로 한다.

먼저 Fairclough(1995)는 비판적 담화 분석을 통해 언어로써 우리 사회와 문화를 이해하는 방법에 대해 심도 있게 연구하였다. 언어와 이념, 권력 간의 복잡한 관계를 탐구했으며, 담화가 사회문화적 변화에 어떠한 영향을 미치는지, 방언과 권력이 어떻게 상호 작용하는지를 분석하였다. 또한 비판적 담화 분석의 방법론, 정치적 담화, 세계화 속에서 언어의 역할, 그리고 교육에서의 언어 사용에 대해 깊이 있게 논의하고자 하였다. 보다 구체적으로 Fairclough(1995)에 제시된 비판적 담화 분석의 주제들을 체계적으로 분류하고, 각각의 중요한 내용을 제시하면 다음 〔표 1〕과 같다.

〔표 1〕은 Fairclough(1995)에 제시된 비판적 언어 연구의 대상을 범

[표 1] 비판적 담화 분석에서 비판적 언어 연구의 대상(Fairclough, 1995)

범주	세부 주제	분석 대상과 연구 내용
언어, 이념, 권력	매체 담화에서 담화의 재현	• 대상: 신문 기사 • 내용: 사회의 담론적 사건이 보도된 담화에서 어떻게 재현되는지에 대한 분석. 특히 보도된 담화가 특정 관점이나 이념에 치우쳐 대인 관계적 의미나 맥락을 무시하는 경향이 있음.
	언어와 이념	• 대상: 마거릿 대처의 라디오 인터뷰 • 내용: 사회문화적 변화 속에서 언어와 이념을 연계적으로 분석. 사회의 담론적 사건은 특정 이념에 따라서 텍스트 내에서 배열되고 위치함.
담화와 사회 문화의 변화	담화, 변화와 헤게모니	• 대상: 정부 정책 보고서 • 내용: 국가, 정부 정책인 거시 영역과 담론적 실천인 미시 영역을 담론의 기술화를 통해 연결. 담론의 기술화는 특정 공동체의 실천에서 담론적 지배력 형성의 방법.
	기업 담화의 의미	• 대상: 마거릿 대처의 총리 연설과 브로슈어 '기업 담화' • 내용: 정치 연설에 '기업'의 의미와 브로슈어에서 '기업'의 의미가 다름을 분석. 어휘가 중요도에 따라 다르게 의미화될 수 있음을 지적.
	공공 담화의 시장화	• 대상: 현재의 사회와 문화의 변화 현상 • 내용: 그람시(Gramscian)와 바흐친(Bakhtinian)의 이론을 상호텍스트성으로 분석. 특히 후기 근대(Giddens, 1991)에서 공간과 담화의 역할을 조명.
	정치 텔레비전에서 정체성 변화	• 대상: 1992년 영국 총선 밤 토론 프로그램 • 내용: 이 프로그램으로 인해 정치, 사생활, 엔터테인먼트 담화의 편성 순서가 변경되었음을 확인. 특히 '대화(chat)'라는 새로운 장르가 TV 프로그램으로 제시되었음을 파악.
비판적 언어 인식	비판적 언어 인식과 교육에서의 자기 정체성	• 대상: 교육 기관의 담화 • 내용: 교육은 현대 사회에서 언어와 권력의 일반적 사회 문제 가운데 중요한 현상. 특히 교육 자체는 언어를 매개로 이루어지는 권력의 한 형태. 학습자가 비판적 언어 인식 능력을 길러 권력관계를 바라볼 수 있어야 함.
	적절함의 적절성	• 대상: '적절성'에 대한 언어 변형 모델 • 내용: '적절성' 개념 기반의 언어 변형 모델이 현재의 언어 교육 정책 및 실천에 대한 무비판적 관점을 취하고 있음. 비판적 언어 인식의 확장을 위해 '적절성' 중심의 언어 교육 정책을 비판적으로 보아야 함.

주별로 정리한 것이다. 이들은 사회문화 속에서 생동하는 다양한 담론적 사건(discursive event)에 대한 텍스트의 분석, 텍스트의 생산-소비-유통의 현상 분석, 그리고 사회문화적 분석에 관한 내용을 중심에 둔다(Fairclough, 1995: 23). 이때 분석의 대상은 '언어, 이념, 권력', '담화와 사회문화 변화', '비판적 언어 인식'으로 범주화되는데, 이들은 각각 '대중매체(mass media), 공공(public), 교육(education)'으로 대상화된다.

'대중매체' 범주는 신문 기사나 라디오 등의 대중매체로 전파되는 인터뷰 등을 통해 대중매체에 의해 보도되는 의미가 어떻게 재의미화되는지에 대해 관심을 갖는다. 특히 그 과정에서 이념과 권력이 언어를 통해 어떻게 재현되는지를 들여다보고자 한다. 비판적 담화 분석이 주로 대중매체를 분석 대상으로 삼고 있는데, 이는 대중매체가 본래의 현상을 어떤 관점과 의도로 대중에게 전달하는지, 그 과정에서 힘의 관계가 어떻게 형성되는지를 파악하고자 하기 때문이다.

'공공' 범주는 정책 보고서나 정치 담화 등과 같이 공적 영역에서 형성되는 담화로서 이들은 대부분 강한 이념을 담고 있다. 비판적 담화 분석에서 이런 공공 담화(public discourse)를 중요하게 다루는 이유는, 우리가 살고 있는 사회가 바로 이런 담화에 의해 만들어지고 변화하기 때문이다. 특히 정치나 사회 분야에서 생성되는 공공 담화는 사건을 어떻게 이야기하고 해석하는지에 큰 영향을 주고받는다.

'교육' 영역에서는 교실 내에서 형성되는 교사와 학생 간의 관계, 즉 권력관계에 주목하고자 한다. [표 1]에서 볼 수 있듯이, 교육은 권력관계를 매개하는 언어의 역할을 중시한다. Fairclough(1995)는 이러한 교육적 현상을 비판적 담화 분석의 중요한 연구 대상으로 간주하며, '비판적 언어 인식(critical language awareness; CLA)'을 중요한 연구 개념으로 제시한다. 비판적 언어 인식은 국어교육 연구 분야에서 학습자의 중요한 역량으로 간주되는데, 이 역량은 언어를 통해 숨겨진 권력관계를 인식하는 능력에 초점을 맞춘다.

　　Fairclough(1995)는 대중매체, 공공, 교육이라는 세 가지 주요 영역에서 '신문 기사, 라디오 인터뷰, 정책 보고서, 연설, TV 토론, 교육 현상' 등을 분석의 대상으로 삼아 비판적 언어 연구를 진행하였다. 그러나 이러한 범주들만이 분석 대상이 되는 것은 아니다. 사실상 모든 담화는 비판적 분석의 대상이 될 수 있는데, 특히 힘의 불균형성이 드러나는 담화는 비판적 담화 분석의 주된 관심사로 간주된다. 곧 이념, 사회문화 변화, 방언과 권력, 정치 담화, 세계화, 환경 담화 등의 주제들은 힘의 불균형성이 명확하게 드러나는 대상이라고 할 수 있다.

　　다음으로 Stibbe(2015)는 생태언어학이라는 새로운 연구 영역을 개척하여, 환경 및 기타 생태 현상에 대한 비판적 분석을 시도하였다. 생태언어학은 인간과 인간, 인간과 무생물, 그리고 이들이 상호 작용하는 환경 간의 역동적 관계를 연구한다. 이러한 관계적 현상을 '비판적으로' 분석한다는 것은, 자연스러운 관계성을 해치는 요소들이 언어를 통해 어떻게 고착화되었는지를 분석하고, 언어를 사용하여 관계의 자연성을 회복하는 방법을 모색한다는 것을 의미한다. Stibbe(2015)는 이러한 언어적 결정체를 '삶으로서의 이야기(stories we live by)'라고 명명하였는데, 이는 사회의 인지 구조가 표현된 텍스트를 의미한다. 그러면서 생태언어학의 궁극적인 목표를 '지속가능한 삶으로서의 이야기(sustainable stories we live by)'를 찾는 데 있다고 하였다. 단지 인간만을 위한 삶이 아니라, 지구 전체의 생존을 위해 공동체의 사회인지가 중요하다는 의미와 같다.

　　생태언어학에서는 지속가능한 삶으로서의 이야기 유형, 즉 언중의 인식 경향을 범주화하였고, 이들 경향을 표현하는 언어적 형태를 제시하였다. 다음 [표 2]에서 이들을 구체적으로 확인할 수 있다(Stibbe, 2015: 17).

〔표 2〕 삶으로서의 이야기 유형과 언어적 표현(Stibbe, 2015)

삶으로서의 이야기(사회인지) 유형		언어적 표현
이념 (ideology)	공동체에 의해 공유되는 것으로 세계가 어떻게 형성되었고 형성되어야 하는지의 이야기	특정 공동체에 의해 특징적으로 사용되는 언어적 형태 집합인 담화의 비판적 분석
틀짓기 (framing)	삶의 다른 영역을 구조화하기 위해 틀(삶의 영역에 관한 지식의 집합)을 사용하는 이야기	틀을 인식하게 하는 방아쇠 단어(trigger words)
은유 (metaphor)	뚜렷하고 확실하게 구분되는 삶의 다른 영역을 구조화하기 위해 틀을 사용하는 이야기	마음속에 특정하고 뚜렷한 틀을 가져오는 방아쇠 단어
평가 (evaluations)	특정 삶의 영역이 좋은지 아니면 나쁜지를 판단하는 이야기	평가 유형, 즉 삶의 특정 영역을 긍정적으로 혹은 부정적으로 표현하는 언어 유형
정체성 (identity)	특정한 사람의 특질을 규명하는 데 사용된 이야기	특정한 부류의 사람들이 지닌 성격을 정의하는 언어 표현
신념 (conviction)	세상에 대한 기술이 참인지 거짓인지, 아니면 불확실한지를 판단하는 이야기	세상에 대한 기술이 참인지, 거짓인지 아니면 불확실한지를 나타내는 사실성 유형
소거 (erasure)	일상생활에서 중요하지 않거나 가치가 없다고 고려되는 이야기	특정 삶의 영역을 재현하는 데 실패하거나 그 이면에서 왜곡하는 언어 표현의 형태
현저성 (salience)	일상생활에서 중요하고 가치 있다고 고려되는 이야기	삶의 영역을 두드러지게 나타내는 언어 표현의 형태

위 〔표 2〕를 통해 '삶으로서의 이야기'의 여러 유형들인 '이념, 틀짓기, 은유, 평가, 정체성, 신념, 소거, 현저성'을 확인할 수 있다. 이들 유형은 사회인지의 방식으로서 언중이 세상을 어떻게 인식하고 있는지를 드러내는 중요한 범주들이다. Stibbe(2015)는 이러한 이야기 유형에서 언중의 사회인지를 분석하는 데 사용될 수 있는 언어학적 방법론을 갖추고 있다고 설명한다. 이는 우리 삶 속에서 활동하는 언어의 다양한 표현 방식

을 통해 이야기 유형을 파악하고 해석하는 데 도움을 준다. 예를 들어, 텍스트 내에서 지배적으로 사용되는 '틀짓기(framing)'의 양상을 분석함으로써, 텍스트 생산자의 의도와 그로 인해 형성되는 사회문화적 의미의 경향성을 파악할 수 있다. 〔표 2〕에 제시된 다른 이야기 유형도 이와 유사한 방식으로 작동하여, 언중의 인식 경향과 사회문화적 맥락을 드러내는 데 기여한다.

이때 김규훈(2023a: 12-16)은 〔표 2〕에 제시된 '삶으로서의 이야기' 유형을 세 가지 주요 범주로 재분류하였다. '사고 방식', '가치 판단', '공동체 문화'가 그것이다. 사고 방식의 경우, '이념, 틀짓기, 은유'가 언중의 사고 방식을 형성하는 방법에 해당한다고 하였다. 이는 텍스트와 언어 선택을 통해 언중의 생각이 어떻게 형성되는지를 보여준다. 가치 판단과 관련하여, '평가, 정체성, 신념'은 언중이 대상을 평가하고 자신의 정체성을 형성하며 신념을 발현하는 과정을 나타내는 가치 판단의 범주에 속한다. 마지막으로, '소거, 현저성'은 언중이 속한 사회문화에서 공시적으로 숨기거나 드러내는 경향, 통시적으로 관철된 인식의 경향을 반영한다. 추후 이러한 분류를 통해 비판적 언어 연구를 '비판적 사고', '비판적 가치 판단', '비판적 공동체 문화'와 같이 보다 세부적인 영역으로 나누는 것도 충분히 가능하리라 본다.

지금까지의 논의를 정리하여, 다음 〔표 3〕과 같이 비판적 언어 연구의 대상과 영역을 명시하기로 한다.

비판적 언어 연구는 힘의 불균형성이 드러나는 사회문화 현상을 바탕으로 이들 현상이 표상된 언어를 대상으로 삼는다. 이들 언어는 통일된 의미와 완결된 형식의 단위인 텍스트로 존재하며, 텍스트와 상황 및 사회문화적 맥락에 영향을 받는다. 이를 대상으로 삼아 비판적 언어 연구는 '주제 중심'과 '인식 중심' 영역에서 수행 가능하다. 주제 중심의 비판적

〔표 3〕 비판적 언어 연구의 대상과 영역

비판적 언어 연구의 대상			
사회문화에서 힘의 불균형 현상이 표상된 언어			
주제 중심의 연구 영역		인식 중심의 연구 영역	
대중매체	언어, 이념, 권력의 긴밀한 관계	사고 방식	이념, 틀짓기, 은유
공공	담화와 교섭하는 사회문화 변화	가치 판단	평가, 정체성, 신념
교육	교육 현상에 대한 비판적 언어 인식	공동체 문화	소거, 현저성

언어 연구는 대중매체, 공공, 교육 등 언어로 표상되는 불균형 현상이 자주 표출되는 대상을 비판적으로 분석한다(Fairclough, 1995 참고). 인식 중심의 비판적 언어 연구는 사회의 불균형성을 다룬 텍스트에서 언중의 사회인지 경향을 드러내는 데 집중한다(Stibbe, 2015 참고).

3. 국어교육에서의 비판적 언어 연구와 쟁점

1) 비판적 담화 분석과 비판적 수용 교육

비판적 담화 분석은 담화에 대한 깊이 있는 이해와 사회문화적 맥락의 복잡한 상호 작용을 탐구하는 담화 분석 연구이다. '담화'는 언어의 최상위 단위이자 사회문화적 실천의 한 형태로 인식된다(Fairclough, 2013).[3]

....

3   사회적 실천으로서의 담화는 특정 담화적 사건과 그것의 배경이 되는 상황, 제도, 사회 구조 간의 변증법적 관계를 탐구한다. 담화는 현 사회 상태(status quo)를 유지하고 재생산하는 데 기여하며, 사회적 구조의 변형에도 영향을 미치는 중요한 요소이다(Fairclough & Wodak, 1997: 258).

담화 '분석'은 담화 내의 언어적 표현과 그 사회문화적 맥락 간의 관계를 분석하는 과정이다(이원표, 2001). '비판적' 담화 분석은 이러한 분석을 더 깊게 하여, 언어적으로 표현된 표면적 의미뿐만 아니라 맥락을 통해 해석할 수 있는 숨겨진 의미를 파악하고자 한다(van Dijk, 2009). 비판적 담화 분석은 담화가 지닌 다층적 의미를 분석하는 중요한 학문적 접근법이자 연구 방법이라고 할 수 있다(김규훈, 2017: 1-2).

'관점'으로서의 비판적 담화 분석은 미셸 푸코(Michel Foucault)와 같은 학자들이 제시한 거대 담론 이론을 구체적인 담화 분석에 적용하는 데 그 목적이 있다(최윤선, 2014: 5). 이 접근법은 전통적으로 언어학 중심이었던 담화 분석 연구에 사회학적 요소인 권력, 이념, 정치 등을 통합하려는 시도이다. '방법'으로서의 비판적 담화 분석은 노먼 페어클로프(Norman Fairclough) 등을 중심으로 한 영국의 학파에서 사회학적 연구 방법론을 바탕으로 세 가지 층위의 분석 틀을 제시하였다. 이는 텍스트의 언어적 분석(text), 텍스트의 생산 및 소비 과정과 연관된 담화 수행(discourse practice), 그리고 사회 구조, 조직, 공동체 문화 등의 사회문화적 수행(socio-cultural practice)을 포함한다(Fairclough, 2007: 9). 이러한 '삼차원 분석 틀'은 비판적 담화 분석에서 담화가 지닌 중층적인 의미에 대하여, 이 의미를 구성하는 '언어 기능'을 기술하고, 의미가 '소통되는 맥락'을 해석하며, 의미의 배경이 되는 '사회문화적 특성'을 설명한다(Fairclough, 1995; 최윤선, 2014: 26).

국어교육에서 비판적 담화 분석에 주목하는 이유는 국어교육의 핵심 내용이 '텍스트의 비판적 수용과 창의적 생산'에 있다는 점에 기인한다. 2007 교육과정 이래, 텍스트의 비판적 수용은 국어교육에서 중요한 명제로 자리 잡았다. 이 명제는 국어과 영역에서 통합적으로 활동하며, 궁극적으로는 학습자의 비판적 사고력을 키우는 것을 목표로 한다. 그런데 이 명제와 관련해서는 "비판적 수용의 구체적인 교육 내용과 실천 활동은 무엇인가?"라는 질문이 여전히 제기되고 있다. 비판적 담화 분석은 이러한 문제에 대한 이론적 광맥을 제공할 수 있다. 비판적 담화 분석이 담화의 언어, 소통 맥락, 사회문화적 요소를 분석의 기초로 삼고, 이를 통해 실제 분석 사례를 연구하기 때문이다.

국어교육 분야에서 비판적 담화 분석의 도입에 대한 선행 연구들은 텍스트의 비판적 수용이라는 논제에 초점을 맞추고 있다. 이러한 연구들은 크게 세 가지 주요 범주로 분류될 수 있다. 첫 번째 범주는 비판적 담화 분석의 관점을 바탕으로 학습자가 비판적 언어 인식 능력을 개발할 수 있다는 점을 강조하는 논의이다. 이와 관련하여 신명선(2002)은 국어 활동, 특히 읽기를 사회적 실천 행위로 간주하며, 문법과의 통합이 필요하다고 논의하였다. 김은성(2005a)은 영국의 문법교육 사례를 들어 비판적 언어 인식의 중요성을 강조하며 국어교육에서의 핵심 화두로 제시하였다. 또한 심영택(2013)은 비판적 언어 인식 능력의 중요성을 언급하며, 비판적 담화 분석을 통한 실제 적용 사례를 제시한 바 있다.

두 번째 범주는 비판적 담화 분석의 분석 방법을 바탕으로 비판적 읽기 방법을 제안한 것이다. 김유미(2014)는 고등학생을 대상으로 한 비판적 담화 분석을 활용한 비판적 읽기 방법을 제시하였다. 이와 유사하게 김누리(2015)와 문종철(2016)은 학교급은 다르지만 비슷한 접근 방식을 논의하였다. 이들 연구는 비판적 읽기를 통해 학생들의 비판적 사고력을 개발할 수 있다는 가능성을 제시한다. 장성아(2015)가 언급하였듯이 비판적 담화 분석이 비판적 사고력 개발에 유용한 이론이라는 점 또한 이들 논의와 동궤를 형성한다. 이러한 연구들은 첫 번째 범주의 연구들과 지향점을 공유하고 있지만, 주로 '비판적 읽기'에 초점을 맞추고 있어 비판적 담화 분석의 국어교육적 적용에 한계가 있다. 국어교육의 비판적 수용이 통합적 활동임에도, 읽기 영역에 기대어 있기 때문이다(김봉순, 2008; 권이은, 2011 등). 이들은 학습자의 읽기 과정에 내재된 문법적 언어 기능을 고려하고 있지만, 읽기와 문법이 어떻게 통합되어 작동하는지에 대한 메커니즘을 명확하게 밝히지는 못하고 있다.

세 번째 범주는 '둘째' 범주의 한계를 극복하기 위해 최근 등장한 논의로, 비판적 담화 분석과 문법교육의 통합을 추구하며 비판적 수용의 종합적 기제를 밝히는 데 중점을 두고 있다. 김규훈 외(2017)는 비판적 담화 분석을 기반으로 한 국어교육의 비판적 수용을 통합적 관점에서 문법, 읽기, 매체를 중심으로 제안했다. 김효연·김규훈(2022)은 비판적 담화 분석의 텍스트 층위에 대한 분석 요소를 국어과의 하위 영역인 문법교육과 연결하려고 시도하였다. 이는 비판적 담화 분석의 텍스트 층위에 대한 분석 요소가 문법교육으로 수렴되는 것에 주목하여, 문법의 기능 및 의미와 그것이 갖는 사회적 힘의 관계를 탐구하는 데 집중하고자 한 것이다.[4] 이러한 논의는 비판적 담화 분석이 Halliday(1994)의 기능 문법에 기반을 두고 있음을 강조하며, 문법교육에서 관찰되는 어휘 및 문법의 기능, 통합 가능한 영역, 그리고 사회문화적 맥락을 연결하려는 시도에 해당한다.

이들 세 범주에서 알 수 있듯이, 비판적 담화 분석은 국어교육에서 학습자의 비판적 사고력 증진에 관한 교육 내용 및 학습 활동 개발에 일정한 기여를 해 왔다. 그것은 비판적 담화 분석의 '관점'과 '방법'이 각각 학습자의 비판적 사고력과 텍스트의 비판적 수용 활동에 각각 대응되기 때문이다. 그러나 국어교육에 적용된 비판적 담화 분석의 관점과 방법이 비

....
4   김효연·김규훈(2022: 146-148)에 제시된 텍스트 층위의 문법교육 내용 요소로는 '어휘의 종류에 따른 표현 효과, 어휘의 의미 탐구 및 어휘가 표상하는 이념 추론, 단어(품사)의 의미 탐구, 문장 유형 및 문장 구조에 따른 표현 효과의 차이, 문법 요소의 표현 효과, 텍스트의 거시적 구조 탐구 및 표현 효과, 담화 참여자의 관계 탐구' 등이 있다.

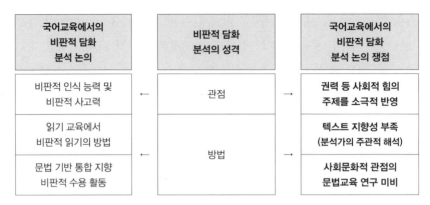

국어교육에서의 비판적 담화 분석 논의	비판적 담화 분석의 성격	국어교육에서의 비판적 담화 분석 논의 쟁점
비판적 인식 능력 및 비판적 사고력	← 관점 →	권력 등 사회적 힘의 주제를 소극적 반영
읽기 교육에서 비판적 읽기의 방법		텍스트 지향성 부족 (분석가의 주관적 해석)
문법 기반 통합 지향 비판적 수용 활동	← 방법 →	사회문화적 관점의 문법교육 연구 미비

〔그림 1〕 국어교육에서 비판적 담화 분석 논의와 범주별 쟁점

판적 담화 분석이라는 연구 담론의 본질을 온전히 반영했는지에 대해서는 여전히 논란이 존재한다. 이러한 사실을 바탕으로, 국어교육에서 비판적 담화 분석에 관한 범주별 쟁점을 제시하면 위 〔그림 1〕과 같다.

〔그림 1〕과 같이, 국어교육에 적용된 비판적 담화 분석 논의는 '관점'의 차원에서 학습자의 비판적 언어 인식 능력 및 비판적 사고력을 기른다는 점과, '방법'의 차원에서 초기 읽기 교육을 중심으로 비판적 읽기의 방법을 제시하거나 최근 문법 기반의 통합 지향 비판적 수용 활동을 제시하는 등으로 이루어졌다. 그런데 이들 각 논의 범주가 비판적 담화 분석의 본질에 비추어 볼 때, 국어교육적 적용에 타당한지에 대해서는 논란이 제기될 수 있다.

국어교육에 비판적 담화 분석을 적용하는 과정에서 학습자의 비판적 인식 능력을 개발하려는 시도는 중요하지만, 비판적 담화 분석의 '비판'이 국어교육에서는 소극적으로 적용되고 있다는 지적이 있다. 비판적 담화 분석의 원리는 보다 적극적인 비판, 즉 권력, 정치와 같은 힘의 관계에 대한 첨예한 대립을 다루는 것을 목표로 하지만, 국어교육에서는 이러한 접근이 충분히 이루어지지 않고 있다는 것이다. 정희모(2017: 184)의 지적에 따르면, 국어교육에서 비판적 담화 분석을 도입한 연구들은 종종 필자의 의도 파악이나 문맥에 따른 추론 등 부드러운 비판적 인식의 문제로 해석하는 경향을 보이기도 한다. 어쩌면 국어교육을 포함한 교과 교육이 정치적 중립성을 전제로 하는 것에서 비롯된 필연적인 쟁점일 수 있다.

다음으로 비판적 담화 분석의 방법을 국어교육에 적용한 초기 논의들 중에는 텍스트 지향성(text orients)이 부족하다는 한계가 있다. '텍스트 지향성'이란 비판적 담화 분석이 기능 문법을 기반으로 한 '텍스트 층위' 분석에 근간을 두어야 한다는 의미이다. 이는 문법의 기능과 어휘 사용을 근거로 텍스트의 소통적 의미와 사회문화적 맥락을 분석해야 함에도 불구하고, 일부 연구에서는 연구자의 주관적인 비판 결과 기술에 치우쳐 있다는 것이다. 신동일(2018: 27)에 따르면, 많은 국내 비판적 담화 분석 연구가 연구자의 직관에 의존하고 있다.

끝으로 문법 기반 통합 지향의 비판적 수용 활동과 관련한 논의가 최근 등장했으나, 이들 논의는 사회문화적 관점의 문법교육에 대한 충분한 숙의가 이루어지지 않았다는 문제가 있다. 사회문화적 관점의 문법교육은 고정된 문법이나 형태 중심이 아니라 의미 구성, 표현 의도 및 효과를 탐구하는 문법을 가리킨다. 김효연·김규훈(2022)은 Fairclough(1995)의 텍스트 층위를 문법교육 내용과 연계하려고 했으나, 이 연계가 실효성을 지니기 위해서는 기능 문법이나 어휘의 인지적 사용 기제가 문법교육에서 활동적으로 적용되어야 한다. 그러나 이는 쉽지 않은 일이며, 기존의 문법교육 내용을 단기간에 변경하는 것은 어려운 문제이다. 사회문화적 관점의 문법교육이 추구하는 텍스트와 맥락 중심의 문법은 현재 문법교육이 지니고 있는 정체성을 약화시킬 우려도 있다.

2) 비판적 언어 인식과 국어 의식 교육

비판적 언어 인식의 개념과 그 중요성은 학계에서 오래전부터 주목받아 왔으며, 특히 Fairclough(1995)의 연구를 통해 학계에 명확히 자리 잡았다. 이러한 개념은 교육 담화에 대한 비판적 언어 연구를 중심으로 발전해 왔으며, 교육 분야에 있어서 중요한 영향을 끼쳤다. 이는 언어 교육에 있어서 단순히 언어의 구조나 문법을 넘어서는 것으로, 학습자가 갖추어야 할 '관점'이자 '능력'으로 인식되고 있다. 특히 김은성(2005a)은 언어를 권력과 이데올로기의 관계 속에서 이해하고 실천하는 데 중요한 역할을 하는 언어 교육의 관점을 강조한다. 또한 Fairclough(2014: 93)는 비판적 언어 인식이 인종, 주체성, 성별, 환경 등 다양성 교육(diversity education)의 주제를 포괄하며, 이러한 주제들 속에서 권력관계를 분석하고 이해하는 데 필수적인 능력이라고 설명한다.

비판적 언어 인식을 살펴보기 위해서는 언어 인식 연구를 먼저 살펴보아야 한다. 이는 비판적 언어 인식이 언어 인식 연구의 핵심적인 하위 영역으로 간주되기 때문이다. 교육 연구 담론에서 비판적 언어 인식은 학습자에게 필수적인 목표로 설정되며, 이를 달성하기 위한 구체적인 접근 방식으로 비판적 담화 분석이 제안되고 있다. 이와 관련하여 Bolitho, et al.(2003)은 언어 인식과 비판적 언어 인식에 대한 심도 있는 이해를 제공해 준다. 그것은 Bolitho et al.(2003)이 전문가 대담 형식을 통해 언어 인식과 비판적 언어 인식의 개념, 목표, 그리고 실제 적용 사례를 포괄적으로 다루고 있기 때문이다. 해당 연구의 주요 논점들은 다음 〔표 4〕에서 살펴보고자 한다.[5]

....

5   Bolitho, et al.(2003)은 Rod Bolitho, Ronald Carter, Rebecca Hughes, Roz Ivanić, Hito-

[표 4] 언어 인식의 관점과 교육적 설계(Bolitho, et al., 2003)

언어 인식		주요 내용
관점		• 언어 인식은 모어 화자가 사용된 언어에 의도적 주의를 기울임으로써 발달되는 정신적 자질(mental attribute). 실재(realities) 언어에 대한 잠재적이고 능동적인 실재화(realization) 중시. • 비판적 언어 인식은 언어 인식의 관점을 바탕으로 특히 언어와 사회적 맥락(language & social context)의 관계를 탐구. 비판적 언어 인식에서 '인식'은 언어가 세계를 어떻게 표상하는지, 특히 힘의 관계(power relations)를 언어가 반영하고 다시 언어에 의해 구성되는지를 주목.
교육적 설계	방향	• 텍스트 인식(text awareness), 사용으로서의 언어(language in use)에 대한 강조, 그리고 사회와 문화의 매개체로서 언어(language as a social and cultural medium)의 맥락을 강조하는 방향. • 언어와 문화의 관계는 분리 불가능한 것(indistinguishable)이고, 언어에 대한 중립적 기술도 존재할 수 없음. 텍스트는 사회문화 속에서 총체적으로 탐구.
	요소	• 텍스트의 내용 이해, 정서적 상응. 텍스트에 사용된 특정 언어 표현 양상의 탐구, 어휘와 문법 선택(choosing)에 따른 맥락 이해. • 텍스트(textual), 맥락(contextual), 사회-정치(socio-political), 태도(attitudinal) 요소의 통합.

먼저 언어 인식의 '관점'을 볼 때, 이는 모어 화자가 자신이 사용하는 언어에 대한 실재화된 능력으로 정의된다. 비판적 언어 인식은 모어 화자의 언어 인식에서 한 걸음 더 나아가, 언어와 사회의 관계에 집중하는 능력으로 간주된다. Clark & Ivanić(1999: 66)에 따르면, 비판적 언어 인식은 사회 속에서 언어가 어떻게 힘의 논리에 따라 실천되는지를 탐색하는 능력이다. 어떤 언어도 진공 상태에서 존재하지 않으며, 항상 사회적 인식과 실천의 산물임을 이해하는 것이 비판적 언어 인식의 핵심이며, 이는 언어 교육의 도달점 가운데 하나라고 볼 수 있다.

....

mi Masuhara, Brian Tomlinson 등 언어 인식 교육의 전문가들이 참여한, 언어 인식과 비판적 언어 인식의 교육적 적용 방안에 대한 연구 대담이다.

언어 인식의 '교육적 설계' 측면에서 볼 때, 학습자는 자신이 속한 사회 내에서 언어가 어떻게 힘의 관계로 작용하는지를 이해하고, 이를 바탕으로 독립적인 언어 관점을 개발해 나가는 과정으로 나아간다. 이러한 과정에서 [표 4]의 '방향'에서 언급된 바와 같이, 언어에 대한 중립적인 기술은 불가능하며, 텍스트는 사회문화적 맥락에서 종합적으로 분석되어야 한다. 학습자는 언어가 내포하는 사회적 의미를 탐구함에 있어, [표 4]의 '요소'에 제시된 것처럼, 텍스트 내에서 사용된 특정 언어 표현, 특히 어휘와 문법의 선택이 교육적 설계에서 중요한 요소로 작용한다. 텍스트와 맥락, 그리고 사회-정치적 관점 및 언어에 대한 태도가 통합적으로 결합되는 것이 언어 인식과 비판적 언어 인식 교육의 방향이라고 할 수 있다(Bolitho et al., 2003: 256).

이처럼 언어 인식은 좁은 의미에서 언어를 인식하는 차원이 아니라 보다 넓은 의미에서 학습자의 언어 사용과 언어 태도를 아우르는 개념이다. 어쩌면 모국어 교육의 궁극적 목표라고도 간주할 수 있는데, 이러한 중요성을 인식하여 일찍이 국어교육에서도 언어 인식 및 비판적 언어 인식을 도입하고자 하였다. 대표적으로 김은성(2005a, 2005b)은 국어교육학계에 언어 인식과 비판적 언어 인식을 도입한 출발점 논의에 해당한다.

언어 인식과 비판적 언어 인식은 국어교육에서 소개된 이후 국어교육적 접점을 찾으려는 시도가 꾸준히 이어졌다. 김은성(2013)은 김은성(2005a)에서 소개했던 비판적 언어 인식 논의를 국어교육적으로 확장하여 비판적 언어 인식이 함의하는 국어교육적 의미를 다각도로 논의하였다.[6] 이때 언어 인식이나 비판적 언어 인식이 모어 화자가 언어 표현을 선

....

6   참고로 김은성(2013)은 국어교육학회 제52회 전국학술대회(2012.12.1.) 주제인 '국어교육의 확장과 심화를 위한 언어 인식의 비판적 검토' 가운데 하나이다. 해당 학술대회에서는

택할 때, 그 선택 속에는 언어 사용자의 정체성과 해당 언어가 소통되는 사회문화적 영향이 반영되어 있다는 사실을 해당 논의의 중심에 두었다.

국어교육 연구사에서 언어 인식에 대한 논의는 '국어 의식'이라는 국어과 교육과정의 핵심 내용 요소와 밀접하게 관련되어 있다. 신명선(2008: 372)은 국어 의식이 지향하는 교육 내용의 실체가 언어 인식에 대한 심도 있는 고찰을 통해 더욱 명확해진다고 언급했다. 고춘화(2013: 177)는 국어 의식을 인지적 영역과 정의적 영역이 통합된 언어 인식으로 정의하였으며, 김진희(2018: 40) 역시 국어 의식이 언어 인식과 함께 논의되어 온 것으로 보았다. 김규훈(2019: 2-3) 또한 국어 의식과 언어 인식을 동일한 개념적 궤도로 보고 있다. 이러한 관점들은 김은성(2018: 18)이 제시한 것처럼 국어에 대한 인지적 접근과 정의적 접근의 통합이 국어에 대한 태도 형성의 중심이며, 그와 관련하여 언어 인식을 중심에 두고 있다(김효연, 2021 참고).

그런데 역설적이게도, 언어 인식 및 비판적 언어 인식 논의의 쟁점 또한 이들 논의와 국어 의식과의 관련성에서 드러나고 있다. 그것은 아직 언어 인식과 국어 의식에 대한 개념적 관계 설정이나 관련 교육 내용이 구체적으로 구성되지 못했다는 점에 기인한다. 언어 인식과 국어 의식을 둘러싼 쟁점과 비판적 언어 인식 연구로 초점화한 내용을 제시하면 다음 〔표 5〕와 같다.

〔표 5〕에서 볼 수 있듯이, 이들 쟁점은 '언어 인식과 국어 의식의 정체성', '언어 인식 기반 국어 의식의 통합적 개념화', '언어 인식 활용 국어

....

「국어 교수 학습 과정과 언어 인식(심영택, 2013)」, 「고도 전문화 시대의 언어 인식과 교육적 대응(민병곤, 2013)」, 「다문화 배경의 국어교육과 언어 인식(원진숙, 2013)」, 「중세 문헌에 드러난 언어 인식과 국어교육의 전사(前史)(조희정, 2013)」, 「매체교육과 언어 인식(김동환, 2013)」 등의 논의가 발표되었다.

[표 5] 국어교육에서의 언어 인식 및 비판적 언어 인식 논의 쟁점

범주	쟁점	비판적 언어 인식 연구 초점화
언어 인식과 국어 의식의 정체성	• 국어교육에서 함양해야 할 능력으로서 언어 인식과 관련 국어 의식의 모호한 정체성	➡ 사회 속 언어 현상 특히 힘의 관계를 다룬 텍스트에 대한 국어 의식 필요
언어 인식 기반 국어 의식의 통합적 개념화	• 언어 인식의 통합성과 달리 국어과 교육과정에서 정의적 영역에 치우친 국어 의식의 개념	➡ 인지적, 정의적 영역과 사회문화적 실천이 통합된 국어 의식 개념 필요
언어 인식 활용 국어 의식의 교육 내용화	• 국어 의식의 구체적 교육 내용의 부재, 곧 선언적 당위적 태도 내용으로 존재	➡ 정치, 사회, 경제, 문화, 환경 등의 언어 현상에서 힘의 관계를 탐구하는 내용 필요

의식의 교육 내용화'라는 범주에서 발생하고 있다.

'언어 인식과 국어 의식의 정체성' 범주에서는, 국어교육 분야에서 언어 인식과 국어 의식이 어떤 개념으로 확립되어 있는지에 대한 명확한 정의는 아직 부족한 것으로 나타난다. 이는 국어 의식에 대한 개념적 연구가 충분히 발달하지 못했다는 점에서 기인한다. 신명선(2008: 372)의 지적에 따르면, 2007 교육과정의 내용 체계에서 맥락의 하위 요소로 등장한 '국어 의식'이 '문법 의식, 국어 인식, 언어 인식, 언어 의식' 등의 다양한 명명 가운데 가장 낯설지 않다는 이유로 선택되었다는 사실이 이러한 부족함을 뒷받침한다. 또한 언어 인식이 언어 교육에 있어 능동적인 관점을 제공하는 개념임에도 불구하고, 국어교육에서는 국어 의식이 언어 인식과는 다르게 국어에 대한 태도와 관련된 개념으로 인식되고 있다는 한계도 보인다.

'언어 인식 기반 국어 의식의 통합적 개념화' 범주에서, 언어 인식의 통합적 접근과 대비되어 국어과 교육과정에서는 국어 의식이 주로 정의적 영역에 초점을 맞춘 개념으로 제시되는 교육과정적 한계가 보인다. 이

는 앞서 언급된 정체성 문제가 국어과 교육과정에서 구현되면서 나타나는 현상이다. 즉 언어 인식이 언어에 대한 인지적, 정의적, 실천적 측면을 포괄하는 것과는 달리, 국어 의식은 현재 문법 영역에서, 특히 문법에 대한 태도와 관련된 교육 내용으로만 구성되어 있다. 이를 극복하고자 김규훈(2023b: 168)에서 국어 의식을 '국어에 대한 탐구적 태도', '국어 사용의 인식적 태도', '국어 문화의 가치적 태도'로 개념화했지만, '탐구, 인식, 가치'라는 교육적 명제가 문법의 태도 차원에만 국한될 수 있는지에 대한 의문이 제기된다. 다른 한편으로는 '국어에 대한 태도'의 교육 내용이 인지적, 정의적, 실천적 차원을 모두 포괄하는 방향이 되도록, 국어과 교육과정에서 태도의 확장적인 개념화가 필요하기도 하다.

'언어 인식 활용 국어 의식의 교육 내용화' 범주에서는, 언어 인식 및 국어 의식과 관련된 국어교육 내용이 아직 구체적으로 형성되거나 교육 현장에서의 실제 교수-학습 활동으로 전개되지 못한 문제점이 드러나고 있다. 이는 언어 인식과 국어 의식의 정체성 문제, 언어 인식을 기반으로 한 국어 의식의 통합적 개념화 문제 등 개념적인 문제들이 해결되지 않았기 때문에 발생하는 현상일 수 있다. 그러나 현재로서는 국어교육에서 언어 인식 관련 활동이 국어과 영역이나 세부 교육 내용으로 충분히 반영되지 않고 있는 실정이다. 비판적 언어 인식에 관한 교수-학습 활동과 관련하여 양영희(2017: 262)는 사회방언학의 하위 영역을 대상으로 '차별적 언어 사용'과 같은 구체적 언어 현상을 다루는 학습 활동을 제안하였는데, 이를 제외하고는 언어 인식을 활용한 국어 의식과 관련된 교육적 실현태를 구체적으로 찾아보기는 어렵다.

이러한 쟁점을 바탕으로 볼 때, 국어교육에서의 '비판적 언어 인식' 연구는 개념적으로나 교육 내용적으로 활발하게 활용되고 있다고 보기는 어렵다. 이러한 상황을 개선하기 위해, [표 5]에서 언급된 바와 같이, 비판적 언어 인식은 각 쟁점에서 보다 적극적으로 논의되어야 한다. 비판적 언어 인식은 '언어와 사회의 관계', '힘의 관계에 대한 언어 현상' 등을 탐구하는 개념으로, 이를 국어 의식의 구성 요소로 통합하는 데 중요한 역할을 할 수 있다. 특히 비판적 언어 인식이 사회문화적 실천을 강조하는 점을 고려할 때, 국어 의식의 통합적 개념화에 기여할 수 있을 것이다. 이를 위해서는 비판적 언어 인식이 중점을 두는 정치, 사회, 경제, 문화, 환경 등의 분야에서 나타나는 힘의 관계에 대한 탐구를 국어 의식의 교육 내용으로 적극적으로 재개념화하는 방안에 대해 지속적으로 고민해 나가야 할 것이다.

3) 인지의미론과 어휘 사용 교육

비판적 언어 연구 분야에서는 특히 어휘 사용을 중심으로 언중의 사회인지를 분석하는 실천적 논의가 이루어지고 있다. 이러한 논의의 대표적인 예로 생태언어학이 있으며, Stibbe(2015)는 비판적 담화 분석과 인지의미론의 이론 중 '틀과 은유'를 활용하여 환경 담화에 대한 깊이 있는 분석을 시도한다.[7] 틀과 은유가 비판적 언어 연구의 중심적인 도구로 사용되는 이유는, 이들이 텍스트가 반영하는 세상의 본질과 텍스트를 통해 전달하려는 메시지를 통찰하는 데 기여하기 때문이다. 어휘 사용에 내재된 틀과 은유는 이러한 통찰을 가능하게 하는 중요한 매개체로서 기능한다.

이를 반영하여 인지의미론, 특히 틀과 은유는 국어교육에서 '어휘 교

....

7   틀과 은유, 즉 틀짓기 이론과 개념적 은유는 텍스트 내의 표현 단위 가운데 어휘 사용과 관련하여 어휘 사용자의 표현 의도를 드러내는 중요한 인지적 기제이다. 틀짓기는 Fill-more(1982), Tannen (1993) 등을 중심으로, 개념적 은유는 Lakoff(1993), Lakoff & John-son(2008) 등을 중심으로 국어교육에서 부분적으로 논의되고 있다.

육'과 관련된 논의를 찾아볼 수 있다. 어휘 교육은 국어교육에서 문법 영역의 한 내용 범주이지만 실제적으로는 범영역적으로 교육 내용이 제시되어 있다. 시의적으로 어휘 교육은 어휘의 체계나 양상을 중심으로 교육 내용보다는 '사용으로서의 어휘(vocabulary in use)'를 중심으로 한 교육 내용이 구성되어 있다.

신명선(2004: 286)은 어휘 능력에 대한 개념화와 관련하여 Richards & Ogden(1959: 36)을 기반으로 어휘 능력을 상징 능력과 지시 능력으로 구분하였다. 상징 능력은 어휘의 형식과 내용 사이의 관계에 초점을 맞추는 능력으로, 이는 언어의 '정확성'을 탐구하는 데 기여한다. 지시 능력은 어휘의 내용과 외부 세계와의 관계에 주목하는 능력으로, 언어의 '적절성'을 탐구하는 데 작용된다. 이와 관련하여 구본관 외(2014: 87)는 정확성과 적절성이 결합하여 어휘 사용의 '타당성'을 설정할 수 있다고 하였다. 타당성은 언어가 사회에 부여한 세계관에 대한 비판적 연구 전통에 근거한다. 이러한 관점에서 구본관 외(2014: 87)는 어휘 교육을 언어 사용의 관점에서 '정확한 어휘 사용 교육', '적절한 어휘 사용 교육', '타당한 어휘 사용 교육'을 체계적으로 분류하였으며, 학습자가 자신의 관점에서 맥락에 부합하고 타당한 어휘를 사용하는 '창의적 어휘 사용 교육'을 함께 제시하였다(구본관 외, 2014: 89).

이러한 어휘 사용 교육의 맥락에서 틀과 은유는 타당한 어휘 사용 교육과 강한 접점을 형성할 수 있다. 그것은 틀과 은유가 방아쇠 단어(trigger word)를 통해 드러나는 언중의 어휘 사용에 대한 인지적 경향성을 밝혀주기 때문이다. 구체적으로 "왜 우리 사회는 이러한 상황에서 특정 어휘를 사용하라고 하는가?"라는 질문을 타당한 어휘 사용 교육의 핵심으로 삼을 때, 틀과 은유는 이러한 '왜'에 대한 질문을 인지적으로 탐구할 수 있는 기제를 제공할 수 있다. 학습자가 텍스트에 사용된 어휘의 사용 근거를 찾고, 해당 어휘가 표상하는 세계를 탐구하는 과정은 비판적 언어 연구의 주요 논의라고 할 수 있다.

그런데 현재 틀과 은유를 활용한 국어교육적 연구는 초기 단계에 머물고 있는 상태이다. 2015 교육과정 및 2022 교육과정에 포함된 어휘 사용 교육은 주로 어휘의 정확성과 적절성에 중점을 두고 있다. 틀과 은유를 타당한 어휘 사용 교육의 구체적인 도구로 활용하기 위해서는 타당한 어휘 사용 교육, 그리고 창의적 어휘 사용 교육에 대한 논의가 확대되어야 하며, 이러한 내용이 교육과정으로 반영되어야 한다. 이와 관련하여 인지의미론과 어휘 사용 교육에 대한 쟁점은 틀과 은유를 중심으로 한 국어교육적 연구의 활성화와 타당한 어휘 사용 교육 내용 개발의 필요성으로 초점화된다.

따라서 인지의미론과 어휘 사용 교육은 비판적 언어 연구의 실천적 논의로 자리 잡아야 하며, 이와 관련된 연구의 기반을 견고히 다져야 한다. 특히 인지의미론의 연구 성과는 학습자가 언어를 개념화하고 초점화하는 과정에 대한 이해를 깊게 할 수 있다(신명선, 2010: 92).[8] 이를 통해 언어로 구성된 세계에서 텍스트에 사용된 어휘를 통해 생산자의 의도를 파악하고, 그 표현의 효과를 분석할 수 있다. 더 나아가 학습자가 자신의 관점을 형성하고 창의적인 어휘 사용을 할 수 있도록 유도할 수 있다. 이러한 점에서 국어교육에서는 Stibbe(2015)의 사회인지 유형을 기반으로 하는 비판적 언어 연구 분야가 설정되어야 하며, 이들 영역에서 사회인지적 관점의 언어 분석 연구가 풍부한 주제를 바탕으로 이루어질 수 있다.

....

8   신명선(2009)에서는 어휘 사용의 기제를 '개념화 과정', '초점화 과정', '언어화 과정'으로 구분하였다. 개념화 과정은 대상의 인지적 구조화 기제, 표현 영역의 선택 기제로, 초점화 과정은 윤곽 부여 기제, 주관적 관점 선택 기제로, 언어화 과정은 형태적·음운적 구성 기제, 통사적 기제로 제시하였다.

구체적인 몇 가지 접근을 들여다보면, 틀과 은유를 활용하여 학습자가 신문 기사에서 나타나는 특정한 틀짓기 양상을 분석하고 표현자의 의도성을 파악하는 방법을 고려할 수 있다. 예컨대 '친환경 제품'이라는 표현에서 '친환경'보다 '제품'이라는 단어가 눈에 더 들어온다는 것은, 현 사회에서 환경과의 상생보다는 제품 판매에 중점을 두는 인식이 지배적인 틀로 작용하고 있음을 보여준다(Blackmore & Holmes, 2013: 42). 또 다른 예로 '기후 변화는 시한폭탄'이라는 은유는 기후 변화가 시한폭탄처럼 한계를 넘어서면 폭발할 수 있는 위험한 상황을 나타내며, 이는 학습자가 환경 문제의 중요성을 더 깊이 인식하도록 돕는다. 이러한 접근은 어휘의 선택과 사용이 단순한 언어적 표현을 넘어 사회적, 문화적 의미를 내포하고 있음을 탐구하는 비판적 언어 연구의 일환이라고 할 수 있다.

　　또한 틀과 은유의 사용을 통해 텍스트에서 소거(erasure)되거나 현저(salience)하게 부각된 표현들에 주목함으로써, 텍스트 생산자가 무엇을 강조하거나 숨기고자 했는지를 분석하는 교육적 활동을 설계할 수 있다. 예를 들어, 『멘즈헬스(Men's Health)』 잡지에서 성별이나 신체에 대한 인식이 어떻게 왜곡되었는지, 생략된 표현이나 강조된 표현을 탐구함으로써, 텍스트가 만들어내는 남성성과 여성성에 대한 비판적 이해를 도모할 수 있다. Giddens(1991: 54)가 지적한 바와 같이, 개인의 정체성은 사회가 만들어 낸 지배적인 이야기에 의해 형성되고 변화하기 때문이다.

　　생태언어학에서 널리 활용되는 틀과 은유는 국어교육에서, 특히 타당한 어휘 사용 교육에서 교육 내용의 구성을 위한 매개체로 충분한 잠재력을 가지고 있다. 국어교육에서 비판적 언어 연구의 필요성이 인정되면서도 교육 내용과 방법론적 측면의 부족함을 겪고 있는 현 상황에서, 틀과 은유와 같은 인지의미론을 활용한 국어교육의 논의가 활성화되어야 할 것이다.

4. 정리와 전망

　지금까지 비판적 언어 연구와 국어교육의 논의 범주 및 각 범주별 쟁점에 대해 살펴보았다. 비판적 언어 연구는 주로 비판의 대상과 관련된 주제 중심의 접근 및 인식 중심의 접근으로 나뉘어 논의되어 왔다. 국어교육의 측면에서는 비판적 언어 인식의 능력을 중시하고, 비판적 담화 분석 방법을 도입하는 한편, 인지의미론을 기반으로 한 어휘 사용의 메커니즘을 탐구하려는 노력이 지속되어 왔다. 이러한 논의들은 학습자가 주체적이고 능동적인 태도로 텍스트를 해석하고 세상을 깊이 이해하는 데 필요한 역량을 강화하려는 시도의 일환으로 볼 수 있다.

　그러나 국어교육에서 비판적 언어 연구는 다양한 쟁점에 직면해 왔다. 비판적 담화 분석의 본질로서 강한 비판적 성격 대신 더 약한 형태의 비판을 취하는 경향이 관찰되었으며, 비판적 읽기에만 집중되는 경향이 있었다. 최근에는 영역 통합적 내용에 대한 탐구가 시도되고 있지만, 문법 및 어휘와 비판적 이해의 통합성이 아직 완전하지 않은 상태이다. 또한 비판적 언어 인식은 국어교육에서 중요한 관점으로 인정받고 있음에도 불구하고, 아직 명확한 정체성과 위상을 확립하지 못하고 있다. 국어 의식과 관련된 논의가 있음에도 불구하고, 비판적 언어 인식 기반의 구체적 교육 내용이 마련되지 못한 상태이다. 인지의미론과 어휘 사용 교육은 타당한 어휘 사용 교육 분야에서 막 시작되는 단계에 놓여 있으며, 교육 내용과 방법의 구체화가 요청된다.

　비판적 언어 연구와 국어교육은, 이른바 '비판적 국어교육론'의 독립된 연구 울타리를 형성해 나가야 한다. 비판적 국어교육론은 학습자가 비판적 사고력을 자유롭게 펼칠 수 있는 국어교육의 장을 마련하는 데 기여할 것이다. 이러한 국어교육은, 보다 권력적인, 정치적인 텍스트를 과감히 교실에 도입하고, 문법과 어휘 사용을 포착하여 언어적 특성이 구성하는 의미를 탐구하며, 텍스트가 은폐하거나 부각하는 의도를 파악하여 궁극적으로 학습자가 자신의 목소리로 세상을 해석해 나갈 수 있는 비판적 국어 능력을 기르는 것을 목표한다. 교육의 정치 중립성이 반드시 정치 담화를 외면해야 한다는 것을 의미하지 않음을 고려할 때, 학습자가 권력관계가 얽힌 세상에서 의도적으로 생산되고 유통되는 텍스트를 해석하고 자신의 주체성을 창출하는 교수-학습의 기회를 제공하는 것, 이것이야말로 미래 국어교육이 담당해야 할 중요한 임무 가운데 하나이다.

비판적 담화 분석과
비판적 수용 교육

1

비판적 담화 분석의 국어교육적 적용*

1. 비판적 담화 분석과 국어교육의 관련성

국어교육에서 비판적 담화 분석을 주목할 수 있는 이유는, 국어교육이 '비판적 수용'을 중요한 명제로 채택하고 있기 때문이다. 비판적 담화 분석은 비판적 수용과 밀접한 관련성을 맺고 있으며, 이 관련성을 분명히 이해하기 위해서는 비판적 담화 분석의 개념과 특성을 정확히 파악하는 것이 필요하다. 이를 바탕으로 국어교육에서 비판적 수용과 관련된 교육 내용의 한계점을 식별하고, 비판적 담화 분석과 국어교육 사이의 접점을 찾아내고 발전시켜 나가는 과정도 중요하다. 이러한 과정은 국어교육의 범위와 깊이를 확장하는 데 기여하며, 학습자들이 텍스트를 비판적으

....

* 1부 1장은 『문법교육』 33호에 게재되었던 「비판적 담화 분석의 국어교육적 적용」을 이 책에 맞게 수정 및 보완한 것이다.

로 해석하고 이해하는 능력을 강화하는 데 중요한 역할을 한다.

비판적 담화 분석(critical discourse analysis; CDA)은 이 용어를 구성하는 '비판적(critical)', '담화(discourse)', '분석(analysis)' 각각의 의미를 파악할 때, 그 개념이 명료해진다. Fairclough(2013: 3)에서 언급하였듯이, '비판적'은 연구의 관점을, '담화'는 연구의 대상을, 그리고 '분석'은 연구의 방법을 가리킨다. 이들 가운데 '담화'를 먼저 해명하는 것이 비판적 담화 분석의 관점과 방법을 이해하는 바탕이 된다.

연구 대상으로서의 '담화(discourse)'는 비판적 담화 분석에서 최상위 언어 단위라는 형식과 함께 '사회적 실천의 한 형식'이라는 개념과 관련된다. Fairclough & Wodak(1997)은 '담화'에 대하여 아래와 같이 설명하고 있다.

담화를 사회적 실천이라고 하는 것은 특정한 담화적 사건과 그것의 바탕이 되는 상황, 제도, 사회 구조들 사이의 변증법적인 관계를 의미한다. 담화는 사회의 현 상태(status quo)를 유지하고 재생산하는 것을 도와준다는 의미에서, 그리고 그것이 사회적 구조를 변형하는 데에 기여한다는 의미에서 사회를 구성하는 요인이다. 예를 들면, 사회 계급들, 여성과 남성, 인종적/문화적 다수자들과 소수자들의 사이의 불공평한 권력관계는 담화적 사건을 구성하고 담화에 의해 그 사건이 강화되기도 한다(Fairclough & Wodak, 1997: 258).

위에서 볼 수 있듯이, 비판적 담화 분석은 담화를 사회적 현상을 표상하는 동시에 이를 재생산하는 도구로서 간주한다. 이들 담화는 일상적인 소통에서 나타나는 모든 담화를 포함하면서도, 특히 '힘의 관계(power relationship)'에 대한 현상을 반영하고 재생산하는 데 중심적인 역할을 한다. 비판적 담화 분석이 주목하는 담화의 핵심적 내용은 '사회의 현 상태(status quo)'에 대한 것으로, 사회 구성원들이 일상적으로 당연하게 받아들이는 상태에 대해 비판적으로 접근할 수 있는 여지를 제공하는 것이다.

이러한 담화의 개념을 전제로 하는 비판적 담화 분석은 '비판적(critical)'이라는 접근 방식을 강조한다. 비판적 담화 분석은 푸코의 거대 담론 연구를 구체적인 담화 분석에 적용하려는 방향성을 지니고 있다(최윤선, 2014: 5). 이는 언어학을 중심으로 한 기존의 담화 분석 연구가 힘의 관계를 배제한 채 이루어진 것에 대한 반성에서 출발한다. 이를 통해 이데올로기, 권력과 정치, 사회적 불평등 등이 담화 속에 어떻게 반영되고 있는지를 심도 있게 탐구하려 한다. Fairclough(1989; 김지홍 역, 2011: 28-29)에 따르면, 비판적 담화 분석이 '비판적'이라는 수식어를 사용하는 이유는 '언어-권력-이데올로기' 간의 상호 작용에 대한 깊은 관심 때문이다. 담화 속에 은폐되어 있거나 때로는 자연스럽게 느껴지는 이러한 연결고리는 비판적 담화 분석이 비판적 관점을 견지해야 하는 주된 이유이다. 특히 담화에 내재된 사회적 사태를 깊이 있게 탐구하고 이에 대해 지속적으로 문제를 제기하는 데 비판적 담화 분석은 초점을 둔다.

연구 방법으로서의 '분석(analysis)'은 비판적 담화 분석에서 비판적 관점을 실천적으로 구현하는 핵심적인 기제로 작용한다. 비판적 담화 분석은 사회학적 연구 방법론에 근거하여 페어클로프 등에 의해 개발된 세 가지 주요 분석 요소로 구체화된다. 이 세 요소는 '텍스트(text), 담화 수행(discourse practices), 사회문화적 수행(sociocultural practices)'으로 구성되며(Fairclough, 2007: 9), 최윤선(2014: 26)은 이들을 '기술, 해석, 설명'의 단계로 해석한다. '기술' 단계에서는 텍스트의 언어학적 속성을 분석하고, '해석' 단계에서는 텍스트의 생산 및 소비 과정을 이해하며, '설명' 단계에서는 텍스트의 생성과 해석에 영향을 미치는 사회적 영향력 및 효과를 고찰한다. 비판적 담화 분석의 접근 방법은 담화가 내포하는 사회의 현 상태(status quo)에 대해, 그 현상의 의미를 구성하는 '언어 기능', 이 의미의 '소통 과정' 및 그 결과의 '사회문화적 특성'을 분석하는 데 집중한다.

결국 비판적 담화 분석은 "사회적 실천의 한 형식인 '담화', 특히 '힘의 관계'를 표상하고 있는 텍스트에서 사회가 권력의 문제를 수용하고 재생산하는 방식을 드러내기 위하여, '언어-소통-사회문화'의 상호성을 분석하는 사회학과 언어학의 학제적 성격의 담화 연구"라고 정의할 수 있다.

비판적 담화 분석과 국어교육의 관련성은, 국어교육이 '비판적 수용'이라는 핵심 개념을 중시하고 있기에 발현된다. 그런데 정작 '비판적 수용'은 국어교육 연구 담론에서 온전히 개념화되어 있다고 보기 어렵다. 비판적 수용에서 '비판적'이라는 관점은 국어교육 내에서 충분히 적극적으로 수립되지 못했으며, '분석'의 방법론도 아직 영역 통합적으로 구체화되지 못한 것이다. 국어교육과 관련된 성취 기준을 살펴보면, 비판적 수용의 개념과 실천에 관한 현재의 문제점들을 보다 명확하게 인식할 수 있다.[1] 이는 국어교육이 비판적 수용의 명제를 실현하기 위해 더욱 심도 있는 분석 방법과 전략을 마련해야 함을 시사한다. 아래의 교육과정 성취 기준들을 확인해 보기로 하자.

[읽기 영역] 시대적·사회적 배경, 문화적 전통 등을 고려하여 글의 의미를 해석한다(2007 교육과정). 자신의 삶과 관련지으며 글의 의미를 해석하고 독자의 정체성을 형성한다(2012 교육과정). 매체에 드러난 다양한

....

1   김규훈 외(2017: 79)에서는 국어교육에서 비판적 수용과 관련된 내용(성취 기준)을 모두 정리한 바 있다. 해당 논의에서는 '읽기'와 '듣기' 영역을 언급하였는데, 여기에서는 '읽기' 영역에 해당되는 것을 제시한다. 그것은 국어교육에서 비판적 수용이 비판적 읽기에 기대어 있기 때문이다.

표현 방법과 의도를 평가하며 읽는다(2015 교육과정). 복합양식으로 구성된 글이나 자료의 내용 타당성과 신뢰성, 표현 방법의 적절성을 평가하며 읽는다(2022 교육과정).

위와 같이 국어교육에서 비판적 수용과 관련된 내용은 주로 국어과 읽기 영역에 집중되어 다루어지고 있다. 이는 텍스트의 내용 이해에 초점을 맞추려는 의도에서 비롯된 것으로 보인다. 그런데 텍스트의 내용 이해는 텍스트의 수용이라는 복잡한 사고 과정을 모두 담아내지 못하는 한계를 지닌다. 텍스트 '수용'은 영역 통합적 활동으로서 위상을 지니기 때문이다. 곧 텍스트 수용을 그저 텍스트의 표면적 의미를 이해하는 데 초점을 두고 있는 것이다. 이로 인해 텍스트의 표면적 의미를 수용하는 교육 활동은 비교적 충실히 진행되고 있으나, 언어학적 속성에 대한 심도 있는 탐구는 제한적이라는 문제가 발생한다. 영역 통합적인 비판적 수용에 필수적인 문법교육의 내용이 충분히 제공되지 않고 있는 것이다.

다음으로 비판적 수용의 화제(topic)는 '자신의 삶, 문화적 전통, 사회적 배경' 등으로 한정되어 있으나, '정치적 이슈, 권력관계' 등의 더 깊이 있는 사회적 현상을 국어교육에서 다루는 데는 어려움이 있을 수 있다. 그럼에도 학습자가 보다 적극적으로 비판적 사고를 발현하기 위해서는 '사회적 불평등, 환경 문제' 등과 같이 힘의 관계가 명확히 드러나는 사회적 현상을 다루는 것이 중요하다. 현재 국어교육에서 제시되는 비판적 읽기의 내용은 소극적인 비판에 그치고 있으며, 이는 언어 사용을 사회적 실천으로 이어가는 데 한계가 있는 것이다.

이를 극복하기 위해서는 위 성취 기준에서 명시된 '의도 평가'에 대한 통합적 교육 내용을 규명해야 한다. 이러한 맥락에서 비판적 담화 분석은 국어교육의 비판적 수용 명제가 직면한 한계를 극복할 수 있는 학문적 방향을 제시할 수 있다. 이는 비판적 수용을 국어과의 특정 영역에만 국한시키는 기존의 관행을 넘어서, 영역 통합적인 교육 내용을 개발하고 확충하는 데 중점을 두는 것이기도 하다.

2. 비판적 담화 분석을 활용한 국어교육의 내용 구성 방향

비판적 담화 분석을 국어교육의 비판적 수용에 통합적으로 적용하기 위해서는, 비판적 담화 분석의 분석 요소들을 국어과의 내용과 상호 연관시켜야 한다. 이를 위해 최윤선(2014: 27-30)이 제시한 비판적 담화 분석의 분석 요소별 세부 내용을 아래와 같이 구체적으로 검토해 보기로 한다.

▷ 텍스트 층위: '언어 기능' 요소
- 어휘에 관한 것: 낱말의 체험적 가치, 낱말의 관계적 가치, 낱말의 표현적 가치 등
- 문법에 관한 것: 문법 자질들의 체험적 가치(행위주, 참여자, 명사화, 능동태 혹은 수동태 등), 문법 자질들의 관계적 가치(서법의 사용, 양태의 자질, 대명사의 사용 등), 문법 자질들의 표현적 가치, 문장의 연결과 사용
- 텍스트 구조에 관한 것: 텍스트의 거시 구조, 상호텍스트성
▷ 담화 수행 층위: '소통 과정' 요소
- 어떤 유형의 담론이 텍스트 생산에 차용되어 결합되었는가.
- 텍스트 생산의 주체는 어떤 성격의 조직인지, 해석은 누구에 의해 어떤 상황에서 이루어지는가.
- 어떤 문화적 해석 틀이 상호텍스트적으로 사용되었는가.
▷ 사회문화적 수행 층위: '사회문화적 특징' 요소

- 담화가 사회적으로 어떻게 구성되는가.
- 사회적으로 구성된 담화가 다시 사회를 어떻게 구성하는가.

비판적 담화 분석에서 '텍스트' 층위는 언어학적 요소인 '어휘, 문법, 텍스트 구조'의 분석에 초점을 맞춘다. 이 층위에서는 어휘나 문법의 '체험적 가치, 관계적 가치, 표현적 가치'를 분석한다. 체험적 가치는 어휘나 문법이 체계 기능론적 관점에서 어떤 의미를 지니는지를 탐구한다. 예를 들어, '명사화'는 '단정적 일반화'의 의미 기능을 지닌다(Martin, 2008: 801-803). 관계적 가치는 어휘나 문법이 텍스트의 의미 구성에 어떠한 역할을 하는지를 살펴보며, 표현적 가치는 텍스트가 내포하는 이면적 의미를 탐구한다. 이는 Halliday(2004)의 기능 문법과 관련이 있다.

'담화 수행' 층위는 텍스트의 생산, 해석, 수용 과정에서 활동하는 힘의 관계를 분석한다. 이 층위는 텍스트 생산에 차용된 담론의 유형을 분석하는 것을 우선적인 내용으로 삼으며, 이는 텍스트 생산 과정에는 힘의 논리가 내재되어 있다는 인식에 기반한다. 생산 주체의 성격, 해석의 주체, 문화적 틀(cultural frame)의 작동 여부 등이 주요 분석 내용으로, 텍스트와 관련된 수용 과정에서 이들 요소에 대한 심층적인 이해가 요구된다.

'사회문화적 수행' 층위는 텍스트와 담화 수행 층위의 분석을 통해 드러난 담화의 사회문화적 특징을 이해하는 데 중점을 둔다. 최윤선(2014: 26)이 이 층위를 '설명(explanation)' 단계로 명명한 것은, 담화가 나타내는 사회문화적 영향을 분석하는 데 중요한 초점을 맞추었기 때문이다. 담화가 사회적으로 어떻게 구성되며, 어떠한 영향을 미치는지에 대한 심층적인 분석이 이루어지며, 이는 담화의 텍스트 및 수행 층위에서 파악된 담화의 '사회문화적 특성'을 밝혀내는 데 기여한다.

지금까지 살펴본 비판적 담화 분석은 국어교육에서 비판적 수용의

비판적 담화 분석의 분석 요소 (Fairclough, 2013)	⇔	비판적 수용 관련 국어과 하위 영역의 핵심 개념	⇒	비판적 담화 분석 기반 국어교육 내용 구성 범주
[언어 기능] 어휘, 문법, 텍스트 구조		[문법] 국어 구조의 이해와 맥락적 활용 탐구		텍스트의 의미를 구성하는 문법 자질 탐구
[소통 과정] 텍스트 생산과 해석 및 수용 맥락		[읽기, 매체] 텍스트 소통 현상의 비판적 이해		텍스트 생산자의 의도와 텍스트 수용의 특징 파악
[사회문화적 특징] 담화의 사회적 특징과 효과		[읽기, 매체] 담화의 사회문화적 효과 파악		텍스트와 상호 형성되는 사회문화적 맥락 이해

[**그림 1**] 비판적 담화 분석의 국어교육적 적용 방향

영역 통합성과 관련하여 대응될 수 있다. 비판적 담화 분석의 분석 요소와 국어과 영역의 주요 내용, 즉 핵심 개념에 결합하여, 국어교육에서 비판적 수용의 내용을 새롭게 구성할 수 있다. 이를 과정적으로 제시하면 위 [그림 1]과 같다.

[그림 1]과 같이 비판적 담화 분석의 분석 요소는 각각 국어교육의 하위 영역의 핵심 개념에 대응된다. 언어 기능의 분석은 국어교육에서 문법 영역의 핵심 내용인 국어의 구조와 활용에 대한 탐구와 밀접하게 연결된다. 이는 국어교육에서 텍스트의 의미 구성에 있어서 문법적 자질의 중요성을 강조한다. 소통 과정의 분석은 읽기와 매체 영역에서의 비판적 이해와 관련된 내용에 연계되어, 텍스트의 해석 및 수용 과정에서 나타나는 다양한 요소들을 탐구한다. 사회문화적 특징의 분석은 읽기와 매체 영역에서 담화가 내포하고 있는 사회문화적 효과와 영향을 이해하는 데 중점을 둔다.

여기서 비판적 담화 분석의 분석 요소 간 관계를 고려할 때, 언어 기능에 대한 분석은 소통 과정과 사회문화적 특징을 분석하는 데 있어 필수적인 전제로 작용한다. 국어교육의 문법 영역이 국어 활동의 근간이 되는

중요한 위치를 차지하고 있음을 고려할 때, 비판적 담화 분석을 국어교육에 적용할 때의 출발점은 문법 자질에 대한 깊이 있는 탐구에서 시작해야 한다. 즉 텍스트의 의미를 구성하는 문법 자질에 대한 분석은 텍스트의 소통 과정과 연결되어 텍스트 생산자와 해석자의 의도를 파악하는 데 중요한 역할을 하며, 이를 바탕으로 텍스트가 지니고 있는 사회문화적 특징을 도출하게 된다.

따라서 〔그림 1〕의 비판적 담화 분석 기반 국어과 내용 재개념화 범주는 '텍스트의 의미를 구성하는 문법 자질을 탐구'하고, 이를 바탕으로 구성되는 '텍스트의 생산자 의도 및 텍스트 수용의 특징'을 파악하며, 이들을 종합하여 궁극적으로 텍스트에 반영되기도 하고 텍스트가 만들어 내기도 하는 '텍스트와 상호 형성되는 사회문화적 맥락을 이해'하는 과정으로 구체화된다.

이를 바탕으로 보다 실질적으로 국어과 내용을 검토하여, 비판적 담화 분석을 기반으로 둔 국어과 하위 영역과 통합적 내용 요소의 예를 다음 〔그림 2〕와 같이 살펴볼 수 있다.

〔그림 2〕를 살펴보면, '텍스트의 의미를 구성하는 문법 자질의 탐구' 범주에서는 '문법 자질의 사용 특징'을 탐구한다. 여기에는 음운, 단어, 어휘, 문장 등의 국어 구조를 다루면서, 특히 그 맥락적 사용의 특징을 탐구하는 데 집중한다.[2] 이들 내용은 텍스트 생산자의 의도와 텍스트 수용의 특징 파악 범주의 기반이 되며, '문법 사용에 드러난 생산자의 의도 파악'의 내용 요소와 긴밀히 연계된다. 예를 들어 텍스트에 어떤 어휘가 선택되었는지에 따라 텍스트 생산자가 해당 어휘에 의해 야기되는 틀이 구성된

....

2   이러한 주안점은 「텍스트의 의미를 구성하는 문법교육(주세형, 2005)」 이래로 텍스트 중심 문법교육 내지 텍스트 중심의 통합적 문법교육의 논의가 표방하는 방향과 같다.

범주	[언어 기능] 텍스트의 의미를 구성하는 문법 자질의 탐구	[소통 과정] 텍스트 생산자의 의도와 텍스트 수용의 특징 파악
	문법, 매체	문법, 읽기, 매체

내용 요소	• 문법 자질의 사용 특징 탐구
	   – 특정 음운의 반복적 사용
	   – 대명사의 담화적 특징
	   – 명사화의 사용 여부
	   – 어휘 선택과 틀 구성
	   – 문법 요소의 특징
	 • 매체의 다기호적 특징 탐구
	   – 매체에 반영된 복합 기호
		‣ 문법 사용과 생산자 의도 파악
		   – 반복적 음운 사용과 의미 강조
		   – 대명사 사용에 따른 의미 축소
		   – 명사화에 의한 사태의 은폐
		   – 특정 어휘에 담긴 지배적 틀
		   – 문법 요소가 지닌 양태성
		 ‣ 다양한 기호 사용의 효과 파악
		   – 언어와 결합된 기호 사용 특징

범주	[사회문화적 특징] 텍스트와 상호 형성되는 사회문화적 맥락 이해
	문법, 읽기, 매체
내용 요소	• 텍스트의 사회문화적 맥락이 지닌 복합적 의미 탐구 • 텍스트에 반영된 사회문화적 관점, 이념 등에 대한 이해 • 텍스트가 생산할 것으로 예상되는 사회문화적 가치에 대한 추론

[그림 2] 비판적 담화 분석 기반의 국어과 영역 통합적 교육 내용

다(Lakoff, 2010: 73). 한편 문법 요소의 경우, 피동형이 두드러지게 사용된 텍스트는 회피의 의도가 깔려 있기도 하다.

한편 '텍스트의 의미를 구성하는 문법 자질의 탐구' 범주에서는 문법과 더불어 매체의 기호적 특성이 문법교육에 미치는 영향을 조명한다. 현대 사회에서는 전통적인 문자 기반 텍스트와 비교하여, 다양한 기호가 혼재된 텍스트의 중요성이 증가하고 있다. 이러한 텍스트는 생산자의 의도를 파악하는 데 있어 사용된 기호의 양상을 중요하게 고려해야 함을 시사한다. 비판적 담화 분석의 대상으로 사진 이미지, 지면 배치와 같은 시각적 구성은 물론 영상 및 음향 효과 등을 포함하는 다기호적인(multi-semiotic) 요인이 중요하기 때문이다(Fairclough, 1995, 이원표 역, 2004: 83).

이와 같은 연계적 내용을 바탕으로 비판적 담화 분석의 사회문화적 특징 요소에 해당하는 '텍스트와 상호 형성되는 사회문화적 맥락 이해'의 범주가 제시된다. 이 범주에서는 텍스트의 사회문화적 맥락이 지닌 복합적인 의미를 탐구하고, 특히 텍스트에 반영된 사회문화적 관점이나 이념을 이해하게 된다. 예를 들어 Stibbe(2015: 24-30)는 환경과 삶의 분야에서 담화가 주로 반영하는 이념을 '파괴적 담화', '양면적 담화', '유익한 담화'로 구분하기도 하였다.

3. 비판적 담화 분석을 활용한 국어과 교재 구성 방향

비판적 담화 분석은 국어과의 〈언어와 매체〉 과목에서 활용될 수 있다.[3] 〈언어와 매체〉는 문법 영역과 매체 관련 내용이 심화되어 하나로 통합된 과목이다. '문법, 읽기, 매체'를 중심으로 구성된 비판적 담화 분석 기반의 비판적 수용에 관한 내용 요소는 〈언어와 매체〉에서 비판적 담화 분석의 국어교육적 적용 근거가 된다. 그런데 〈언어와 매체〉는 통합 과목을 지향하고 있음에도 실제 단원의 형태는 문법과 매체가 각각 분리된 형태를 지니고 있다. 비판적 담화 분석을 통해 이들을 통합할 수 있는 방안을 강구해야 한다.

국어교육에서 비판적 담화 분석의 적용은 〈언어와 매체〉 교과서를 중심으로 살펴볼 수 있다. 〈언어와 매체〉는 국어과 하위 영역으로서의 문법

....

3   〈언어와 매체〉는 2015 교육과정에 따른 선택 과목이지만, 현행 2022 교육과정에서도 문법과 매체는 세부 영역으로 존재한다. 특히 2022 교육과정의 융합 선택 과목 가운데 〈매체 의사소통〉과 〈언어생활 탐구〉에는 비판적 담화 분석과 문법의 의미 기능을 활용한 성취 기준이 존재하고 있다.

〔표 2〕 비판적 담화 분석과 관련된 〈언어와 매체〉의 내용

〈언어와 매체〉의 영역과 핵심 개념		비판적 담화 분석 관련 내용
언어와 매체의 본질	언어와 인간, 매체와 소통	매체 소통의 특성과 사회적 힘의 작용
국어의 탐구와 활용	음운·단어·문장·담화, 국어 자료의 다양성	문법 요소의 효과와 활용, 매체 유형에 따른 국어 자료
매체 언어의 탐구와 활용	인쇄 매체, 전자 매체, 대중 매체, 복합양식성	매체의 수용과 생산 방식, 매체 언어의 표현 방법
언어와 매체에 관한 태도	국어생활, 매체 문화	국어 생활에 대한 성찰

과 매체 관련 내용이 심화·통합된 과목이다. 앞서 살펴보았듯이 비판적 담화 분석 기반의 비판적 수용에 관한 교육 내용이 '문법, 읽기, 매체'의 통합성을 전제한다. 하지만 〈언어와 매체〉가 통합 과목을 지향함에도 불구하고, 현실적으로는 문법과 매체가 분리된 형태로 단원이 구성되어 있다는 문제점을 지닌다. 따라서 비판적 담화 분석을 활용하여 문법과 매체의 통합을 도모하는 방안을 고민해야 한다.

이를 위해 먼저 비판적 담화 분석이 〈언어와 매체〉와 연계될 수 있는 교육 내용을 확인해 보도록 하자. 앞선 〔그림 2〕에서 살펴본 영역 통합적 교육 내용을 〈언어와 매체〉 과목으로 초점화하여 〈언어와 매체〉와 비판적 담화 분석의 관련 내용을 제시하면 위 〔표 2〕와 같다.

〔표 2〕는 2015 교육과정에서 도입된 〈언어와 매체〉 영역과 그 핵심 개념들을 근거로 하여, 비판적 담화 분석과 어떠한 교육적 내용들이 상호 연관성을 가지는지에 대해 분석한 것이다. 일단 '국어의 탐구와 활용' 및 '매체 언어의 탐구와 활용'과 같은 영역들이 비판적 담화 분석을 통해 재개념화된 '언어 기능'과 '소통 과정'이라는 내용 요소들과 상당한 유사성을 가진다는 사실이 드러난다. 더불어 '언어와 매체의 본질'에서는 다양

한 매체 소통 현상에 있어서 권력의 역할을 고려해야 한다는 중요한 지점을 강조한다. '언어와 매체에 관한 태도' 부분에서는 학습자가 비판적 담화 분석을 통해 자신의 국어 사용에 대해 성찰하게 되는 교육 내용의 연계 가능성을 제시한다. 이러한 분석은 비판적 담화 분석의 사회문화적 특성이 인지적 측면에서만 작동하는 것이 아니라 정의적 측면도 함께 관여한다는 점을 시사한다.

문제는, 〔표 2〕에서 제시된 비판적 담화 분석의 국어교육적 재개념화와 관련된 내용이 '국어의 탐구와 활용' 및 '매체 언어의 탐구와 활용'과 같은 영역에서 각각 독립적으로 존재한다는 점이다. 이는 전자가 문법 영역에 속하고, 후자가 매체 관련 교육 내용에 해당하기 때문이다. 〈언어와 매체〉 과목이 추구하는 통합적 접근 방식과 비판적 담화 분석의 교육적 적용이 상당한 교집합을 이루고 있음에도 불구하고, 실제 교육 내용이 '언어(문법)'와 '매체' 영역에서 분리되어 구성되어 있다는 사실은 문제이다.

이러한 문제점은 〈언어와 매체〉 과목에 앞서 문법 영역과 통합되었던 〈독서와 문법〉 과목에서도 유사하게 관찰된 바 있다. 두 과목 모두 교육과정상에서는 독립적인 내용 구성을 가지고 있으나, 실제 교재 개발 과정에서는 이러한 독립된 내용들이 효과적으로 통합되지 못했다. 결과적으로는 두 개의 서로 다른 영역이 단순히 결합된 것처럼 보이는 인상을 남겼다. 실제로 〈독서와 문법〉 과목에 대해서는 기계적인 결합 방식에 대한 비판적인 담론이 형성되었다는 점이 이관규(2011), 양영희(2012), 이삼형·김시정(2014a)을 통해 밝혀지기도 하였다. 신호철(2016)에서 〈언어와 매체〉 과목이 〈독서와 문법〉 과목과 기본적인 구성이 유사하여, 교재 구성에서 단순한 물리적 나열의 문제가 발생할 수 있다고 지적한 것 역시 이들과 같은 맥락이다.

이를 고려할 때, 〈언어와 매체〉 과목에서는 〔표 2〕에서 보이는 '언어',

'매체'의 독립된 내용을 긴밀히 결합하는 방법을 고민해야 한다. 여기에서 비판적 담화 분석이 적용될 수 있는데, '언어 기능'의 분석이 '소통 과정'에서 드러난 매체 텍스트 생산자의 의도를 파악하게 하고, 이를 바탕으로 '사회문화적 특징'을 이해하게 하는 활동이 적용된다. 이들 과정은 〈언어와 매체〉에서 '국어의 탐구와 활용'을 기반으로 수행되는 '매체 언어의 탐구와 활용'의 내용을 구성하는 근거가 될 수 있다.

중요한 사실은 이러한 근거가 국어교육의 실천 담론, 특히 교재 구성의 차원에서도 작용한다는 것이다. 그것은 비판적 담화 분석이 지닌 방법론으로서의 성격에 기인한다. 비판적 담화 분석은 그저 관점만 제공하는 당위적인 이론이 아니라 실제 텍스트를 분석하여 사회적인 의미를 밝히는 수행적인 연구이기 때문이다. Barker & Galasi′nski(2001, 백선기 역, 2009: 43-44)에서 밝혔듯이 비판적 담화 분석은 담화에서 지속적으로 인식된 사태를 서술하고 규정하고 설명하는 '일상의 작업'을 가능하게 한다.

한편 교재를 개발할 때는 '제재(텍스트)' 선정과 '활동' 구안이 가장 중요하기에 비판적 담화 분석의 실제 분석 사례는 어떤 제재를 선정하고 어떻게 활동을 구성할 것인지의 바탕이 될 수 있다. 그간 수행되어 온 비판적 담화 분석의 분석 사례를 보면 '신문, 뉴스, 다큐멘터리, 광고, 정치 담화, 환경 담화' 등의 '매체 자료'를 주요 대상으로 삼고 있다(Fairclough, 1995; 이원표 역, 2004 참고). 이는 현대 사회에서 미디어를 통해 권력의 관계가 소통되는 현상과 무관하지 않다(Fairclough, 2013: 147). 일련의 매체 자료에 대하여 '텍스트—담화 수행—사회문화적 수행' 층위를 분석하는 작업은, 국어교육에서 '텍스트의 의미를 구성하는 문법—텍스트의 생산자의 의도와 텍스트 수용의 특징 파악—텍스트와 상호 형성되는 사회문화적 맥락 이해'로 재개념화되어, 각 단계별 학습 활동을 구안할 수 있는 가능성을 제공해 준다.

4. '뉴스 댓글의 비판적 수용' 단원 구안의 예시

이제 〈언어와 매체〉의 단원을 비판적 담화 분석의 적용을 통해 구성하는 방안을 고민해 보도록 하자. '매체 자료의 비판적 수용'이라는 대단원에서 '뉴스 댓글의 비판적 수용'이라는 소단원으로 초점화하여 그 방안을 고민해 보기로 한다. 이는 뉴스 댓글이 매체 자료의 특성을 잘 반영하는 사례로서, 비판적 담화 분석을 통해 텍스트에 대한 비판적 수용 과정을 체계적으로 분석하기에 적합한 대상이다. 댓글은 매체 내에서 특유의 언어 양식을 나타내며, 공론장에서 여론 형성의 중요한 메커니즘으로 기능한다는 점에서 흥미로운 언어 자료에 해당한다. 특히 댓글은 다양한 사회적 틀 내에서 비판적 담화 분석의 분석 대상으로서 빈번하게 활용되며, 그로 인해 다양한 사회적 틀(social frame)을 이해하는 데 기여할 수 있다.

국어과 교재의 단원 구성은 일반적으로 '목표, 내용, 언어 자료, 활동'의 네 가지 주요 요소로 이루어진다(최영환, 2003: 537-538). 이 중 '목표'는 단원의 학습 내용에 대한 성취 기준을 설정하는 데 교육과정의 성취 기준을 기반에 둔다. '내용'은 단원의 학습에서 중점을 두어야 할 부분을 설명하며, 주요 개념이나 기능 등이 제시된다. '언어 자료'는 학습 내용을 실제 맥락에 적용할 수 있도록 하는 활동의 제재로 작용하며, 이를 기반으로 학습 활동이 구안된다. 이를 바탕으로 여기에서는 '뉴스 댓글의 비판적 수용'이라는 단원을 구성하는 방안을 고민해 보기로 한다.

우선 '목표' 설정 과정에서, 이 단원은 〈언어와 매체〉 과목의 관련 교육과정 성취 기준에 따라 비판적 수용을 중심으로 구성된다. 앞서 언급된 〔표 2〕에서 제시된 〈언어와 매체〉의 핵심 개념들, 특히 국어의 '탐구와 활용' 및 매체의 '매체 언어의 탐구와 활용'이 통합되어야 한다. 비판적 담화 분석의 도입은 이러한 통합을 필수적으로 요구한다. '뉴스 댓글의 비판적

수용'이라는 단원을 구성하기 위한 교육 내용 요소를 아래와 같이 고려할
수 있다.

〔문법 영역〕
단어의 의미 관계 탐구, 적절한 어휘 사용
문법 요소의 표현 효과 탐구, 문법 요소의 국어 생활 활용
〔매체 영역〕
다양한 관점에서의 매체 자료 수용
매체 형성 문화의 비판적 수용과 주체적 향유

위에 제시된 문법 영역의 경우 '어휘'와 '문법 요소'에 관한 내용을 비
판적 담화 분석과 관련하여 주목할 수 있다. 이들 각각은 비판적 담화 분
석의 언어 기능 요소 관련 내용이자 뉴스 기사와 그에 달린 댓글에서 주
로 작동되는 내용이다. 특히 댓글의 경우 언어 형태로 보면 하나의 문장이
거나 문장의 연속체이므로, 어휘와 문법 요소가 언어 기능 작동에 대한 판
단 근거가 된다.

매체 관련 내용의 경우 '다양한 관점과 가치를 고려한 수용'과 '비판
적 수용과 주체적 향유'가 중요하다. 여기서 '다양한 관점'은 매체 생산자
의 의도가, '다양한 가치'는 사회문화적 특징이 비판적 담화 분석의 요소
와 관련된다. 이를 통해 학습자가 매체 자료를 비판적으로 수용하고 주체
적으로 향유하는 태도를 기르는 것, 즉 뉴스 기사와 댓글이 이면적인 의미
가 있음을 알고 이를 가려 볼 줄 아는 태도를 기르는 차원으로 나아갈 수
있다. 이들 교육 내용 요소를 바탕으로 비판적 담화 분석을 적용한 단원의
학습 목표를 설정하면 다음과 같다.

- 뉴스 댓글에 사용된 어휘 사용의 특징과 문법 요소의 쓰임을 탐구한다.
- 탐구한 문법 자질을 바탕으로 뉴스 댓글의 다양한 관점과 가치를 파악한다.
- 뉴스 댓글의 사회문화적 의미를 바탕으로 비판적으로 수용하는 태도를 지닌다.

다음으로 '내용' 부분은 교재의 핵심으로, 설정된 '목표'에 따라 구체적인 설명이 이루어진다. 이 설명은 〈언어와 매체〉와 관련된 비판적 담화 분석에 기반한 국어과 영역의 통합적 내용을 반영한다. 여기서 '뉴스 댓글의 비판적 수용'이라는 단원의 주제에 부합하도록 내용을 구성하는 것이 중요하다. 이러한 구성은 앞서 언급한 학습 목표와 연계되어야 하며, 이 목표들이 내용 변환의 기준점이 된다.[4] 여기에는 비판적 담화 분석의 개념을 직접적으로 나타내지 않으면서도, 비판적 수용이 영역 통합적 활동, 특히 문법에 기반한 이해 활동임을 명확히 하는 설명이 포함되어야 한다.

이때 매체 자료의 유형과 성격에 따라 비판적 담화 분석의 세부적인 적용점이 다를 수 있음을 명시할 필요도 있다. 뉴스 댓글의 경우, 뉴스 기사와 댓글에 대한 비판적 분석을 동시에 진행하고, 그 결과를 종합해야 한다. 이는 뉴스 기사의 의도와 사회문화적 현상, 그리고 네티즌의 대중적 반응을 비판적으로 수용하는 것이 매체 자료를 주체적으로 향유하는 데 중요하기 때문이다.

따라서 '뉴스 댓글의 비판적 수용'에 대한 내용 설명은 비판적 수용

....

4   전통적 단원 구성 방식에는 문종 중심, 주제 중심, 목표 중심이 있지만, 통합적 언어 경험을 가능하게 하는 언어 활동 중심도 가능하다. 이때는 언어 활동을 추동하는 실제적 텍스트가 해당 내용을 설명하는 부분보다 중요하다(정혜승, 2006: 392).

과정에서 문법과 매체의 통합, 그리고 뉴스 댓글이 지니는 매체 자료로서의 특성을 고려한 내용 구성 원칙을 반영해야 한다. 이러한 원칙에 따른 내용 구성 원리를 아래와 같이 확인해 볼 수 있다.

> 매체 자료를 비판적으로 수용할 때에는 자료에 사용된 언어와 기호 양식의 특징을 탐구하는 것이 우선이다. 그런 다음 그 특징에 의해 형성되는 의미가 매체 자료의 목적, 생산자의 의도 등을 어떻게 구현하는지 살핀다. 이를 바탕으로 우리는 매체 자료가 담고 있는 사회문화적 의미를 포착하고 이를 주체적으로 향유하는 태도를 갖추어야 한다. 뉴스 댓글의 경우, 댓글에 사용된 어휘나 문법 요소가 댓글 사용자의 의도성을 만들어 내는 자질이다. 이들을 탐구하여 해당 뉴스 기사와 비교하면, 사용자가 댓글을 통해 드러내고자 하는 사회문화적 의미를 파악할 수 있다. 그 과정에서 자기 자신도 어떤 의도를 갖고 댓글을 쓰지는 않았는지 스스로를 한 번 돌아보자.

위 단원에서 학습자의 실제 수행 맥락에 초점을 맞추어 이해와 적용을 도모하는 데 중요한 역할을 하는 것은 '언어 자료'와 '활동'이다. 이 두 요소는 단원의 구성에서 밀접하게 연관되어 제시되며, 이들을 연계하여 살펴보는 것이 효과적이다.

'뉴스 댓글의 비판적 수용' 단원에서 사용될 언어 자료, 즉 매체 자료는 인터넷 뉴스 기사와 그에 달린 댓글이 대상이다. 뉴스 기사의 경우 포털사이트에서 설정한 주제 분야에 따르며, 여기에서는 '환경 분야'의 뉴스 기사와 그 댓글을 언어 자료로 삼고 그 자료를 비판적으로 수용하는 과정을 담은 활동을 제시하고자 한다. 이때 언어 자료에 대한 비판적 담화 분석을 실제로 수행하는 방식으로 학습 활동을 설명하면 다음과 같다.

NEWSIS

미세먼지에 갇힌 부산 도심

기사입력 2018-04-15 15:17 [기사원문] [스크랩] 본문듣기 · 설정

【부산=뉴시스】하경민 기자 =부산 대부분의 지역에 미세먼지(PM-10) 주의보가 발령된 15일 부산 황령산 전망대에서 내려다 본 부산 수영구와 해운대구 일대의 초고층 빌딩이 뿌연 먼지에 갇혀 있다. 2018.04.15.

┗ ㉮ 심각하다...이대로 가다간 저출생으로 멸망이 아니라 미세먼지로 멸망하겠다.
(공감 2580명, 비공감 87명)

┗ ㉯ 중국(홍콩)은 한국수출의 30퍼 정도입니다. 중국과 수교를 단절해서, 국민의 의지를 보여줍시다. 대기업은 공장과 마트 철수하세요. 중국산 김치 먹지 말고, 중국산 사용하는 식당에 가지 맙시다.
(공감 2166, 비공감 288)

1️⃣ 기사의 중심 내용을 써 보자. 이때 이를 형성하는 언어(기호) 형태를 찾아보자.
2️⃣ 기사에 달린 댓글 ㉮와 ㉯의 의미를 구성하는 어휘와 문법 요소를 탐구해 보자.
3️⃣ '2️⃣'를 바탕으로 ㉮와 ㉯의 댓글 사용자가 지닌 의도를 찾고 그 차이를 말해 보자.
4️⃣ 댓글에 반영된 사회문화 현상을 정리하고 댓글이 형성할 다른 현상을 생각해 보자.

　　위 단원에서 사용되는 언어 자료는 부산의 미세먼지 문제를 다룬 기사와 이에 대한 네티즌의 댓글이다. 이 기사는 미세먼지로 가득 찬 부산의 모습을 한 장의 사진과 이를 설명하는 간단한 문장으로 구성되어 있다. 표면적으로 간결하고 직접적인 정보를 전달하는 것처럼 보이지만, 이 기사에 대한 댓글은 대중의 폭넓은 공감을 얻었을 만큼 다양한 해석의 여지를 제공한다. 이러한 점에서 뉴스 기사와 댓글 모두 〈언어와 매체〉 과목을 학습하는 이들에게 비판적으로 수용해야 할 중요한 학습 자료이다.

　　활동 1️⃣은 기사의 핵심 내용을 파악하고 이를 서술하는 과정으로 구성된다. 이 활동에서는 학습자가 기사에 사용된 언어적 형태와 기호 양식을 탐색한다. 일례로 기사의 제목과 본문에 나타난 문법 요소 중 '피동형'의 사용을 분석할 수 있다. 예를 들어 '갇히다'라는 동사의 선택이 부산 도심이 미세먼지에 의해 갇혀 있는 상태를 강조함으로써, 미세먼지 문제의 심각성을 드러내고 있음을 학습자가 인식할 수 있도록 한다. 기호 양식에 관한 분석에서는 기사에 포함된 사진을 중점적으로 다룬다. 여기서는 미세먼지의 무채색과 사진 속 인물의 유채색, 특히 회색과 강렬한 대비를 이루는 분홍색의 사용이 두드러진다. 이러한 색상 대비는 미세먼지의 심각성을 더욱 강조하는 효과를 낳는다. 이와 같은 언어적 형태와 기호 양식의 탐구는 텍스트의 문법적 특성과 매체의 내용을 동시에 고려하는 과정으로, 이후 기사에 연계된 댓글을 분석하는 기반이 된다.

활동 ②, ③, ④는 댓글을 대상으로 비판적 담화 분석 기반의 비판적 수용을 단계적으로 적용한 것이다. 활동 ②는 비판적 담화 분석의 텍스트 층위 분석으로 여기에서는 어휘와 문법 요소를 중심에 둔다. ㉮의 경우 '멸망'이라는 어휘가, '멸망하겠다.'라는 종결 표현에서 추측의 서법이 분석된다. ㉯는 '중국, 중국산'이라는 어휘가, '청유형'의 종결 표현이 주로 사용되었다. 이러한 어휘의 사용 맥락과 문법 요소에 대한 학습이 활동 ②에서 이루어진다.

활동 ③은 활동 ②를 바탕으로 댓글 사용자의 의도를 추측해 보는 것으로, 비판적 담화 분석의 담화 수행에 관련된 텍스트 생산자의 의도와 수용 특징을 파악한다. ㉮의 경우 '멸망'이라는 어휘는 댓글 사용자가 미세먼지 문제를 세상의 종말을 야기할 우려가 있는 심각한 원인이라는 생각을 하게 한다. ㉯의 경우 미세먼지 문제의 원인이 중국임을 지적하는데, 청유형의 종결 표현으로 인해 중국산을 쓰지 말자는 극단적인 의식이 드러나고 있다. 네티즌에게 동참하자는 의지의 표명은 실상 수많은 공감이 대변하듯 성공적인데, 문제는 미세먼지를 줄이자는 청유가 아니라 중국산을 쓰지 말자는 경제적 배제로 이어진다는 것이다. 일종의 '복수(revenge)'의 틀(frame)이 나타나고 있다고 할 수 있다. 이처럼 사용된 댓글을 통해 댓글 사용자의 의도성을 파악해 낼 수 있다.

활동 ④는 비판적 담화 분석의 사회문화적 수행과 관련된 것으로, 활동 ②와 ③의 결과에 따라 댓글이 보여주는 대중의 사회 현상에 대한 문제의식을 드러내는 데 주안점이 놓인다. ㉮에서는 미세먼지 문제가 현재 매우 심각하다는 대중의 인식이 보이고, ㉯에서는 미세먼지 문제를 놓고 중국에 대해 극단적 반응을 보이는 대중의 인식을 확인할 수 있다. 또한 비판적 담화 분석이 변증법적으로 텍스트와 담론을 들여다보고자 한 것인 만큼, 이들 댓글이 만들 수 있는 다른 사회문화 현상을 생각해 보는 활동까지 나아간다. 가령 ㉮의 경우 심각함을 넘어 '멸망'이 자칫 '체념'의 태도와 연결될 수도 있다는 우려를, ㉯의 경우 자칫 왜곡된 중국에 대한 반감을 불러일으킬 수도 있다는 우려를 학습자가 인식하게 유도할 수 있다.

5. 정리와 전망

지금까지 비판적 담화 분석을 기반으로 국어과 내용을 재개념화하고, 이를 통해 〈언어와 매체〉의 통합 단원을 구성하는 방안을 제시해 보았다. 비판적 담화 분석은 국어교육에서 '비판적 수용의 영역 통합성'을 확보하는 핵심 수단으로 간주된다. 곧 비판적 담화 분석은 '텍스트, 담화 수행, 사회문화적 수행'의 세 층위에서 비판적 수용의 영역 통합적 내용을 탐구할 수 있는 구조를 제공한다. 이에 따라 '텍스트의 의미를 구성하는 문법 자질 탐구', '텍스트 생산자의 의도 및 수용의 특징 파악', '텍스트와 상호 형성되는 사회문화적 맥락 이해' 등의 범주에서 국어과의 통합 내용을 마련하였다. 이를 바탕으로 비판적 담화 분석을 적용한 〈언어와 매체〉의 통합 단원을 구성하였다. '뉴스 댓글의 비판적 수용'을 주제로 단원 구성 요건에 따라 제시하였다. 구체적으로 문법과 댓글 의도 파악의 통합성을 중시하여 대중의 의식을 비판적으로 수용할 수 있는 교수-학습 활동을 제안하였다.

그러나 비판적 담화 분석의 국어교육적 적용을 위해서는 언어 기능 요소에 대한 추가적인 연구가 필요하다. 특히 '텍스트의 의미를 구성하는 문법 자질 탐구'에 대한 연구는 아직 초기 단계에 머물러 있다. 국어교육에서도 비판적 담화 분석을 기반으로 한 질적 연구를 지속적으로 수행함으로써, 국어교육적 텍스트에 대한 비판적 수용 방안을 개발해야 한다고 본다. 이를 위해 두 가지의 남은 과제를 아래와 같이 제시하고자 한다.

첫째, 국어과 제재에 대한 가치 탐구와 활용을 위한 질적 연구를 수행해야 한다. 교육 제재는 온전한 국어 자료로서의 텍스트이기 때문에 그 자체로 다양한 가치를 품고 있다(이성영, 2013: 73). 목표 중심 체제에서 사용된 제재에 숨은 가치성은 비판적 담화 분석의 국어교육적 내용을 바탕으로 분석한다면, 제재의 활용 방안을 높일 수 있다. 비판적 담화 분석에 대한 국어교육의 실증 연구를 효과적으로 수행할 수 있는 하나의 방편에 해당한다.

둘째, 텍스트 중심, 통합적 문법교육의 연구 울타리를 비판적 관점에서 상세화해야 한다. 여기서 비판적 관점에서의 상세화는 텍스트에 녹아든 생산자의 의도성(intention)을 탐구하는 것이다. 텍스트 생산자가 선택한 어휘, 그 어휘와 더불어 문장에서 작동하는 다양한 문법 자질은 담화의 의미를 구성하며 그 속에서 어떠한 의도를 만들어 낸다. 이를 토대로 비판적 담화 분석의 언어 기능과 소통 과정의 긴밀한 상호 연계성은 문법교육에서 의도 교육의 내용을 구성해 나갈 수 있을 것이다.

2

연설 교육에서 비판적 담화 분석의 활용*

1. 비판적 담화 분석과 연설 교육으로의 적용

이 장에서는 비판적 담화 분석을 고찰하고 이를 연설 교육으로 적용해 보기로 한다. 연설 교육의 하위 영역 가운데 특히 '연설 담화에 대한(about the speech discourses)' 교육적 방향성을 비판적 담화 분석의 관점에서 고민해 보고자 한다.

비판적 담화 분석은 언어학과 사회학의 통섭을 근간으로 담화에 대한 비판적 관점을 통합한 연구 분야이다. Fairclough(2013)는 '담화'를 언어의 최상위 계층으로 정의하며, 동시에 그것을 사회문화적 실천의 한 형태로 간주한다. 담화를 '분석'한다는 것은 담화 내의 언어적 요소들과 그

....

* 1부 2장은 『어문학』 157집에 게재되었던 「비판적 담화 분석과 연설 교육에의 적용」을 이 책에 맞게 수정 및 보완한 것이다.

것들이 존재하는 사회문화적 맥락 사이의 복잡한 상호 작용을 조사하는 과정을 의미한다(이원표, 2001). 그리고 이러한 분석을 '비판적'으로 수행한다는 것은, 언어적 형태로 나타난 표면적 의미뿐만 아니라, 해당 맥락을 통해 유추할 수 있는 보다 깊은 의미들을 파악하는 것을 포함한다(van Dijk, 2009).

국어교육에서 비판적 담화 분석에 대한 연구는 다수 진행되었으나, 화법 교육에서 이를 본격적으로 다룬 사례는 제한적이다. 특히 화법 교육에서 중요한 담화인 '연설'은 그 고유의 텍스트담화적 특성 때문에 비판적 담화 분석에 있어서 풍부한 적용 가능성을 지니고 있다.[1] 김혜숙(2006: 117)은 연설이 일정한 격식을 지켜야 하고 이야기할 내용에 관한 철저한 사전 준비가 요구되는 텍스트라고 하였다. 김소영(2006: 182)은 연설이 다른 담화 유형에 비해 준비된 말하기로서 내용의 완결성을 더욱 철저히 요구한다고 강조한다. 이러한 특성에 주목할 때, 연설에 대한 교육은 학습자가 실제로 연설을 수행하기에 앞서, 다양한 연설 담화에 노출되고 이를 깊이 있게 분석하는 교수-학습 방법이 필요하다. 이 맥락에서 비판적 담화 분석을 활용하여 연설 담화에 대한 교육(education about speech discourses)을 설계하는 것은 비판적 화법 교육에서 의의를 지닌다고 하겠다.[2]

....

1   김혜숙(2006: 117)에서 연설은 입말과 글말의 중간적 특성인 텍스트담화의 한 유형이라고 하면서, 연설은 연설문을 전제로 한 화법이라고 하였다. 연설은 언어 전략과 발화 전략이 함께 작동한다.

2   연설 담화 교육과 관련하여 김소영(2006)은 연설의 담화적 특성과 평가 방안을 논의하였고, 이재원(2016)은 텍스트언어학을 바탕으로 연설의 종류를 제시하였고, 서종훈(2020)은 연설 담화의 교육적 정체성에 대해 논의하였으며, 박준홍·박성석(2021)은 연설자의 공신력 각인 발화에 대해 탐구하였다. 특히 서종훈(2020: 153)은 연설 담화가 시대적 연원과 중요성을 갖고 있음에도 학교 현장에서 제대로 지도되고 있는지에 대해 의문을 제기하며, 연설 담화의 정체성이 모호하다고 지적하였다.

보다 구체적으로 비판적 담화 분석의 '분석 방법'은 연설 담화에 대한 수행적 교수-학습을 위한 중요한 이론적 매개체로 활용될 수 있다. Fairclough(1992)에 의하면, 비판적 담화 분석은 텍스트의 언어적 분석(text), 담화 수행과 관련된 텍스트의 생산 및 소비 과정(discourse practice), 그리고 텍스트와 담화 수행에 영향을 미치는 사회 구조, 조직, 공동체 문화 등의 사회문화적 수행(sociocultural practice)을 포함하는 세 층위의 분석 요소를 갖추고 있다고 설명한다. 곧 비판적 담화 분석은 담화의 다층적 의미를 파악하기 위해, 그 의미가 어떻게 언어적 기능을 통해 구성되는지, 그 의미가 소통되는 맥락은 무엇인지, 그리고 그 의미의 배경이 되는 사회문화적 요인들을 고려하여 분석하는 것이다(Fairclough, 2001; 이원표 역, 2004: 82-90). 이러한 분석은 연설 담화에 대한 수행적 교수-학습에서 중요한 기반이 될 수 있다.

이와 같은 비판적 담화 분석의 분석 방법을 학습자가 연설 담화를 탐구하는 과정에 적용한다면, 연설 담화에 대한 비판적 분석과 담화 수행의 연구를 촉진시킬 수 있다. 이미 비판적 담화 분석의 방법론을 이용하여 연설 담화를 분석한 많은 실증적 연구들이 축적되어 있으며, 이러한 연구 결과들은 연설 교육의 맥락에서 해석하고 적용하는 데 유용하다.[3] 예를 들어, 연설 담화에서 자주 사용되는 어휘나 문법적 특징은 무엇인지, 연설 담화에서 사용된 설득 전략은 어떠한지, 연설 담화가 지니는 사회문화적

....

3   문재인 대통령의 과거사 관련 연설(조원형, 2019), 문재인 대통령의 취임사 및 축사(김재희, 2018), 로하니 이란 대통령의 UN총회 연설문(곽새라, 2021), 압둘라 2세 요르단 국왕의 대국민 담화문(안희연, 2021) 등이 이와 관련되어 있다. 한편 대명사 '우리'의 쓰임에 주목한 일련의 연구도 존재한다. 박근혜 전 대통령 연설문에 쓰인 '우리'(유희재, 2017), 통일 관련 역대 대통령 연설문에 쓰인 '우리'(정혜현, 2019), 시진핑 정치 담화에 쓰인 '우리'(이지원, 2020) 등을 들 수 있다.

의미는 무엇인지 등을 포함하여 연설 담화의 언어적, 소통적, 사회문화적 특성을 통합적으로 탐구하는 연설 교육 내용을 설계할 수 있다. 이러한 접근은 학습자들이 연설 담화의 복잡한 층위를 이해하고, 그들의 담화 수행 능력을 향상시키는 데 기여할 수 있다.

따라서 이 장에서는 비판적 담화 분석과 화법 교육의 접점을 바탕으로, 비판적 담화 분석을 활용하여 연설 담화에 대한 교육 방향을 실제 활동 구안을 중심으로 제안한다.

2. 화법 교육에서 비판적 담화 분석 관련 연구

비판적 담화 분석은 담화가 배태하고 있는 중층적 의미를 비판적으로 분석하는 담화 연구의 관점이자 방법이다(Fairclough, 2013). 여기에서는 비판적 담화 분석의 관점과 방법 가운데, 방법으로서의 비판적 담화 분석을 상세히 들여다 보기로 한다. 그것은 화법 교육에서 비판적 담화 분석이 담화를 수용하는 하나의 방법으로 적용될 수 있기 때문이다.

비판적 담화 분석의 분석 방법 가운데 가장 대표적인 것은 Fairclough(1995)에 제시된 삼차원 분석 틀이다. 비판적 담화 분석의 삼차원 분석 틀은 담화의 언어적 분석에 초점을 맞추는 텍스트(text), 담화 생산 및 소비 과정과 관련된 담화 수행(discourse practice), 그리고 텍스트와 담화 수행에 작용하는 사회 구조와 조직, 공동체 문화 등의 사회문화적 수행(sociocultural practice)을 말한다(Fairclough, 1995; 이원표 역, 2004: 82-90). 이들 세 분석 층위의 작동 양상은 다음 〔그림 1〕과 같다(최윤선, 2014: 25).

〔그림 1〕은 비판적 담화 분석의 삼차원 틀로서 '텍스트, 담화 수행, 사회문화적 수행'의 분석 층위가 작동하는 구도를 명시한 것이다. 앞의 장에

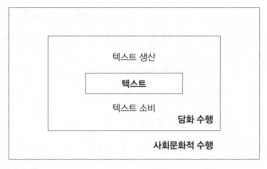

텍스트 생산

텍스트

텍스트 소비

담화 수행

사회문화적 수행

〔그림 1〕 비판적 담화 분석의 삼차원 틀

서 살펴본 대로, 이들 세 범주에 대하여 최윤선(2014: 26)은 각각 '기술, 해석, 설명'의 단계로 정리하고 있다. '기술'은 텍스트에 사용된 어휘나 문법 및 텍스트 구조와 같은 언어적 특징을 기술하는 단계, '해석'은 텍스트 생산자와 소비자 및 텍스트의 소통 맥락에 대한 정보와 같은 소통적 특징을 해석하는 단계, '설명'은 텍스트의 기술 및 해석의 특징에 이미 영향을 주었거나 영향을 미칠 수 있는 사회적 효과와 같은 사회문화적 특징을 설명하는 단계이다. 이러한 세 단계를 적용하여 비판적 담화 분석은 담화가 배태하는 중층적인 의미 특히 힘의 관계에 대한 사회적 현상을 분석하는 것을 목표한다.

화법 교육에서 비판적 담화 분석은 구어 의사소통 과정에서도 '힘의 관계'에 대한 표현 현상이 풍부히 존재한다는 점에서 활발하게 논의될 가능성을 지닌다. 심영택(2013: 55)은 교사와 학생 사이의 수업 담화를 예로 들며, 교사가 담화를 통해 학생의 사고를 어떻게 영향을 미칠 수 있는지를 설명하였다. 이는 구어 의사소통 과정에서 참여자들 간의 관계나 배경의 이념성에 따라 의미의 전달과 힘의 관계가 어떻게 변화하는지를 보여주는 사례이다. 이처럼 비판적 담화 분석은 담화를 중심으로 한 화법 교육에 충분히 적용 가능하다. 하지만 심영택(2013)의 연구는 수업 담화 내의 권력관계를 드러내었을 뿐, 화법 교육에서 담화에 대한 비판적 담화 분석을 교육 내용이나 방법으로 직접 적용한 사례를 찾는 것은 여전히 어려운 상황이다.[4] 이러한 상황은 화법 교육에서 비판적 담화 분석의 적용 가능성과 필요성을 더욱 부각시킨다.

비판적 담화 분석이 화법 교육에서 충분히 논의되지 않은 이유는, 국어교육에서의 비판적 담화 분석이 주로 문어 텍스트 중심의 읽기 영역에 집중되어 온 경향 때문일 수 있다. 문어 텍스트는 그 자체의 텍스트적 완결성으로 인해 담화 분석을 수행하기에 더 용이하다는 점에서 이러한 경향이 형성되었을 가능성이 있다. 그러나 화법 교육에서 비판적 담화 분석이 소홀히 다루어진 이유를 여기에만 국한시킬 수 없다. 예를 들어, 읽기 교육에서 비판적 읽기와 비판적 담화 분석을 연계시킨 논의들(김유미, 2014; 장성아, 2016)이나 신문 기사, 뉴스 보도 등 매체 텍스트를 대상으로 한 논의들(김규훈, 2018; 김효연, 2021)은 교육과정적 관련성이나 분석 사례의 유사성에 기인한 것이다. 중요한 것은 비판적 담화 분석이 화법 교육에 적용되어 구어 텍스트 분석을 시도할 수 있는 국어교육적 정합성을 갖추고 있는지에 대한 성찰이다. 이는 비판적 담화 분석의 국어교육 내에서의 역할과 중요성을 재고하고, 화법 교육에서의 적용 가능성을 탐색하는 데

....

4   언어학 연구에서도 구어 텍스트에 대한 분석은 소극적이다. 신동일(2018: 4)에서는 대화 분석 역시 권력, 이데올로기 등을 수용한 비판의식과는 거리를 두고 개인들이 일상생활에서 구성하는 비격식적 대화를 시작과 종결, 화제 전개와 교체, 인접쌍(adjacency pairs), 말차례(turn-taking) 교환과 발언기회 얻기(협상) 등을 분석하는 수준임을 지적한 바 있다. 최근에는 화자간 힘의 비대칭성이 드러나는 제도화된 담화유형(신동일 · 김종국, 2005; Button & Lee, 1987)도 국내외 학계에서 다뤄지긴 하지만 여전히 다수의 미시사회학자 혹은 언어학 연구자들은 대화의 내적 구조에 집중하고 대인간 혹은 언어사용 맥락의 제한된 해석만을 소개할 뿐 특정 대화가 유도될 수밖에 없는 정치경제적 관계, 비대칭적 권력, 이념적 개입의 논점은 제한되고 있다고 하였다.

있어 중요한 지점이라고 할 수 있다.

정희모(2017: 184)에 따르면, 국어교육에서 비판적 담화 분석을 적용한 연구들은 그 접근 방법에 있어 다양한 해석을 보여준다. 일부 연구들은 비판적 담화 분석을 필자의 의도를 파악하거나 문맥에 따른 추론이라는 비교적 온화한 비판적 인식의 문제로 접근하는 반면, 다른 연구들은 정치적 의도의 추론이나 권력 행위 주체의 파악과 같은 좀 더 정치적인 분석으로 해석한다. 비판적 담화 분석의 관점에서 볼 때, 후자의 접근이 좀 더 일관성 있고 정합적이다. 그러나 국어교육에서 정치적 텍스트를 다루는 것은 어려움이 있으며, 정치적 의도 추론을 통한 비판적 담화 분석의 적용은 그 범위가 제한적일 수 있다. 따라서 필자나 화자의 의도를 파악하고, 이를 통해 해당 텍스트나 담화가 내포하는 사회문화적 의미를 추론하는 것이 국어교육에서의 비판적 담화 분석 적용에 있어서 보다 타당한 방향이라고 볼 수 있다.

이에 따라 비판적 담화 분석을 화법 교육에 적용하기 위해서는, 화법 교육에서 다루는 세부 담화의 언어적 특성을 비판적 담화 분석의 방법론을 통해 분석할 수 있는 방안을 모색하는 것이 필요하다. 이는 비판적 담화 분석의 방법론을 화법 담화 교육에 재개념화하고, 국어교육의 특정 표현 양식에 맞게 언어적 특성을 분석하는 작업으로 볼 수 있다. 화법 교육에서 비판적 담화 분석의 적용은 다양한 담화를 활발하게 분석하고, 이를 통해 해당 담화가 지니는 언어적 특성과 그에 내재된 사회문화적 의미를 밝혀내는 연구의 활성화에 기여할 것이다.[5]

....

5   화법 담화의 사회문화적 접근과 관련된 논의로, 박재현(2006)에서는 설득 화법 교육에서 실제 구어 텍스트 자료의 텍스트 연결 표현의 양상을 분석적으로 살피고 각 연결 표현의 의미 기능을 밝혔다. 최영인 외(2019)에서는 TV 홈쇼핑 광고를 대상으로 소비자의 신념이나 의사 결정에 영향을 미치는 상품 판매에 관한 설득 전략을 분석하였다.

이러한 접근의 일환으로, 화법 교육에서 연설 담화에 주목할 수 있다. 연설 담화가 지닌 언어적 특성과 그에 따라 형성되는 소통적, 사회문화적 의미를 교수-학습하는 방안을 비판적 담화 분석을 통해 탐구할 수 있다.

3. 연설 담화의 비판적 분석 요소 초점화

비판적 담화 분석을 연설 담화 교육에 적용하기 위해 연설 담화의 비판적 분석 요소를 초점화해 보도록 하자. 연설의 비판적 담화 분석 사례를 바탕으로 비판적 담화 분석의 분석 요소를 결합하여 연설 담화에 대한 분석 요소를 확인해 보기로 한다.

우선 비판적 담화 분석의 분석 요소를 범주적으로 정리하면 아래와 같다(Fairclough, 1995; 최윤선, 2014: 27-30).

가. 텍스트 층위
- 어휘에 관한 것: 단어의 체험적, 관계적, 표현적 가치, 은유 사용
- 문법에 관한 것: 문법의 체험적, 관계적, 표현적 가치, 문장 연결
- 텍스트 구조에 관한 것: 텍스트의 거시 구조, 상호텍스트성

나. 담화 수행 층위
- 텍스트 생산에 어떤 유형의 담론이 차용되었는가.
- 텍스트 생산의 주체는 어떤 성격의 조직인가.
- 텍스트 해석은 누구에 의해 어떤 상황에서 이루어지는가.
- 어떤 문화적 해석 틀이 상호텍스트적으로 사용되었는가.

다. 사회문화적 수행 층위
- 담화가 사회적으로 어떻게 구성되는가.

• 사회적으로 구성된 담화가 다시 사회를 어떻게 구성하는가.

위와 같은 세 층위의 분석 요소에서 우선 텍스트 층위는 어휘, 문법, 텍스트 구조에 관한 것이 존재한다. 어휘와 문법의 경우 체험적, 관계적, 표현적 가치를 중심으로 분석하는데 이는 기능 문법(functional grammar)과 관련된다. 체험적 가치는 어휘나 문법 사용이 지닌 기능적 의미를, 관계적 가치는 어휘나 문법 사용에 의해 구성되는 텍스트의 맥락적 의미를, 표현적 가치는 맥락적 의미에 의해 구현되는 의도적, 이면적 의미를 가리킨다.[6] 이와 더불어 어휘의 경우 은유 사용을, 문법의 경우 문장 연결의 특징을 살피는 데 초점을 둔다.

담화 수행 층위는 텍스트의 생산과 해석 과정에서 사회적 의미가 어떻게 투영되고 해석되는지를 분석하는 데 집중한다. 이 층위에서는 담화에 차용된 담론, 생산 주체의 성격, 해석 주체, 그리고 해석 틀 등이 중요한 분석 요소로 간주된다. 이러한 분석을 통해 담화의 다양한 측면이 드러나며, 이는 담화가 어떠한 사회적 의미를 내포하고 있는지를 파악하는 데 도움을 준다. 한편, 사회문화적 수행 층위는 텍스트 및 담화 수행 층위 분석을 바탕으로 해당 담화가 내포하는 사회적 의미를 규명하는 것을 목표로 한다. 여기서 중요한 것은 담화가 현재 반영하고 있는 사회적 의미뿐만 아니라, 그 담화가 앞으로 어떠한 사회적 의미를 생성할 수 있는지에 대한 가능성도 함께 고려하는 것이다. 이러한 접근은 비판적 담화 분석이 담화 연구와 사회학 연구 간의 상호성을 잘 드러낸다.

....

6 Halliday(1994)에서 언급된 '경험적, 대인적, 텍스트적' 의미를, 텍스트의 이념성 분석에 초점을 두어 언어 사용에 대한 가치성을 드러내는 용어로 '체험적, 관계적, 표현적' 가치로 대응한 것이다(Fairclough, 2001: 112). 경험적, 대인적, 텍스트적 의미가 상보적이듯이, 체험적, 관계적, 표현적 가치 또한 상호성을 지닌다.

이때 비판적 담화 분석의 분석 요소를 바탕으로 실제 담화를 분석할 때에는 '텍스트 지향성'을 간과해서는 안 된다. 텍스트 지향성이란 비판적 담화 분석의 실제 분석이 텍스트 층위에서부터 비롯된다는 사실을 의미한다. 그럼에도 다수의 국내 비판적 담화 분석 사례 연구는 텍스트 지향성을 간과한 채 담화의 사회적 의미를 연구자의 직관에 의존하여 드러내는 데 그치고 있다(신동일, 2018: 27). 담화의 텍스트 층위, 즉 문법과 어휘의 쓰임에 대한 분석에 근거하여 담화 전략이 무엇인지 그리고 이를 통해 드러낸 사회적 의미가 무엇인지를 정합적으로 추론해 가야 한다. 정희모(2017: 181)에서 언급하였듯이, 비판적 담화 분석을 교육 연구에 적용하려면 기술(description) 부분, 즉 텍스트 층위 분석을 중점적으로 다루어야 한다는 지적도 이와 같은 맥락에 놓여 있다.

결국 비판적 담화 분석의 분석 요소 가운데 '텍스트 층위'를 국어학적으로 규명하는 작업이 필요하다. 이러한 시도의 하나로 김효연·김규훈(2022: 146-148)은 문법교육의 세부 내용과 관련지어 비판적 담화 분석의 분석 요소를 국어학적으로 파악하려 하였다. 이 논의에서는 '문법의 기능 및 의미'와 그것이 갖는 '사회적 힘의 관계 탐구'를 연계하고자 하였다. 구체적 내용 요소로 '어휘의 종류에 따른 표현 효과, 어휘의 의미 탐구 및 어휘가 표상하는 이데올로기 추론, 단어(품사)의 의미 탐구, 문장 유형 및 문장 구조에 따른 표현 효과의 차이, 문법 요소의 표현 효과, 텍스트의 거시적 구조 탐구 및 표현 효과, 담화 참여자의 관계 탐구' 등을 확인할 수 있다. 가령 '어휘가 표상하는 이데올로기 추론'의 경우, 텍스트에서 지배적 이데올로기를 강화하는 어휘 사용을 탐구하는 내용으로 사회적 힘의 관계를 인식할 수 있다고 보았다. 또한 단어에서 명사형(nominalization) 사용의 효과, 문장 구조(겹문장: 안은문장 및 이어진문장 등)의 담화적 특성, 피동문과 능동문의 기능 차이 등을 구체적인 내용 요소로 제시한 바 있다.

그럼에도 아직 비판적 담화 분석의 텍스트 층위 분석 요소에 대한 국어학적 논의는 부족한 실정이다. 이러한 현실에서 화법 교육, 특히 연설 담화에 대한 비판적 담화 분석 또한 위에서 예로 든 텍스트 분석 요소가 적절히 변환되어야 한다. 그 과정에서 무엇보다 비판적 담화 분석의 텍스트 분석 요소 가운데 어떤 요소에 집중해야 하는지를 고려해야 한다. 그것은 연설 담화의 특성을 반영하여 두드러지게 드러나는 텍스트적 특성이 존재하기 때문이다. 김혜숙(2006)에서 언급한 것처럼, 하나의 연설에서 나타나는 텍스트담화적 전략은 상당히 다양하며, 이를 표현하는 언어적 특성 또한 다채롭다. 이러한 점에서 연설 담화의 텍스트 분석 요소를 확인하기 위해서는 연설에 대한 비판적 담화 분석의 실증적 사례 연구들을 검토해야 한다.

연설의 비판적 담화 분석을 실제로 수행한 논의들은 대부분 지도자의 연설에 주목하였다. 비판적 담화 분석이 이념적 분석을 지향하는 만큼 지도자의 메시지가 사회적으로 미치는 영향력을 밝혀내고자 한 것이다. 특히 대통령의 연설을 대상으로 한 경우가 다수인데, 조원형(2019)은 문재인 전 대통령의 과거사 연설의 의미를 비판적 담화 분석으로 살폈고, 유희재(2017)는 박근혜 전 대통령의 연설에 쓰인 대명사 '우리'의 담화적 의미를 파악하였다. 정혜현(2019)에서도 이와 유사하게 대명사 '우리'를 주목하였는데, 통일 관련 역대 대통령의 연설문을 대상으로 비판적 담화 분석을 적용하였다. 그리고 김재희(2018)는 문재인 전 대통령의 다양한 연설 담화를 대상으로 비판적 담화 분석의 분석 요소를 다채롭게 적용하여 해석하였다. 한편 김혜숙(2006)의 경우 대통령이 아닌 대학 총장의 연설에 나타난 텍스트담화적 전략을 분석하였다.

이들 가운데 김재희(2018)를 주목할 필요가 있는데, 그것은 비판적 담화 분석의 텍스트 분석 요소를 확인할 수 있기 때문이다. 곧 대통령 연설을 비판적으로 분석하기 위한 텍스트 분석 요소를 범주화하였고 그에 따라 실제 대통령 연설 담화를 분석해 낸 것이다. 예컨대 대통령 연설 담화와 같은 텍스트는 그 특성상 문법 측면에서는 화자의 인칭대명사의 사용과 그 해석 범위가 매우 중요하고, 어휘 측면에서는 어떤 어휘들이 강조되어 반복적으로 사용되거나 배제되는가를 특히 주목하였다(김재희, 2018: 8). 전제와 함축, 상호텍스트성 등이 화자가 청자와의 소통을 목적으로 작성하는 텍스트에서의 중요한 현상들인데, 대통령의 연설문에서는 그런 요소들이 두드러지게 나타나는 경향이 보인다는 것이다. 김재희(2018)에서 확인할 수 있는 대통령 연설 담화에 대한 텍스트 분석 요소를 목록화하면 아래와 같다.

- 인칭 대명사의 사용
- 반복되거나 배제되는 어휘
- 전제되거나 함축되어 있는 내용
- 텍스트 산출 과정에서의 상호텍스트성

김재희(2018: 9-28)에서는 문재인 전 대통령의 다양한 연설 담화를 대상으로, 텍스트 분석의 네 가지 핵심 요소를 세부적으로 탐구하였다. 구체적으로 인칭 대명사 사용을 분석하여 '우리', '나(저)', '당신(여러분)' 등의 사용 양상을 조명하였다. 반복되는 어휘 분석을 통해 '대화', '화합', '평화', '긴장 완화', '갈등 해소' 등의 용어 사용 양상을 파악하였으며, 배제되는 어휘로는 '광화문 광장', '적폐', '북한' 등이 있음을 분석하였다. 전제와 함축의 내용은 북한과 미국의 관계를 다룬 담화문에서 정치적 사실과 의미에 대한 추론을 통해 파악하였다. 상호텍스트성 부분에서는 문재인 전 대통령의 연설에 인용된 사회적, 역사적, 국제적 지식을 통해 동일한 표현이 지닌 유사하거나 상이한 의미를 맥락적으로 분석하였다.

이들 가운데 문법적 특성과 어휘 사용, 특히 인칭 대명사의 사용은 연설 교육에 적용될 수 있는 중요한 요소로 간주된다. 유희재(2017)와 정혜현(2019)의 경우, 문법적 특성, 특히 인칭 대명사 '우리'의 사용에 주목한 사례 연구에 해당한다. 유희재(2017)는 박근혜 전 대통령의 연설 담화에서 '우리'의 사용이 어떻게 위치 짓기(positioning) 전략을 형성하는지 분석하였다.[7] 곧 '청자와 화자를 포함하는 우리', '청자를 포함하지 않는 우리', '화자를 포함하지 않는 우리'의 세 가지 사용 유형을 구분하고, 이를 바탕으로 박근혜 전 대통령의 세월호 참사 관련 대국민 담화문을 질적으로 분석하였다. 그 결과 '우리'의 사용이 어떻게 자신의 책임을 회피하고 국민 전체의 책임으로 돌리는 동시에, '자신'을 재난 상황의 영웅으로 위치 짓는 의도가 담화문에 내재되어 있음을 밝혔다.

어휘 사용과 관련하여, 반복성이 연설 텍스트의 응집성을 강화하는 요소로 작용한다는 점은 김혜숙(2006)을 통해 확인할 수 있다. 김혜숙(2006: 135)은 대학 총장의 졸업식 연설에서 졸업생들에게 전하는 당부의 말들을 분석하였다. 이 연설에서는 '지혜의 채집과 자비의 실천', '지혜, 자비의 실천자', '불교의 열린 정신' 등의 상징적인 환언 반복을 통해 연설가가 의도하는 통일된 의미 전달이 명료하게 이루어진 것으로 분석되었다. 이러한 분석은 비판적 담화 분석의 텍스트 분석 요소 중 반복된 어휘

....

7   유희재(2017)에서는 비판적 담화 분석에서의 '위치 짓기'는 발화자가 원래 가지고 있던 위치(stance)를 담화 속에서 드러내는 것과 관련하여 논의되어 왔다고 한다. 이때 위치는 정체성이나 역할보다는 자신의 '관점(point of view)'에 가까운 것이며, 담화 속에서 드러내는 것이다. 이 경우 화자의 위치(position)는 드러나 있을 수도 있고 숨겨져 있을 수도 있으며, 의식적인 입장일 경우도 있으며 무의식적으로 취하게 된 입장일 수도 있다(Bloor & Bloor 2013: 34; 유희재, 2017: 122 재인용).

사용이 어떠한 담화적 효과를 주는지를 확인할 수 있게 한다. 곧 화자인 총장은 총장이 졸업생들에게 모교의 건학 이념을 사회적으로 실천하라는 메시지를 효과적으로 전달하고 있는 것이다.

이처럼 문법적 특성이나 어휘 사용의 특성 등은 연설 담화에서 빈번히 활용되는 텍스트 분석 요소이다. 이들은 연설 교육에서 학습자로 하여금 연설 담화에 사용된 문법, 어휘의 특성이 갖는 담화 수행적, 사회문화적 의미를 이해하도록 이끈다. 결국 학습자가 궁극적으로 도달해야 하는 역량이 화자의 공신력을 이해하고 설득 전략을 적절히 활용하여 연설을 실제로 수행할 수 있는 힘이라고 본다면, 다양한 연설 담화의 표현 전략이 어떠한 문법적, 어휘적 특성으로 이루어졌는지를 수용하는 과정이 교육 내용으로 구성되는 것은 연설 교육에서 필요한 것이다.

지금까지 살펴본 담화 분석의 분석 요소 및 텍스트 분석 요소와 연설의 비판적 담화 분석에 관한 사례 연구를 결합하여, 연설 담화의 비판적 분석 요소를 제시하면 다음 〔그림 2〕와 같다.

〔그림 2〕는 연설 담화의 비판적 분석 요소를 초점화한 것이다. 텍스트 층위에는 인칭 대명사 사용, 어휘 사용의 반복 및 배제 양상과 더불어 어휘의 은유와 틀 사용, 발화의 연결 및 텍스트 구조, 그리고 텍스트에 사용된 전제와 함축이 포함된다. 이들은 연설 담화에 사용된 어휘와 문법의 특징과 연설 담화 자체의 구조적 특성과 더불어, 연설 담화의 화용적 특성으로서 추론적 의미 등을 파악하는 과정에 관한 분석 요소들이다.

담화 수행 층위에는 이러한 텍스트 층위의 분석 요소에 의해 구성되는 담화적 의미를 파악한다. 화법의 내용 요소로서 '맥락'에 해당하는 생산자와 수용자의 성격과 배경, 의사소통 목적, 동원되는 매체 정보 등을 파악하는 데 집중한다. 이는 연설 담화의 소통 양상을 파악하는 데 도움을 줄 것이다. 이와 함께 여러 텍스트에서 다채롭게 사용된 언어 사용의 양상

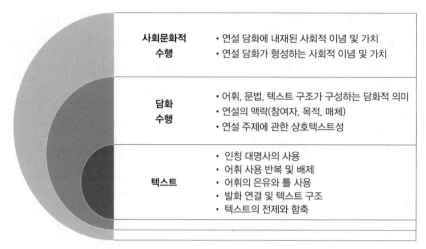

사회문화적 수행	• 연설 담화에 내재된 사회적 이념 및 가치 • 연설 담화가 형성하는 사회적 이념 및 가치
담화 수행	• 어휘, 문법, 텍스트 구조가 구성하는 담화적 의미 • 연설의 맥락(참여자, 목적, 매체) • 연설 주제에 관한 상호텍스트성
텍스트	• 인칭 대명사의 사용 • 어휘 사용 반복 및 배제 • 어휘의 은유와 틀 사용 • 발화 연결 및 텍스트 구조 • 텍스트의 전제와 함축

〔그림 2〕 연설 담화의 비판적 분석 요소 초점화

을 상호 비교하는 상호텍스트성의 관점에서 연설 주제를 파악하는 작업
또한 중요하다.

끝으로 사회문화적 수행 층위에서는 이들 텍스트 층위와 담화 수행
층위에 의해 분석된 내용을 종합하여, 연설 담화가 배태하는 사회적 이념
이나 가치를 파악한다. 동시에 이러한 사회적 이념이나 가치에 의해 재생
산되는 의미가 무엇인지도 파악한다.

4. 연설 담화의 비판적 분석과 교수학적 변환의 방향

지금까지 논의를 바탕으로 실제 연설 담화를 비판적으로 분석하고
이를 교수학적으로 변환할 수 있는 방향을 가늠해 보고자 한다. 여기에서
주목하는 연설 담화는 '학생회장 출마 연설'이다. 연설이 갖는 공공성을
기반에 두되 정치적 중립성을 고려하여 대통령 연설과 같은 정치 담화는

배제하고, 학교 현장에서 학생들이 실질적으로 접할 수 있는 실제 텍스트를 대상으로 삼고자 한다.

분석 대상은 고등학교 화법과 작문 교과서에 수록된 연설 담화이다. 김동환 외(2013: 137)에는 '설득을 위한 화법'의 단원 아래 소단원으로 '연설'이 포함되어 있으며, 학생회장 후보의 연설에 대한 태도와 표현 전략을 탐구하는 활동이 구안되어 있다. 앞서 정리하였던 비판적 담화 분석의 초점화된 분석 요소를 적용하여 해당 연설 담화의 분석 결과를 다음 〔표 1〕과 같이 제시하기로 한다.

〔표 1〕은 비판적 담화 분석을 활용하여 학생회장 출마 연설 담화를 분석한 것이다. 먼저 텍스트 층위에서는 '인칭 대명사', '어휘 반복', '은유', '발화 연결'의 언어적 특성에서 담화 수행 층위의 특징적 담화 전략이 수행되었다.

인칭 대명사의 경우, '우리'와 '나'의 쓰임이 두드러진다. '우리'는 연설가가 대중과의 관계 맺기를 할 수 있는 대표적인 대명사에 해당한다(유희재, 2017; 정혜현, 2019 등). 위 연설 담화의 4줄에서 화자는 '우리'를 학생회장이 되려는 '나'와 학생 모두를 가리키는 '너'를 통합하는 의미로 사용한다. 그래서 '우리'는 화자가 학생회장이 되더라도 학생들과 동등한 위치에서 함께 하겠다는 의도로 쓰였음을 알 수 있다. 이때 '우리' 속에 '나'의 의미가 부각되어 있다는 사실을 주목할 만하다. 위 연설 담화의 7줄에서 드러났듯이, '저(나)'는 후배, 동료, 선배의 목소리를 반영하며 헌신하겠다는 의미로 발현된다. 공동체와 자기희생의 의미가 '우리'와 '나'를 통해 표상되고 있다.

반복된 어휘 사용은 '소통'으로, 위 연설 담화의 전개부에서의 주제적 의미를 형성한다. '소통'은 대명사 '우리'와도 관련되어 있는데, 화자 자신이 소통을 위해 노력하여 함께 소통하는 공동체를 만들겠다는 포부로 드

[표 1] 학생회장 출마 연설 담화에 대한 비판적 분석의 실제

[연설 담화]	1 여러분 안녕하십니까? 저는 한국 고등학교 학생회장 후보 기호 1번 오다솜입니다. 2 여러 가지로 부족한 제가 감히 학생회장에 출마한 것은 여러 친구들이 저에게 잘할 3 수 있다는 용기를 주었기 때문입니다. 4 제가 학생회장이 된다면, 소통하는 리더십을 발휘하겠습니다. 우리는 모두 말을 5 하며 살아가지만, 혼자만의 이야기는 항상 부족함이 있습니다. 너와 나의 이야기가 6 합쳐질 때 비로소 한 편의 아름다운 이야기가 나오므로, 소통이 무엇보다 중요합니 7 다. 저는 사랑하는 후배들과 존경하는 동료, 선배들의 목소리 하나하나를 빠짐없이 8 듣고 이를 학생회에 반영하여, 누구나 가고 싶은 학교를 만들어 가겠습니다. 9 저는 말만 앞세우는 사람이 아니라, 실천하는 학생회장이 될 것입니다. 소금은 자 10 신의 본래 형태를 녹여서까지 음식 맛을 냅니다. 저도 소금처럼 조용히 헌신하며 학 11 생회장으로서의 역할을 잘 수행할 것입니다.			
[텍스트]	인칭 대명사	어휘 반복	은유	발화 연결
	• '우리'('너와 나') • '나(저)'	• 소통(4줄, 6줄)	• 소금(9줄): 소금과 음식 맛의 관계	• 대등절(대조): 전개부와 정리부
[담화 수행]	• '우리'로 표상되는 공동체의 의미를 바탕으로 '나(저)'가 헌신하겠다는 담화적 의미 부각.	• 후배, 동료, 선배 등 학생 모두와 소통하겠다는 태도를 언급하여 공동체 의식을 전달.	• 소금과 가미의 관계를 학생회장(자신)과 헌신의 관계로 치환하여 자신의 희생을 강조.	• '우리는~ 있습니다.'(4줄)와 '저는~될 것입니다.'(9줄)에서 대조적 연결을 통해 자신의 역할 부각.
	• 학생회장 출마자(화자)가 유권자로서 전교생(청자)을 설득하는 공적 의사소통			
[사회 문화적 수행]	• 공동체 의식의 이념성과 자기희생의 가치를 중점적으로 전달			

러난다. 위 연설 담화의 4줄에서 명시되어 있듯이, '소통하는 리더십'이라는 표현으로 구체화된다. 공동체 의식을 이번 연설 담화의 중심적 의미로 삼고 있는 것이다.

은유의 경우, '소금'이라는 어휘를 통해 드러나는데, 소금과 음식 맛의 관계에 대한 의미가 위 연설 담화에서 드러나고 있다. 곧 연설 담화의 9~10줄에서 확인할 수 있듯이, 소금이 녹아서 음식 맛을 낸다는 은유적

표현이 사용되었다. 특히 위 연설 담화의 정리부에서 은유적 표현을 언급한다는 것은, 청중의 정서에 호소하는 전략이라고도 볼 수 있다. 이는 전개부에서 논의한 공동체와 자기희생 가운데, 학생회장으로서 지녀야 하는 자기희생의 덕목을 더욱 강조하겠다는 전략에 해당한다. 따라서 '소금'은 곧 학생회장이 되려는 '화자 자신'이고, '가미'되는 것은 학생들을 위해 학교의 발전을 위해 '노력'하겠다는 은유적 의미가 구성되어 있다.

발화 연결은 발화(문장)의 연결 구조를 뜻하는데, 위 연설 담화의 4~5줄 "우리는 모두 말을 하며 살아가지만, 혼자만의 이야기는 항상 부족함이 있습니다.", 9줄 "저는 말만 앞세우는 사람이 아니라, 실천하는 학생회장이 될 것입니다."에서 사용된 대등절은 모두 대조의 의미가 나타난다. 이때 전자의 경우 소통의 의미를 강조하기 위하여, 후자의 경우 실천 즉 자기희생의 의미를 강조하기 위하여 사용되었다. 이는 텍스트 구조에 관한 전략으로서 소통을 통한 공동체와 자기희생의 실천이라는 화자의 중심적 의미를 효과적으로 전달하기 위한 것이라고 볼 수 있다.

이와 같이 텍스트 층위의 언어적 특성에 따른 의미와 함께 담화 수행 층위에서 확인할 수 있는 화법 맥락으로, 위 연설 담화는 '학생회장 후보'인 화자가 '유권자로서의 전교생'인 다수의 청자를 대상으로 한 '설득 목적의 공적 의사소통'이다. 이러한 점에서 위 연설 담화는 연설문 작성의 단계에서부터 설득 전략을 활용하였고, 특히 유권자로서 표를 얻기 위한 전략을 언어적으로 구상하였을 것을 짐작할 수 있다.

요컨대 위 연설 담화는 학생회장 후보로서 유권자를 설득하기 위하여, '공동체 의식'의 이념성과 '자기희생'의 가치를 사회문화적 수행의 메시지로 드러내었다. 이 메시지는 거꾸로 학생회장 후보인 화자가 속한 학교가 현재 공동체 의식이 요구되는 상태임을 짐작하게 하며, 화자가 학생회장이 되어 혼란한 학교 상황을 위해 노력하는 역할을 수행할 것이라는 사회적 실천의 모습을 나타낸다.

지금까지 수행한 실제 연설 담화에 대한 비판적 분석 과정은 화법 교육의 국면에서 학습자가 연설 담화 자체를 학습하는 수행적 교육 내용으로 변환될 가능성을 지닌다. 일례로, 〔표 1〕의 연설 담화에서 '소통'이라는 어휘가 반복적으로 사용되어 '공동체 의식'이라는 담화적 의미를 형성하는 분석 결과는 아래와 같은 학습 활동의 발문으로 구안 가능하다.

위 연설 담화의 전개부에서 반복적으로 사용되는 어휘를 찾아보고, 그 어휘를 통해 화자가 강조하고자 하는 의미가 무엇인지 생각해 보자.

위의 발문은 기존 교과서의 학습 활동이 지닌 추상성을 극복하고, 연설 담화의 이해를 위한 근거를 언어적으로 찾아내도록 유도한다고 본다. 이러한 방식의 교수학적 변환이 보다 적극적으로 이루어질 수 있다면, 연설 교육에서 '담화에 대한 교육'이 본격적으로 주창될 수 있다. 다만 이와 같은 교수학적 변환은 표면적으로는 연설 담화의 비판적 분석 과정을 학습자가 수행할 수 있는 발문으로 바꾸는 일처럼 보이지만, 그 이면에는 학습자가 연설 담화에 대한 언어적 특성을 탐구하고 이를 연설 담화가 갖는 사회적 특성과 결합할 수 있는 교육적 설계가 전제되어야만 가능하다. 이를 고려하여 연설 담화에 대한 비판적 분석의 교수학적 변환의 방향을 아래의 세 가지와 같이 제안하기로 한다.

첫째, 연설 담화에서 선택된 '언어적 특성'을 탐구하는 교수학적 내용이 마련되어야 한다. 여기서 말하는 언어적 특성을 국어교육의 영역으로 보면 '문법교육'이다. 거시적으로는 문법과 화법의 통합적 연구를 바탕으로, 미시적으로는 연설 담화의 특성을 드러내는 문법 및 어휘의 자질을 화법 교육에서 선별적으로 수용하는 논의가 수행되어야 한다. 무엇보다 텍스트 분석 요소 가운데 '인칭 대명사', '어휘 사용' 등에서 드러난 연설가의 의도성을 학습자가 언어적 근거를 토대로 탐구할 수 있도록 해야 한다.

둘째, 연설 담화의 텍스트 특성과 연계하여 '연설가의 담화 전략'을 탐구하는 교수학적 내용이 보완되어야 한다. 이는 연설 교육 내용에서 꾸준히 강조되어 온 화자의 공신력 및 설득 전략을 연설 담화의 소통 과정과 적극적으로 결합하는 것이다. 연설 담화의 수행적 특성은 위 '첫째'에서 언급한 '언어적 특성'을 기반에 둔다는 점에서 연설가가 자신의 공신력을 강조하기 위해 어떠한 어휘를 사용하였고 발화를 구사하였으며 더 나아가 이성적, 감성적, 인성적 설득 전략이 어떻게 표현되었는지를 분석해내야 한다. 학습자가 연설 담화의 수행 과정을 깊이 있게 탐구한다면, 연설가로서 자신이 활용할 담화 전략을 체계적으로 수립할 수 있을 것이다.

셋째, 연설 담화의 비판적 수용을 토대로 학습자 스스로 '연설 담화를 인식'하는 교수학적 내용이 마련되어야 한다. 연설 담화에 대한 교육은 필히 연설 담화를 생산하고 수용하는 연설 교육의 근간이어야 한다. 이를 토대로 궁극적으로 학습자는 연설 담화가 지닌 사회문화적 가치를 인식하여 연설 담화가 표상하는 사회적 현상을 이해할 수 있어야 한다. 예컨대 사회문화적 가치로서 공동체 의식과 자기희생은 사회적 지도자의 연설에서 빈번히 사용되며 이를 통해 사회적 지도자의 정체성(identity)이 형성되고 있는 것이다.[8] 연설 담화가 사회적 가치나 이념성을 어떻게 드러내는지, 이를 통해 무엇을 고착화시키고 전복시키려 하는지 등을 학습자가

....

8   연설은 연설가 자신의 정체성을 드러내는 과정이라고 볼 수 있다. 연설가의 정체성은 비판적 담화 분석을 통해 드러내는 중요한 요소 가운데 하나이다. 학습자가 연설을 통해 설득 전략뿐만 아니라 자신의 정체성을 형성하는 차원의 정의적 교육에 대한 논의를 추후 이어갈 필요가 있다. 정체성은 사회 속의 텍스트가 대중의 특정 특성이나 가치와 행동을 지니게 하는지의 담론을 바탕으로 형성된다(Benwell, 2006: 10).

깊이 있게 사유할 수 있는 기회를 제공할 수 있는 교수학적 내용의 마련이 필요하다고 하겠다.

5. 정리와 전망

이 장에서는 연설 교육에서 비판적 담화 분석의 활용 가능성을 논의하였다. 이를 위해 먼저 비판적 담화 분석의 관점과 방법에 대해 살펴보았고, 화법 교육에서의 적용이 필요함을 확인하였다. 그런 다음 비판적 담화 분석의 분석 요소를 세부적으로 정리하고, 연설 담화에 대한 비판적 담화 분석의 사례 연구를 바탕으로 연설 담화의 비판적 분석 요소를 초점화하였다. 이를 바탕으로 학생회장 출마 연설 담화를 실제로 분석하고 이를 토대로 연설 담화에 대한 교수학적 변환의 방향성을 가늠하였다.

향후 비판적 담화 분석과 화법 교육은, 화법 교육에서 본격적으로 논의되지 못한 비판적 담화 분석을 적용하여 '담화에 대한 비판적 이해 교육'을 실행할 수 있어야 한다. 또한 연설에 대한 비판적 담화 분석의 사례 연구를 교육적으로 적용하여 연설 담화에 대한 교육적 연구의 울타리도 구축될 필요가 있다. 연설 담화를 수용하고 생산하는 교육에서 비판적 담화 분석이 일정한 교육적 체계화를 가능하게 하는 데 앞으로도 기여할 것이다. 다만 비판적 담화 분석의 국어교육적 적용에 관한 정합적 논의가 풍부하지 못한 상황에서 화법 교육과의 접점, 연설 담화에 대한 실효성 있는 교육 내용 등에 대한 고민을 이어가야 할 것이다.

첫째, 비판적 담화 분석이 화법 교육에 온전히 적용되기 위해서는, 텍스트 분석 요소에 해당하는 문법교육과의 통합적 연구가 이루어져야 한다. 비판적 담화 분석의 텍스트 분석 요소는 문법과 어휘 및 텍스트 구조에 관한 것으로, 국어교육의 문법 영역에 해당하는 내용과 관련이 깊다. 국어교육에서 문법 영역은 화법을 비롯한 독서 및 작문과 같은 국어 활동의 기저 지식에 해당하므로, 국어 활동과의 통합적 연구가 꾸준히 이루어져야 한다. 비판적 담화 분석은 그러한 통합을 이끄는 중요한 근간 이론으로 기능할 수 있을 것이다.

둘째, 연설 담화의 비판적 분석을 실제로 수행하고 그 축적된 결과를 바탕으로 연설 담화의 비판적 수용에 관한 교육 내용을 구성해야 한다. 비판적 담화 분석을 이론적으로 확인하고 그 적용 방향을 분석하는 차원이 아니라, 다양한 연설 담화를 실제로 분석한 결과를 축적하여 연설 담화의 비판적 수용 방안을 만들어 갈 수 있을 것이다. 추후 연설 교육 및 화법의 담화 교육에 대한 연구가 활성화되어 언어와 언어 기능의 통합적 논의를 형성해 나가야 할 것이다.

3
복합양식 텍스트의
비판적 수용 교육 내용*

1. 비판적 수용 대상으로서 복합양식 텍스트

국어교육은 그간 텍스트의 변화에 능동적으로 대응해 왔다. '복합양식 텍스트(multi-modal text)'라는 용어가 국어교육에서 사용된 지 오래되었다는 사실도 이와 관련이 깊다. 2000년대 초반 다양한 매체의 등장과 더불어 매체 언어를 교육적으로 적용하는 논의가 촉발되었으며, '매체언어 교육'과 관련된 일련의 연구 맥락이 형성되었다. 정현선(2005: 317)에서 지적하였듯이, 국어교육 내에서 매체 텍스트를 다루는 궁극적 목표는 학습자가 매체에 대한 능동적 소통을 위해 고민해야 하는 필수적인 지점이다.

....

*   1부 3장은 『국어교육학연구』 55(2)에 게재되었던 「복합양식 텍스트의 비판적 수용에 관한 교육 내용 설계 방향」을 이 책에 맞게 수정 및 보완한 것이다.

그런데 복합양식 텍스트의 소통에 관한 문제는 국어교육에서 매체 영역에서만 다루어서는 안 된다. 박인기(2014: 11)에서 강조하였듯이, 복합양식 텍스트는 대상 학습자의 인지, 사고, 소통 등의 패턴이 문자 텍스트의 그것과 본질적으로 결(texture)을 달리하기 때문이다. 이런 점에서 복합양식 텍스트를 수용하고 생산하는 과정을 하나씩 탐구하는 세부 교육 내용을 국어교육 전반에서 마련하는 방안과 그에 대한 논의가 활성화되어야 한다.

　　복합양식 텍스트는 4차 산업혁명과 밀접하게 관련된다. 다보스 포럼에서 공개된 4차 산업혁명 백서의 제목이 '자동화(automation)와 연결성(connection)의 극단화'이듯이, 인공지능에 의한 초연결의 사회에서 우리는 살고 있다(장필성, 2016: 13-14). 이에 대응하여 학계는 범학문적인 '역량(competencies)'을 규명하였고, 이미 일상생활에서 인공지능·소프트웨어(AI·SW) 기반의 다양한 도구와 제품들이 등장하였다. 다수의 미래 사회 모델링에 관한 연구 담론에서 인간의 미래 역량이 '비판적 사고력, 문제 해결 능력, 창의성, 의사소통, 협력' 등으로 제시되었는데, 국어교육에서도 '핵심 역량'에 관한 연구를 촉발시켰다.[1]

　　이러한 맥락에서 복합양식 텍스트의 수용에 대한 교육 내용을 구성할 때에는 국어교육에서 '텍스트 수용'이라는 명제의 강조점을 계승하여, 학습자의 비판적 사고력 함양과 긴밀히 관련지어야 한다. 그것은 국어과 교육과정 이래 줄곧 강조되어 온 '텍스트의 비판적 수용'이라는 명제와 연

....
1　　WEF의 '도전하기 위한 역량', UNESCO의 '소프트 스킬', CCR의 '기술', P21의 '학습과 혁신 기술'은 '사회·실제적 역량'으로 묶을 수 있다. 이들 역량 요소들은 기초 능력을 바탕으로 실제 상황의 문제를 해결하고 직업 생활에서 직면하는 과제를 수행하기 위해서 필요한 능력들로 사회적이고 실제적인 경향이 강하다. 비판적 사고, 문제 해결, 창의성, 의사소통, 협력 등이 중시된다(서영진, 2019: 78).

관되는 동시에, 미래 국어과 핵심 역량 가운데 하나인 비판적 사고력의 함양을 위한 교육 내용이 마련되어야 하기 때문이다. 이러한 점에서 '복합양식 텍스트의 비판적 수용'이라는 논의 범주를 설정하여 국어교육적 내용을 마련해 나가야 한다.

이를 위해서는 그간 국어교육에서 복합양식 텍스트 연구가 어떻게 진행되었는지를 검토하여, 복합양식 텍스트의 비판적 수용이라는 논의 방향성을 공고히 해야 한다. 해당 연구는 크게 두 범주로 구분할 수 있는데, 하나는 '복합양식 문식성'에 관한 논의이고, 다른 하나는 '복합양식 텍스트와 읽기 교육'에 관한 논의이다.

'복합양식 문식성'에 관한 논의의 경우, 복합양식 텍스트를 마주하는 학습자가 갖추어야 할 능력을 규명하는 데 목적을 둔다. 신문식성(정혜승, 2008), 복합양식 문식성(정현선, 2014), 디지털 텍스트 읽기 능력(옥현진, 2013) 등이 이와 관련된다. 특히 정혜승(2008: 155)에서는 Kress(2003)를 바탕으로 스크린 매체가 기존의 텍스트와 전혀 다른 사유와 형식의 논리를 지닌다는 점을 언급하며,[2] 신문식성(new literacy)의 개념이 국어교육에 도입되어야 한다고 하였다.

'복합양식 텍스트와 읽기 교육'의 경우, 복합양식 텍스트의 수용을 읽기 교육 차원에서 밝힌 일련의 논의들을 말한다. 대표적으로 서혁(2019)의 미디어 생태계 변화와 복합양식 교육의 테제 아래 논의되어 오고 있다. 편지윤 외(2018)에서는 Beaugrande & Dressler의 7가지 텍스트성(textu-

....

2   스크린 매체는 사용자에게 직접적인 '행동 유도성(affordance)'을 유발한다. 행동 유도성이란 구체적 대상이 사용자로 하여금 일정한 행동을 하도록 이끄는 성질이다(van Lier, 2004: 95). 가령 '의자'라는 사물은 사람들이 '앉도록' 행동을 유도하는 성질을 본연적으로 내포하고 있다. 스크린 매체의 경우 영상이나 이미지가 텍스트보다 직관적이라는 점에서 행동 유도성을 더 강하게 지니고 있다.

ality)을 바탕으로 복합양식 텍스트와 단일양식 텍스트를 비교하였다. 편지윤·서혁(2020)에서는 복합양식 텍스트 읽기의 인지적 평가 요소를 제시하였다. 이를 비롯한 복합양식 텍스트의 읽기 관련 논의들은 복합양식 텍스트의 텍스트 본질, 학습자의 사고력 등을 확인할 수 있다는 점에서 의미가 있다.

이들 연구 성과를 참고하되, 이 장에서는 복합양식 문식성의 본격적인 도입을 위한 이론적 논의를 전개하고, 그간 논의된 '읽기'의 개념역을 확장하여 복합양식 텍스트의 수용에 대한 명제를 정립해 나가기로 한다. 특히 복합양식 텍스트를 중심으로 한 학습자의 국어 활동은 본질적으로 결을 달리한다는 박인기(2014: 11)를 근거로, '수용 활동'이 지닌 '통합성'을 강조하여 그 교육 내용을 마련해 볼 것이다.[3] 요컨대 이 장에서는 복합양식 텍스트와 비판적 수용의 논제를 적극적으로 결합하여, 국어교육에서 복합양식 텍스트의 비판적 수용에 관한 교육 내용을 설계해 보도록 한다.

2. 국어교육에서 비판적 수용의 영역 통합성

국어교육에서 비판적 수용은 영역 통합성을 지녀야 한다. 그 이유를 국어 시간의 모습에서 찾아보기로 한다. 다음 〔그림 1〕은 한 고등학교 국

....

3 텍스트가 변화하면 읽기 전략뿐만 아니라 텍스트 결의 차이에 따른 학습자의 텍스트 수용 능력 자체가 달라진다고 본다. 가령 '문장을 읽는다는 것'과 '사진을 읽는다는 것'은 그 능력이 동일한 범주에서 논의되기 어렵다. 다양한 기호 자원(semiotic resources)(O'Halloran, 2011: 120)을 이해하는 능력은 '수용'의 관점에서 접근할 필요가 있다. 그리고 이러한 수용은 복합양식 텍스트를 중심으로 할 때 단일양식 텍스트보다 훨씬 더 다양한 텍스트의 의미 구성 변인이 통합될 수밖에 없다(박인기, 2014: 12).

남극 오존층 구멍, 영국 땅 18배만큼 줄어 …… 2050년까지 자연 회복

국제 협력이 보여 준 첫 성공 사례

남극 하늘의 오존층 구멍이 줄어들고 있으며, 자연적으로 2050년까지 완전히 회복될 것이라는 연구 결과가 나왔다.

영국 리즈대학과 미국 매사추세츠공과대학[MIT] 공동 연구 팀이 작년 9월 남극 상공의 파괴된 오존층 면적을 분석한 결과 15년 전인 2000년 9월보다 440만 km^2 정도 줄었다고 《텔레그래프》 등 영국 언론이 30일 보도했다. 줄어든 오존층 구멍의 면적

미국항공우주국이 2000년 관측한
남극 지방의 파괴된 오존층

〔그림 1〕 고등학교 국어 교과서의 매체 관련 내용: 의도나 관점 파악

어 교과서(신유식 외, 2020: 174)의 '4단원 소통의 힘'에 제시된 매체 읽기 관련 내용이다. 소단원명은 '02 매체로 보는 세상', 해당 교육 내용은 '신문, 비판적으로 읽기'이며, 해당 활동은 '신문 기사를 읽고, 글쓴이의 의도를 파악'하는 것이다. 국어 시간에 아래 텍스트와 활동을 가르치는 장면을 상상해 보자.

수업 시간에 국어 교사는 위 학습 활동에서 강조한 '필자의 의도나 관점'을 학생들에게 어떻게 효과적으로 가르칠까? 더욱이 필자의 의도나 관점은 그저 텍스트의 내용을 축자적으로 이해하는 것으로는 부족하다. 그것은 필자의 의도나 관점이 텍스트의 중심 내용과 동일한 개념이 아니기 때문이다. 필자의 의도나 관점은 필자가 해당 텍스트에서 '선택한' 특정한 '표현 방식', 즉 '문자 언어와 기호 자원의 표현 양상'에 의해 발현된다.

이러한 점에서 위 학습 활동이 효과적으로 수행되기 위해서는 매체

텍스트에 사용된 표현 방식에 해당하는 '문자 언어와 기호 자원(semiotic resources)'의 사용 양상에 대한 분석이 수반되어야 한다. 가령 '필자가 자신의 의도를 드러내기 위해 이런 어휘나 문법, 저런 사진을 사용했어요.' 정도의 학습자 답변이 유도될 수 있어야 한다. 이것이 가능해야 필자의 의도나 관점에 해당하는 질문인 "필자는 왜 그런 내용을 썼는가?'에 대한 의문을 해소할 수 있다.

여기서 필자의 의도나 관점 찾기에 대한 근원적인 문제가 제기된다. "과연 텍스트의 언어적, 기호적 분석이 없는 텍스트의 비판적 이해는 가능한가?" 이러한 의문은 위의 학습 활동에서 이어지는 다음 〔그림 2〕와 같은 상호텍스트성 기반 학습 활동에서 증폭된다.

〔그림 2〕는 앞 〔그림 1〕과 텍스트의 중심 내용은 같지만 필자의 의도나 관점이 다른 텍스트이다. 학습 활동은 〔그림 1〕과 〔그림 2〕의 텍스트를 비교하여 텍스트에 나타난 필자의 의도나 관점의 차이점을 학습자가 파악할 수 있도록 유도한다. 그렇다면 학습자는 두 텍스트의 차이에 대해 어떻게 답변할 수 있을까?

이 물음에 대한 답변에서 가장 정확한 것은 바로 '어휘'와 '문법 요소', 그리고 '사진 자료'의 차이를 짚는 것이다. 첫 번째 기사의 본문 첫 문장에서 보이는 '자연적으로 회복될 것'이라는 표현에서 '자연적'이라는 '어휘'와 '회복된다'라는 '피동 표현'과, 두 번째 기사의 그것은 '국제 사회가'라는 '주어의 전경화'와 '줄이기 위해 노력을 하다'라는 '능동 표현'의 사용은 두 기사의 텍스트가 드러내는 필자의 관점을 다르게 한다.[4] 사진

....

4   조금 더 분석적으로 살펴보면, 〔그림 1〕 기사 텍스트의 두 번째 문장(㉠)과 〔그림 2〕 기사 텍스트의 세 번째 문단의 첫 번째 문장(㉡)은 동일 내용의 상이한 표현 방식이 나타난다. 그것은 ㉠에서 오존층 면적을 분석한 연구팀과 이를 보도한 주체를 ㉡에서는 '소거(erasure)'하고, 대신 ㉡에서 '공영 방송'이라는 어휘를 부각(profiling)하고 있다는 것이다.

❷ 다음 신문 기사를 읽고, 내용이나 관점, 표현 방법 등이 ❶의 신문 기사와 어떻게 다른지 비교해 보자.

살아난 남극 오존층, 한국도 90년대부터 파괴 물질 확 줄였다

몬트리올 의정서 가입 통해 프레온 가스 등 성공적 감축

남극 오존층이 회복되고 있다는 첫 증거가 지난달 30일 사진과 함께 공개되자 그간 국제 사회가 프레온 가스 등 오존 파괴 물질을 줄이기 위해 기울여 온 노력에 관심이 쏠리고 있다.

남극 오존층 구멍 크기 감소 미국항공우주국이 제공한 2000년 (왼쪽 사진)과 2015년(오른쪽 사진) 남극 주변 오존층 이미지로, 청색 부분이 오존층 구멍이다.

우리나라도 프레온 가스 등을 줄이기 위해 여러 정책을 꾸준히 추진했고 기업의 감축 노력을 다각도로 지원하는 등 국제 사회와 적극적으로 공조했다는 평가를 받는다.

영국 공영 방송은 지난해 9월 측정한 오존층 구멍이 2000년과 비교해 인도 면적보다 큰 400만 km²가 감소한 것으로 나타났다고 전했다. 보도에 따르면 오존층 크기 감소분의 절반 이상은 염소 방출량이 감소했기 때문이다. 오랜 기간에 걸쳐 전 세계가 오존 파괴 물질 사용을 줄인 덕분에 이번에 처음으로 구체적인 성과가 나타난 것이다.

오존층 파괴 물질은 프레온 가스, 할론, 수소 염화 불화 탄소 등 96종으로 분류된다. 이 물질들은 냉장고·에어컨 등의 냉매, 건축 단열재, 반도체 세정제, 소방용 소화 약제 등에 널리 사용된다.

[그림 2] 고등학교 국어 교과서의 매체 관련 내용: 의도나 관점 비교

....

이는 필자에 의해 철저히 선택된 어휘와 문법의 결과로서, ⓒ의 필자는 객관적 사실이 '우리의 노력'에 있다는 점을 의도적으로 강조하고 있다.

자료의 경우 앞 〔그림 1〕에서 파괴된 오존층 사진을 단독으로 게재한 것과 달리, 〔그림 2〕에서는 오존 크기가 다른 두 사진을 나란히 배치하여 '각국의 노력에 의한 변화'를 훨씬 더 잘 드러내고 있다.

물론 이와 같이 '언어적, 기호적 근거' 없이 이른바 국어적 직관에 기대어 두 텍스트의 차이를 말할 수는 있을지도 모른다. 그러나 텍스트를 비판적으로 이해하는 것은 결코 직관적 과정이 아니라 "왜?"라는 의문의 답을 찾아가는 국어적 사유의 과정이어야 한다. "왜?"에 대한 의문의 해소 없는 텍스트의 비판적 이해는 텍스트의 내용을 부분적으로 이해하고 보다 능동적으로 텍스트를 해석하지 못하는 학습자를 낳을 우려가 농후하다.

본질적으로 텍스트의 비판적 수용은 국어과 하위 영역의 통합성을 근간으로 한다. 교육부(2007, 2011, 2015, 2022 교육과정)에 명시된 국어교육의 목표는 공통적으로 담화나 글을 비판적으로 수용할 때에는 반드시 그 담화나 글에 대한 국어적 지식을 바탕에 두어야 함을 강조한다. 그럼에도 '텍스트 수용 = 텍스트 읽기' 정도로 인식하는 경향이 일부 학계와 교육 현장에서 팽배하다. 심지어 텍스트 이해의 과정에서 문법 탐구가 동원된다면, 텍스트 이해를 정신적으로 방해한다는 편견도 만들어내고 있다. 물론 기능적 문식성을 특히 강조하고자 하는 입장에서는 충분히 주장할수 있다고 본다. 그러나 텍스트를 '비판적으로' 수용하는 과정이 본질적으로 영역 통합성을 지니고 있는바, "필자나 화자가 왜 그렇게 표현했다고 생각해?"에 대한 의문에 '언어적, 기호적' 근거를 들어 대답을 고민하는 과정이 국어교육적으로 매우 온당하다.

비판적 수용의 영역 통합성은 비판적 문식성과 밀접한 관련이 있다. 천경록(2014: 23)은 비판적 문식성과 비판적 읽기가 본질적으로 다르고, 비판적 문식성에서 함의하는 교육적 가치를 실현하기 위해서는 두 개념을 분리해야 한다고 하였다. 특히 비판적 문식성은 유럽의 비판 이론가들, 아프리카계 미국인(African American) 학자들, 파울루 프레이리(Faulo Freire)의 해방적 관점 등에 기원을 두고 있으며, 심리학 기반의 비판적 읽기와 달리 철학을 기반에 두고 있다고 하였다. 비판적 문식성은 '사회적 실천 행위'로서 텍스트를 수용하는 것을 목표로 삼고 있다. 이를 학습자의 역량으로 치환해 보면, 텍스트를 주체적으로 해석하여 자신의 이념과 가치를 세울 수 있는 정체성을 기르는 힘이라고 할 수 있다.

보다 구체적으로 텍스트를 '사회적 실천 행위'로 간주한다는 것은, 텍스트가 사회적 이념이나 가치를 소통하는 통로로 여긴다는 것을 뜻한다. 텍스트에 사회의 현상이 반영되는 것은 물론이거니와, 텍스트에 의해 사회 현상이 재생산된다는 텍스트와 사회의 상호성에 주목한 개념이다. 이 개념을 바탕으로 한 언어학 연구는 텍스트를 구성하는 언어 단위가 언어 자체라기보다는 사회인지의 반영체로 본다. 텍스트를 구성하는 언어 단위가 사회인지(social-cognition)의 반영체라는 사실은 어휘의 틀(Fillmore, 1982)과 은유(Lakoff, 1993), 체계기능 문법(Halliday, 1978), 그리고 비판적 담화 분석(Fairclough, 1992; van Dijk, 1993) 등의 연구 분야에서 활발히 논의되고 있다. 이들은 각기 다른 학문적 근원을 갖고는 있지만, 궁극적으로 텍스트와 사회의 상호성을 언어적으로 해명하고자 한다는 공통점을 지닌다.

이들 연구 가운데, 비판적 담화 분석은 이 장에서 주목하는 복합양식 텍스트의 비판적 수용과 연관성을 지닌다. 그것은 비판적 담화 분석이 텍스트를 구성하는 언어학적 요소와 이들 요소에 의해 구성되는 의미, 더 나아가 텍스트가 강화하는 이념성을 함께 분석하고자 하기 때문이다(Fair-clough, 1992: 92). 보다 세부적으로 비판적 담화 분석의 세부 연구 주제 가운데 '복합양식 텍스트'를 대상으로 하여 분석의 원리를 논구하려는 시도가 있는데, 이 연구를 '복합양식 담화 분석(multimodal discourse analysis;

MDA)'이라고 한다. 복합양식 담화 분석은 비판적 담화 분석에서 다루는 차별과 권력의 의제가 주로 대중매체와 같은 복합양식 텍스트를 통해 대중에게 확산된다는 사실에 주목한 것이다(van Leeuwen, 2014: 282).

3. 복합양식 담화 분석의 국어교육적 적용 방향

국어교육의 교육적 실천은 반드시 텍스트 중심으로 이루어지며, 다양한 기호 자원을 활용하여 텍스트를 가르칠 때에는 통합적 국어교육의 설계를 고려해야 한다. 박인기(2014: 12)에서 강조하였듯이, 디지털 기술의 발전으로 다양한 기호 체계가 통합된 복합양식 텍스트는 청각, 시각 등 인간의 다양한 감각을 통합적으로 활용하도록 유도한다.

그런데 문제는 통합성을 '구체적으로 어떻게' 구현할 것인가에 대한 것이다. 일반적으로 국어 교육에서 강조하는 '다양한 매체의 비판적 수용과 창의적 생산'은 매체의 복합양식성보다는 매체에 대한 학습자의 수용과 생산 과정에 더 집중하고 있다. 장르에 따라 텍스트와 문법 구조가 근본적으로 다를 수 있으므로, 복합양식 텍스트의 구조적 특성을 텍스트의 화용적 측면과 결합할 필요가 있다. 이와 관련하여 '복합양식 담화 분석'은 텍스트 자체와 텍스트의 소통을 함께 고려할 수 있는 방법으로 일정한 의미를 지닐 수 있다.

복합양식 담화 분석은 텍스트 내에 존재하는 다양한 기호 자원들이 어떻게 텍스트의 의미를 구성하는지를 탐구하는 담화 분석의 방법론이다(van Leeuwen, 2014: 282). 프랑스 구조주의 기호학파, Barthes(1977)를 포함한 일련의 연구들은, 처음에는 뉴스와 광고 텍스트에 초점을 맞추었으나, 점차 영화, 음악, 만화 등 다양한 매체로 확장되어 갔다. 그 과정에서 대중매체의 복합양식성을 탐구할 때 "텍스트에 어떤 기호 자원들이 사용되었는가?"라는 질문에서 "기호 자원들의 조합으로 형성된 텍스트가 대중의 시민 의식 형성에 어떤 영향을 미치는가?"라는 질문으로 진화한 것이다.[5]

이러한 맥락에서, 복합양식 담화 분석은 텍스트 내에서 다양한 기호 자원의 결합이 형성하는 텍스트의 숨겨진 의미, 그리고 이러한 의미를 형성하는 사회적 맥락과 특히 텍스트 생성자의 의도를 탐구하는 목적을 가지고 있다(O'Halloran, 2011: 136; van Leeuwen, 2014: 288). 국어 교육에서 언급하는 '비판'은 실상 대상의 오류를 지적하는 것이 아니라 대상의 총체적 이해인 '통찰'의 의미에 더 가깝다. 이런 의미에서 복합양식 담화 분석과 비판적 수용은 상당한 부분에서 교집합을 형성하고 있다.

Wodak & Meyer(2015: 186-187)는 이와 관련하여 복합양식 담화 분석의 접근법을 고고학적으로 명명하였다. 고고학은 유물과 유적의 흔적을 통해 옛 인류의 생활과 문화를 연구하는 방법이며, 복합양식 담화 분석은 텍스트에서 사용된 기호 자원의 흔적을 찾아내어 텍스트의 숨은 의미를 파악하는 목적을 가지고 있다. 고고학적 접근은 복합양식 텍스트에서 나타나는 기호 양식이 해당 텍스트가 생성된 사회나 문화 체계에 대한 통찰력을 제공한다는 아이디어를 기반에 둔다(박혜진, 2019: 47). 따라서 텍스트 생성자가 사회문화적 현상을 복합양식 텍스트에 어떻게 반영했는지가 중요한 문제이며, 이러한 문제는 텍스트 생성자가 기호 자원을 '선택

....

5   Hodge & Kress(1988)에서는 시각적 이미지의 배열 규칙은 언어의 문법 체계와 마찬가지로 소위 '실재의 사회적 정의(social definitions of the real)'를 드러내는 역할을 한다고 하였다. 예컨대 다양한 기호 사용을 통해 대처 시대에 좌익 정치인의 영향력을 줄이는 데 활용될 뿐만 아니라, 만화에서 독자로 하여금 '좋은' 캐릭터의 정체성을 갖게 하고 '나쁜' 캐릭터를 멀리하도록 유도하는 데에도 적용되고 있다(van Leeuwen, 2014: 283).

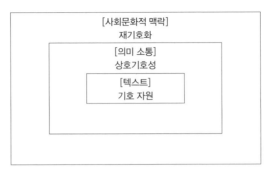

〔그림 3〕 복합양식 담화 분석의 분석 요소

(selection)'함으로써 특정한 사회적 현실을 의도적으로 감추거나 왜곡할
수 있다는 사실로 나타난다.

　복합양식 담화 분석을 국어교육에 적용하기 위해서는 복합양식 담화
분석의 분석 요소를 면밀히 살펴보아야 한다. 이것은 이들 분석 요소를 국
어교육에서 학습자가 실제로 수행하는 교육 내용으로 전환할 수 있는 방
안을 열어주기 때문이다. 복합양식 담화 분석의 분석 요소는 비판적 담
화 분석의 삼차원 분석 틀(Fairclough, 1992: 97)과 유사한데, 이러한 유사
성은 국어교육에서 비판적 수용의 통합적 교육 내용을 구체화하는 데 도
움을 줄 수 있다. 복합양식 담화 분석의 분석 요소는 '기호 자원(semiotic
resources)', '상호기호성(intersemiosis)', '재기호화(resemioticization)'로
범주화되며(O'Halloran, 2011: 127), 이를 위 〔그림 3〕과 같이 살펴볼 수
있다.

　〔그림 3〕에서 볼 수 있듯이, 복합양식 텍스트는 일반적인 텍스트의
소통 구도를 공유하므로, '텍스트, 의미 소통, 사회문화적 맥락'에 대응하
는 '기호 자원, 상호기호성, 재기호화'의 층위를 지니고 있다. 이러한 요소
들이 층위를 형성하고 있다는 것은 복합양식 담화 분석이 텍스트의 기호
자원 특성을 기반으로 해당 텍스트의 의미 소통과 사회문화적 맥락을 추

론하는 과정적 속성을 지니고 있음을 의미한다.

먼저, '기호 자원'은 다양한 기호 자원의 특성 및 그들 사이의 관계를 분석하는 차원으로 복합양식 텍스트에 쓰인 '어휘와 문법' 및 '다양한 기호 사용의 법칙'을 아우른다. 그런데 복합양식 텍스트에서는 문자 또는 기호만으로 의미가 구성되지 않는다. 따라서 기호 자원의 층위는 주로 '언어와 기호 간의 관계'를 파악하는 데 초점을 둔다(O'Toole, 1994: 86; O'Halloran, 2011: 122).

이와 관련하여, 복합양식 담화 분석은 기호 자원의 선택과 그들이 가지는 의미적 '현저성'에 주목한다. 현저성은 텍스트 내 다양한 기호 자원들이 특정 의미를 형성하기 위해 의도적으로 배열된 특성을 말한다(Stibbe, 2015: 162). Kress & van Leeuwen(2006: 210)은 특히 시각적 이미지가 텍스트 내에서 강한 현저성을 유발할 수 있다고 한다. 예를 들어, 신문 기사를 살펴보면 동일한 내용이라도 기사에 삽입된 사진에 따라 의도가 다르게 전달될 수 있다. 이와 같이 텍스트에서 문자 언어와 결합되는 다양한 기호의 조합이 현저성을 형성한다.[6]

현저성은 기호 자원의 배열 특성이긴 하지만, 무엇보다도 텍스트의 의미 해석과 그 해석이 가능한 사회문화적 수행(sociocultural practice)과

....
6   Stibbe(2015)는 현저성에서 이미지의 역할이 크다는 사실을 강조한다. 가령 아래 사진
     (CIWF by Martin Woosborn)(Stibbe, 2015: 171)은 마치 송아지가 인간들에게 무엇인가를 말
     하려는 인상을 준다. 사진에서 우리에 갇힌 송아지의 얼굴이 부각되어 모종의 의도를 형
     성한다.

밀접한 관련이 있다. 이는 [그림 3]에서 확인할 수 있듯이, '기호 자원'의 텍스트 차원 분석이 다른 분석 요소의 기초를 형성하기 때문이다. 이런 관점에서 텍스트의 현저성은 제작자가 텍스트를 통해 어떤 기호 자원을 '전경화했는지(foregrounding)' 여부가 중요하다. Halliday(1978: 123)에서 언급한 대로, '문화적 현실을 구성하는 의미 체계'는 바로 복합양식 텍스트의 기호 자원이라 할 수 있다.

다음으로, '상호기호성'은 복합양식 텍스트가 독특한 기호 작용을 통해 형성되는 의미를 분석하는 요소이다. 이때 '독특한 기호 작용'이라고 명명하는 이유는, 복합양식 텍스트가 다양한 기호로 이루어진 것이며, 이러한 기호들이 단순한 평면적인 배열만으로 표현되지 않기 때문이다. O'Halloran(2011: 126)에서 언급한 대로, 복합양식 텍스트는 그 자체로 상호기호적 체계를 갖고 있다. 예를 들어, 동적 텍스트와 같은 영상이나, 하이퍼링크로 다중적으로 연결된 하이퍼텍스트는 하나의 복합양식 텍스트로 간주될 수 있지만, 그 안에 사용된 기호의 상호성을 반드시 고려해야 한다.

이를 통해 특정 텍스트가 표현하는 기호성이 기존의 기호성과 어떤 차이를 가지며, 이러한 차이를 통해 형성되는 의미가 무엇인지 밝히는 과정이 중요하다. 이 과정에서, 복합양식 텍스트가 일반적으로 네트워크에 의해 연결된다는 사실에서, 텍스트의 생산자와 소비자 사이에서 해당 텍스트를 재생산하는 '유통자(distributor)'에 의해 변화하는 텍스트의 결을 고려해야 한다.

끝으로 '재기호화'는 복합양식 텍스트에서 생성된 의미가 어떤 사회 문화적 가치, 이념, 권력 등을 형성하는지를 조망하는 층위이다. Iedema(2003: 50)에 따르면, 복합양식 텍스트에 의해 재현되는 공공적이며 동시에 시간을 초월하는 현상을 강조하며, 이러한 역동적 의미를 형성하는 과정이 재기호화의 핵심이라고 하였다. 여기서 공공적이고 시간을 초월하는 현상을 강조한 것은 복합양식 텍스트에 의해 강조되거나 억제되는 사회문화적 의미를 조사하는 것이 중요하다는 의미와 같다.

재기호화는 복합양식 텍스트 자체의 담화에 의해 이루어지기도 하지만, 사회적 실천이 일어나는 다양한 사회문화적 맥락에 걸쳐 발생하기도 한다. O'Halloran(2011: 126)에서 설명한 것처럼, 복합양식 텍스트를 구성하는 기호 자원과 그 관계 패턴이 어떤 사회적 관습을 나타내고 있는지 밝히는 것은 복합양식 담화 분석에서 가장 중요한 작업 중의 하나이다.

이와 같은 복합양식 담화 분석의 분석 층위와 분석 요소를 바탕에 둘 때, 복합양식 담화 분석의 국어교육적 적용은 비판적 담화 분석과 국어교육의 접점을 근간으로 다음 세 가지의 방향을 견지해야 한다.

첫째, 국어교육에서 기호 자원의 특성 및 특히 문자와 다른 다양한 기호 자원 간의 상호 작용을 다루는 교육 내용을 구성해야 한다. 문자와 다른 기호 자원 간의 상호 작용은 문법교육과 매체 관련 내용을 효과적으로 통합하는 데 중요한 역할을 한다. 이것은 복합양식 텍스트의 기호 자원을 분석할 때 그저 문법적 기능을 이해하는 것만으로는 부족하며, 이러한 기능과 관련된 '이미지, 소리, 모션'과 같은 다른 측면을 탐구하는 교육 내용을 제공해야 함을 의미한다.[7]

둘째, 학습자가 복합양식 텍스트 간의 상호성을 판단할 수 있는 교육 내용을 구성해야 한다. 동일한 주제의 두 텍스트이지만 상이한 기호 자원을 바탕으로 구성된 두 텍스트를 비교하는 활동은 복합양식 텍스트의 비

....

7 '시각적 이미지(O'Toole, 1994)', '소리와 음악(van Leeuwen, 1999)', '신체 행위(Martinec, 2000)', '시각적 이미지와 텍스트 요소의 통합성(Royce, 1998; Martinec & Salway, 2005)' 등의 연구 담론을 국어교육적으로 적용하는 논의가 필요하다.

판적 수용에서 매우 중요하다. 이를 통해 지금, 여기에서 다양한 매체에 의해 생산되는 복합양식 텍스트가 재생산하고 전파하는 의미가 무엇인지 탐구해 나갈 수 있다.

셋째, 복합양식 텍스트의 비판적 수용은 학습자가 자신의 언어 의식을 함양하는 것을 궁극적으로 지향해야 한다. 여기서 언어 의식이란 언어에 대한 태도로서 학습자가 언어 현상을 주체적으로 판단하는 정의적 능력을 뜻한다. 복합양식 텍스트가 현재를 살아가는 학습자에게 가장 친숙한 텍스트라는 점에서 이들 텍스트가 내포하는 사회문화적 가치나 이념에 대해 스스로 판단할 수 있어야 한다. 곧 언어적 정체성을 기르는 차원의 교육 내용에 대한 고민을 지속해 나가야 한다.

4. 복합양식 텍스트의 비판적 수용에 관한 교육 내용 구성

국어과 교육과정에서 복합양식 텍스트의 비판적 수용은 '매체 읽기'와 관련된 성취 기준에서 다루고 있다(교육부, 2015). 본격적으로 매체 관련 내용이 등장하기 시작하는 2015년 개정 국어과 교육과정에서 복합양식 텍스트와 관련된 성취 기준을 정리하면 다음 [표 1]과 같다.

[표 1]에서 확인할 수 있듯이, 이들 성취 기준은 국어 과목의 읽기 영역 및 언어와 매체 과목의 매체 관련 내용에서 제시되었다. 읽기 영역의 경우, 중학교 1-3학년과 고등학교 1학년의 성취 기준은 매우 유사한데, 이들은 매체 생산자의 '의도, 관점, 표현 방법' 등을 '평가하며' 텍스트를 읽는 기술을 강조하고 있다. 여기서 '표현 방법'이라는 용어를 사용한 이유는 일반적인 문자 언어뿐만 아니라 도표, 그림, 사진 및 동영상 자료와 같은 시각적 자료를 포함한다는 의미를 나타내기 위함이다(교육부, 2015:

[표 1] 복합양식 텍스트의 비판적 수용 관련 성취 기준

과목-영역	학년(군)	성취 기준
국어 - 읽기	중학교 1-3학년군	[9국02-07] 매체에 드러난 표현 방법과 의도를 평가하며 읽는다.
	고등학교 1학년	[10국02-02] 매체에 드러난 필자의 관점이나 표현 방법의 적절성을 평가하며 읽는다.
언어와 매체 - 매체	고등학교 2, 3학년	[12언매03-06] 매체를 바탕으로 하여 형성되는 문화에 대해 비판적으로 이해하고 주체적으로 향유한다.

48). 이러한 맥락에서 매체 생산자가 어떤 표현 방법을 선택했는지에 따라 그의 의도나 관점이 어떻게 다르게 반영되는지를 학습자가 탐구하도록 유도한다.

이러한 사실은 매체에 포함된 '의미'를 형성하는 데 '표현 방법'이 적용된다는 사실을 교육 내용으로 명시했다는 점에서 교육적 가치가 있다. 그러나 이들 성취 기준에서도 매체에 존재하는 다양한 기호 자원을 명시적으로 언급하지 않았으며, 무엇보다 이러한 기호 자원들 간의 상호 작용이 의미 형성에 중요한 역할을 하는 것을 간과하고 있다. 전반적으로 보면, 이러한 성취 기준은 단선언적으로 기술되어 있어서 교육 내용의 상세화 수준까지 다가가지 못하였다.

언어와 매체 과목의 매체 관련 내용은 위 [표 1]에서 확인할 수 있듯이, 매체를 통해 형성되는 언어문화의 가치를 강조한다. 특히 매체 현상을 '비판적'으로 이해할 수 있는 능력을 중시하는데, 이것은 학습자가 스스로 다양한 매체 현상에서 중요한 정보를 선별하고 활용할 수 있는 역량과 연계된다. 이와 관련하여 교육과정에서는 '대중매체가 형성하는 대중문화의 특성을 비판적으로 이해하고 주체적으로 즐기는 자세'를 강조한다(교육부,

2015: 114). '대중매체가 대중문화에 미치는 대량 전달력과 영향력, 상업성, 통속성, 지배층의 이데올로기 제약' 등이 세부적으로 명시되어 있다.

매체 관련 교육에서 이와 같은 문화적 측면, 특히 대중문화 현상을 주목하여 학습자의 정체성을 형성하는 내용은 국어교육에서 중요한 위상을 갖는다. 그저 매체의 특질을 이해하고 그 수용과 생산의 과정을 습득하는 기능적 목표만 달성해서는 안 되기 때문이다. 그런데 문제는, 대중매체의 상업성이나 통속성, 더 나아가 지배층의 이데올로기 제약 등이 해당 매체의 표면적 내용을 통해서 파악하기 어렵다는 데 있다. 마치 그저 대중매체가 만들어내는 대중문화에 관련된 비평문을 읽는 것과 같은 형태의 대중문화 인식은 비판적 수용의 교육 내용으로는 불완전한 것이다. 그러한 대중매체와 대중문화 현상이 표상하는 의도, 가치, 이데올로기 등에 대하여 학습자 스스로 탐구할 수 있는 교육 내용이 과정적으로 제시될 필요가 있다.

복합양식 담화 분석은 교육 내용 보완을 위해 적절한 방안을 제공해 줄 수 있다. [표 1]의 세 성취 기준은 복합양식 담화 분석의 분석 층위를 전제로 삼아 계열적 교육 내용의 설계가 가능한 것이다. 즉 '복합양식 텍스트의 기호 자원—텍스트의 상호성—텍스트가 배태하는 사회문화적 가치와 이념 인식'의 구도를 연계적으로 제시할 수 있다. 구체적으로 복합양식 담화 분석의 분석 요소가 [표 1]의 교육 내용으로 전이되는 지점을 다음 [표 2]와 같이 제시하고자 한다.

[표 2]에서 볼 수 있듯이, 복합양식 담화 분석은 현행 매체 관련 교육과정 내용을 보완할 수 있는 요소를 지니고 있다. 이들을 아래와 같이 구체적으로 살펴보기로 한다.

첫째, 복합양식 담화 분석에서 텍스트 차원인 '다양한 기호 자원과 그 관계성'의 분석 요소는 '매체에 드러난 표현 방법과 의도 평가'의 교육 내

[표 2] 복합양식 담화 분석 기반 교육과정 보완 방안

[MDA 요소]	[교육과정 내용]	[재구성 요소]
다양한 기호 자원과 그 관계성 (텍스트 차원) →	매체에 드러난 표현 방법과 의도 평가 (9학년) ⇒	복합양식 텍스트의 기호 자원과 텍스트 의미 구성
상호기호성 기반 텍스트의 소통성 (의미 소통 차원) →	매체에 드러난 필자의 관점이나 표현 방법의 적절성 평가 (10학년) ⇒	복합양식 텍스트의 기호 자원 선택에 의해 생성된 의도나 관점
재기호성을 통한 사회적 이념이나 가치 (사회문화적 맥락 차원) →	매체에 의해 형성되는 문화의 비판적 이해와 주체적 수용(11-12학년) ⇒	복합양식 텍스트에 의해 형성된 이념이나 가치에 대한 비판적 인식

용과 연결하여, '복합양식 텍스트의 기호 자원과 텍스트의 의미 구성'으로 초점화한다. 기존 9학년의 내용은 10학년과 중복되는 문제가 있을뿐만 아니라 '표현 방법'과 '의도 및 관점'과 같은 서로 다른 층위의 교육 내용에 대한 명확한 구분이 이루어지지 않았다. 이러한 이유로 9학년의 교육 내용은 복합양식 담화 분석의 텍스트 차원에 집중하여 다양한 기호 자원과 그들 간의 관계에 의해 어떻게 의미가 형성되는지를 파악하는 교육 내용에 중점을 두도록 조정하였다.

　여기서 텍스트의 의미 구성이 다양한 기호 자원들의 관계에 의해 형성된다는 사실은, 국어적인 측면에서 의미를 형성하는 주요 요소와 이러한 요소들 간의 상호 작용을 함께 탐구하는 교육 내용을 구축할 수 있는 가능성을 시사한다. 다시 말해, 국어과의 하위 영역인 문법 영역과 매체 관련 내용에서 다루는 기호 자원을 통합하여 복합양식 텍스트의 비판적 수용을 위한 교육 내용으로 구성할 수 있다는 것이다.

　둘째, 복합양식 담화 분석의 의미 소통 차원인 '상호기호성 기반 텍스트의 소통성'이라는 분석 요소는 '매체에 나타난 필자의 관점이나 표현 방

법의 적절성을 평가'하는 교육 내용에 적용하여, '복합양식 텍스트의 기호 자원 선택에 의해 형성된 의도나 관점'을 파악하는 내용으로 재구성한다. 이것은 기존의 9학년과 10학년 교육 내용에서 공통적으로 강조하는 '필자의 의도나 관점'을 중점적으로 다루는 것이다. 복합양식 담화 분석에서 언급된 텍스트의 소통성은 단순히 텍스트의 생성과 수용이 아니라, 다양한 참여자들이 관여하여 텍스트를 재생산하고 공유하는 역동적인 소통의 양상을 의미한다는 점에서 중요하다.[8]

　이것은 복합양식 텍스트가 누가 어떤 기호를 '선택'했는지에 따라 의미가 변할 수 있는 잠재력을 가질 수 있다는 의미와 같다. 이러한 '선택'의 문제는 텍스트를 형성하는 다양한 기호 자원들이 텍스트의 의미 구성에서, 이전에 언급한 현저성 개념에 기인하여 "무엇을 배경화(background-ing)하거나 전경화(foregrounding)하고 있는가?"라는 질문을 학습자가 탐구할 수 있는 장을 제공할 수 있다. 이전 교육과정에서 명시적으로 다루지는 않았지만, 매체 관련 교육 내용에서 생산자의 의도나 관점을 비판적으로 평가하는 것을 강조하는 이유가 바로 텍스트에 어떤 기호가 선택되고 다시 변형되었는지에 관련된 부분과 밀접한 연관이 있기 때문이다.

　셋째, 복합양식 담화 분석의 사회문화적 맥락 차원인 '재기호성을 통한 사회적 이념이나 가치'의 분석 요소는 '매체에 의해 형성되는 문화의 비판적 이해와 주체적 수용'의 교육과정 내용에 대응하여, '복합양식 텍스

....

8　이삼형(2019: 14)에서는 스마트 미디어가 쌍방향 소통을 가능하게 해 준다는 것은 지금까지 텍스트의 수신자, 소비자에 있던 일반 사람들을 생산자로서 역할을 할 수 있도록 해 주었다는 것을 의미한다고 하였다. 보다 구체적으로 에스픈 올셋(Espen, J. Aarseth)은 스마트 미디어 시대의 특징을 가장 잘 가지고 있는 텍스트를 사이버텍스트(cybertext)라고 하였다. 텍스트의 양식을 결정하는 변인으로 동학(dynamics), 확정성(determinationality), 경과(transiency), 시각(perspective), 접근성(access), 연계(linking), 이용자 기능 등 일곱 가지를 들고 있다(이재현, 2013; 이삼형, 2019: 17 재인용).

트에 의해 형성된 이념이나 가치에 대한 비판적 인식'의 교육과정 내용으로 구체화한다. 기존 11-12학년 내용으로 언급된 대중매체의 상업성, 통속성, 지배층의 이데올로기 등은 궁극적으로 '대중매체에 어떠한 사회적 힘의 관계가 숨어 있는지를 깨닫는 인식 활동'으로 확장되어야 한다. 이념이나 가치의 문제는 한 사회를 지배하는 힘의 문제이며, 한 개인이 주체성을 갖는다는 의미는 자신이 속한 힘에 종속되지 않는 것을 말하기 때문이다. 복합양식 담화 분석이 궁극적으로 분석하는 재기호성은, 다양한 기호 자원에 의해 단일양식 텍스트보다 교묘하게 주입된 사회적 힘의 관계가 지속적인 텍스트의 재생산에 의해 여러 변이형으로 증폭될 수 있다는 사실을 방증한다.

셋째, 복합양식 담화 분석의 사회문화적 맥락 차원인 '재기호성을 통한 사회적 이념이나 가치'의 분석 요소는 '매체에 의해 형성되는 문화의 비판적 이해와 주체적 수용'의 교육 내용과 연결하여, '복합양식 텍스트에 의해 형성된 이념이나 가치에 대한 비판적 인식'의 교육 내용으로 구체화된다. 기존 11-12학년 내용에서 언급된 대중매체의 상업성, 통속성, 지배층의 이데올로기 등은 궁극적으로 '대중매체에 어떠한 사회적 힘의 관계가 내재되어 있는지를 깨닫는 인식 활동'으로 확장되는 것이 타당하다. 이념이나 가치의 문제는 한 사회를 지배하는 힘의 문제이며, 개인의 주체성을 가지는 것은 자신이 속한 힘에 종속되지 않기 때문이다. 재기호성은 다양한 기호 자원을 통해 형성된 사회적 힘의 관계가 지속적인 텍스트의 재생산을 통해 여러 가지 변이형으로 확산될 수 있다는 사실을 방증한다.

이러한 관점에서 복합양식 담화 분석이 중시하는 재기호성의 판단과 이를 통한 사회적 이념과 가치의 추론은 일련의 인식 활동으로 간주될 수 있다. 이와 관련하여 비판적 언어 인식은 위의 교육 내용 보완 과정에 활용될 가능성이 크다. Fairclough(1998: 2-12)에서 언급하였듯이, 비판적 언어 인식은 불균형한 힘의 관계에 대한 능동적인 인식을 갖고 이를 개선하려는 능력 또는 관점이기 때문이다. 국어교육에서 다루어 왔던 '비판적 이해와 주체적 수용'이 '비판적 인식'으로 확장되면, 매체 관련 교육이 기능적 측면뿐만 아니라 정의적 측면까지 포괄하는 방향으로 나아갈 수 있다.

5. 정리와 전망

이 장에서는 복합양식 텍스트의 국어교육적 적용을 위하여 복합양식 텍스트의 비판적 수용에 관한 교육 내용을 설계해 보았다. 먼저 복합양식 텍스트의 비판적 수용에 관한 현재의 교육 내용이 텍스트에 표상된 사회 문화 현상을 통찰한다는 비판적 사고와 관련되지 않았음을 확인하였다. 이러한 문제점을 개선하기 위해 복합양식 담화 분석이라는 연구 담론을 주목하였다. 그것은 복합양식 담화 분석이 텍스트 차원의 언어와 기호 자원의 특징을 면밀히 탐구하여 해당 텍스트에 반영된 세계를 이해하는 것을 목표로 삼기 때문이다. 이를 전제로 복합양식 담화 분석을 국어교육에 전이하여 국어과 교육과정 수준에서 기존의 관련 교육 내용을 재구성하는 방안을 제시하였다. 구체적으로 국어과 교육과정의 매체 관련 내용을 찾아서 이를 '복합양식 텍스트'의 특징이 적용되고, '비판적 수용'의 과정이 작동될 수 있는 교육 내용 요소를 계열적으로 제시하였다.

복합양식 담화 분석은 국어교육의 인접 연구 분야로서 중요한 가치를 지니며, 국어교육의 핵심 명제 중 하나인 비판적 수용의 교육 내용을 구축하는 데 유용하다. 또한 변화하는 텍스트의 양식을 반영하여 국어교육에서 매체 관련 내용을 복합양식 텍스트에 적용하고 확장하는 방향에 부합한다고 본다. 그럼에도 이 논의에서 제시된 '비판적 수용의 영역 통합성' 및 '기호 자원과 국어적 요인의 관계'와 같은 내용 요소가 아직은 온전히 통합된 논점이라고 보기 어렵다는 한계도 지닌다. 추후 텍스트에 사용된 문법과 어휘의 사용, 그들에 의해 형성된 의미, 의미 해독 및 이해의 독서 과정, 더 나아가 텍스트를 둘러싼 사회문화적 맥락 등 다양한 내용 요소의 통합을 꾀할 필요가 있다.

복합양식 텍스트 개념은 이미 언어와 기호 자원이 복합되어 있다고 전제하기에, 복합양식 텍스트를 비판적으로 수용하는 과정에서 국어적 요인, 기호 자원의 작용, 그리고 이들 간의 상호 관계에 대한 탐구가 국어교육에서 통합성을 갖는 확장된 논의를 자연스럽게 이끌 것으로 본다. 이 과정에서 국어적 요소와 기호 자원의 상호 작용을 바탕으로 복합양식 텍스트의 의미를 구성하는 문법과 어휘, 그리고 기호 자원을 연계하는 교육 내용을 새로이 구성해 나가야 한다. 향후 국어교육의 질료인 텍스트의 변화에 능동적으로 대응하는 복합양식 텍스트 및 복합양식 담화 분석의 국어교육적 논의가 지속되기를 기대한다.

4

복합양식 텍스트의 비판적 분석과
활동 구안*

1. 복합양식 텍스트 이해와 탐구의 가치

이 장에서는 복합양식 텍스트를 비판적으로 분석하고, 국어교육적 활용 방안을 모색하고자 한다. 특히 환경 분야 다큐멘터리를 대상으로 비판적 분석의 주요 요소로서 소거(erasure)와 현저성(salience)의 작용을 탐구하고자 한다. 이를 통해 복합양식 텍스트의 비판적 수용과 관련된 학습 활동을 제안해 볼 것이다.

'소거'와 '현저성'은 생태언어학의 방법론으로, 환경 분야의 텍스트에서 생산자의 의도가 어떻게 반영되는지를 연구한다. 생태언어학은 인간 삶의 다양한 측면에 대한 관계성과 총체성을 탐구하는 생태학의 하위 연

....

*   1부 4장은 『우리말글』 87집에 게재되었던 「복합양식 텍스트의 비판적 분석과 국어교육적 활용」을 이 책에 맞게 수정 및 보완한 것이다.

구 분야로서, 사회에서 유통되는 텍스트를 대상으로 하여 인간이 환경에 대한 인식을 어떻게 표현하는지를 비판적으로 분석하고자 한다(Stibbe, 2015; 김규훈 외, 2018: 54).

예를 들어, '해양 발전소 개발'을 다루는 신문 기사는 '개발'이라는 틀(frame)이 인간을 위한 절대적 가치로 강조되고, '해양'이라는 자연의 개념은 비교적 중요도가 낮아진다는 것을 밝혀낸다. 따라서 생태언어학은 하나의 텍스트에서 사용된 다양한 문법, 어휘, 담화 구조 등의 언어적 특징을 관찰하고 기술하여, "텍스트가 인간과 환경의 공존을 촉진하고 있는가?"라는 문제의식을 탐구하고자 한다(Fill & Mühlhäusler, 2002: 51).

생태언어학에서 '소거'와 '현저성'은 텍스트에서 '의도적으로 삭제되거나 의도적으로 강조되는 것'에 대한 표현 양상을 드러내는 데 활용된다(Stibbe, 2015: 162). 텍스트에서 정보를 숨기거나 강조하는 것은 텍스트의 생산자가 의도하는 내용을 나타내는 가장 기본적이고 핵심적인 언어적 표현의 방법이다(Fairclough, 2003: 139).

따라서 텍스트의 생산자가 어떤 문법적, 어휘적, 담화적 구조를 선택하여 무엇을 감추고 무엇을 강조하는지를 이해하는 것은 텍스트의 생산자의 의도를 이해하기 위한 첫 번째 단계에 해당한다.

평면적인 텍스트가 아닌 입체적인 텍스트, 즉 다양한 기호 자원이 사용되는 복합양식 텍스트의 경우, 소거와 현저성의 분석은 중요성이 더욱 크다. 이는 복합양식 텍스트가 언어적 형태뿐만 아니라 다양한 기호적 형태를 포함하여 복잡한 형식으로 구성되기 때문이다. van Leeuwen(2014: 282-283)에 따르면, 복합양식 텍스트에서 이미지의 힘은 문자와 동등하며, 더 나아가 다양한 기호 자원이 인간의 감각을 자극할 수 있는 능력은 생산자의 의도를 다양하게 드러내거나 숨길 수 있다.[1]

이러한 언어학적 연구 배경을 바탕으로, 국어교육에서도 복합양식 텍스트의 연구 확장을 위하여 '소거'와 '현저성'과 같은 비판적 분석의 언어학적 방법론을 수용해야 한다. 이는 국어교육에서 복합양식 텍스트를 비판적으로 이해하기 위하여 학습자의 직관에 의존하는 것이 아니라 명확한 언어적이고 기호적 근거를 갖추어야 함을 의미한다. 보다 구체적으로 복합양식 텍스트에 관한 매체 교육 및 문법교육에서의 기존 연구를 바탕으로 그 타당성을 확인할 수 있다.

매체 교육 분야에서는 복합양식성(multimodality)이 담긴 텍스트의 이해 방안에 대해 논의해 왔다. 정혜승(2008)은 신문식성을 소개하였으며, 정현선(2014)은 복합양식 문식성, 옥현진(2013)은 디지털 텍스트 읽기, 서혁(2019)은 복합양식 텍스트 읽기와 같은 다양한 관점에서 국어교육에서 복합양식 텍스트의 의미 이해 교육 내용을 강조해 왔다.

문법교육 분야에서는 담화 분석과 관련하여 문법 자원이 담화의 의미를 형성하는 방식을 밝히기 위한 연구가 이루어졌다. 이러한 논의들은 문법 요소가 담화에서 어떻게 작용하는지에 대한 논의와 간접적으로 관련되어 있다(이관희, 2010; 제민경, 2013 등). 보다 직접적으로는 비판적 담화 분석에서 텍스트의 어휘, 문장 기능, 담화 유형 등을 문법교육적으로 탐구하는 시도와 관련된다(김효연·김규훈, 2016; 김규훈, 2018). 이러한 시도들은 주로 복합양식성을 강조하는 텍스트를 다루는 비판적 담화 분석의 연구 성격에 영향을 받았다.

....

1   소거, 현저성은 각각 전경화(foregrounding), 배경화(backgrounding)와 유사한 의미를 지닌다. 참고로 전경화와 배경화는 인지언어학에서 주로 사용되는 용어이다(Lakoff & Johnson, 1980; 노양진 외 역, 1995: 25-33). 전경화나 배경화는 언어에 대한 심리적 자세(psychological stance)와 관련된다. 전경화, 배경화에 대응되는 용어로 각각 부각과 강조, 은폐와 축소 등이 사용된다. 소거와 현저성은 복합양식 텍스트에 대한 연구에서 최근에 주목하고 있는 개념에 해당한다(van Leeuwen, 2014; Stibbe, 2015: 162).

이들 두 차원의 선행 연구 분야는 상호 연계적으로 논의되어야 한다. 다시 말해서 국어교육에서 복합양식 텍스트의 비판적 수용은 단순히 텍스트를 '이해'하는 과정뿐만 아니라, 텍스트의 언어적 형태나 기호적 형태에 대한 '탐구'의 과정과 결합되어야 한다. 따라서 국어교육에서는 복합양식 텍스트의 비판적 수용에 대한 개념적 일관성을 확보해야 한다. 곧 복합양식 텍스트의 언어적 및 기호적 형태를 분석하고 이를 기반으로 한 텍스트의 중층적 탐구를 교육 내용으로 수용해야 하는 것이다.

이를 전제로 이 장에서는 '복합양식 텍스트를 비판적으로 분석'하고, 이를 기반으로 '복합양식 텍스트의 비판적 수용에 관한 학습 활동'을 구안해 보도록 한다. 분석 대상으로 '다큐멘터리'를 선정하고자 하는데, 그것은 다큐멘터리가 정보 전달을 목적으로 하지만, 제작자의 의도성이 그 목적의 이면에 존재하고 있기 때문이다. 특히 '환경' 분야의 다큐멘터리를 주목하고자 하는데, 그것은 정치나 사회 분야와 같은 비판적 분석의 주제에 해당하는 힘의 관계가 드러나면서도, 이들 분야와는 달리 특정 진영 논리나 이념적 문제에만 국한되지 않기 때문에 교육적으로 타당하다. "인간이 환경을 어떻게 인식하는가?"라는 주제는 미래 사회의 일원으로서 학습자가 함양해야 할 사회인지 가운데 하나라고 하겠다.

2. 복합양식 텍스트에서 '소거'와 '현저성'의 분석 요소

환경 분야의 다큐멘터리를 대상으로 삼은 만큼, 생태언어학에서 활용되는 소거와 현저성의 개념을 아래와 같이 살펴보자(Stibbe, 2015; 김규훈 외 역, 2018: 307, 337).

- 소거(erasure)는 삶의 한 영역이 중요하지 않거나 고려할 만한 가치가 없는 것으로 여겨지는 사람들의 마음속 이야기이다.
- 현저성(salience)은 중요하거나 관심을 가질 가치가 있는 삶의 영역과 관련된 사람들의 마음속 이야기이다.

여기서 '사람들의 마음속 이야기'는 사회인지의 한 양상인 '텍스트'를 가리키는 말이다. 이에 대하여 Stibbe(2015)는 'the stories we live by'라고 표현하며, 텍스트가 사회 실천의 행위이기에 우리가 어떠한 텍스트를 수용하고 생산하는지가 사회인지를 만드는 데 지대한 영향을 미친다고 하였다. 이러한 논리를 통해 소거와 현저성을 이해하면, 아마도 우리는 자연과 환경의 가치를 중요하지 않은 것으로 여겨 왔거나, 인간의 편의나 경제적 이익에 대한 이야기가 얼마나 다양한 텍스트를 통해 강조되어 왔는지 간과하고 있었는지도 모른다.

소거와 현저성은 다양한 언어 및 기호 형태를 통해 실현된다. 그러나 소거와 현저성을 구현하는 형태는 본래부터 이론적으로 정의된 것이 아니다. 이는 비판적 담화 분석 연구의 특성과 유사한데, 소거와 현저성은 다양한 복합양식 텍스트를 귀납적으로 분석한 결과 도출된 것이기 때문이다. 즉 텍스트 분석가가 텍스트를 분석한 결과로 '발견되는' 언어 및 기호 형태인 것이다. 이러한 이유로 소거와 현저성의 분석 틀을 종합적으로 정리하기 위해서는 관련 사례 분석 연구를 참고할 필요가 있다.

다만 국내에서는 복합양식 텍스트에서의 소거와 현저성에 대한 사례 분석에 관한 논의가 상대적으로 부족하다. 국어교육 분야에서는 비판적 담화 분석에 대한 논의가 비교적 활발하게 이루어졌지만, 복합양식 텍스트를 대상으로 한 소거와 현저성에 대한 구체적인 논의는 부족한 실정이다. 반면 국외에서는 복합양식 텍스트를 대상으로 한 소거와 현저성에 관한 다수의 사례 분석 논의가 존재한다. Barnet(2003)은 문화 비평에서 기술의 소거 현상을, Ferber(2007)는 백인 중심 사회와 여성의 소거를, Singer(1990)는 동물 해방 아래 인간의 동물에 대한 소거를 분석하였다. Kress & van Leeuwen(2006)은 시각적 이미지가 만드는 대상의 현저성을, Abram(2010)은 동물의 감각 주체 표현을 통한 현저성의 표현 방식을 다루었다. Stibbe(2015)는 환경 및 지속 가능성 현상을 주제로 한 텍스트에 대한 분석을 시도한 바 있다.

일련의 논의를 참고하여, 이 장에서는 소거와 현저성을 구현하는 언어 및 기호 형태를 다음 〔표 1〕과 같이 제시하고자 한다. 이때 분석 대상인 다큐멘터리의 장르적 속성과 매체 언어의 속성을 반영하여 '영상 언어, 음성 언어, 문자 언어'의 범주에서 소거와 현저성의 요소를 제시하고자 한다. 이때 언어 및 기호 형태의 설명은 생태언어학을 바탕으로 한 환경 분야의 특질을 반영하기로 한다.

〔표 1〕과 같이 복합양식 텍스트의 소거와 현저성의 형태를 '음성 언어 및 문자 언어' 그리고 '영상 언어'로 구분하였다. 음성 언어 및 문자 언어는 다시 문법과 어휘의 범주에서 세부 요소를 정리하였고, 영상 언어는 영상 문법의 요소를 바탕으로 분석 요소를 제시하였다.[2]

....

2   다큐멘터리에서 문자 언어는 '자막'으로 구현되며, 이 자막은 음성 언어의 보조적 역할을 하는 '원본 제시형'이나 '요약 제시형'에 해당하므로, 음성 언어와 함께 다룰 수 있다. 한편 '영상 문법'은 한귀은(2006: 8-9)을 바탕으로 둔다. 해당 논의에서는 '카메라 선택, 카메라의 시선, 카메라와의 거리, 대상에 대한 카메라의 각도(카메라 앵글), 카메라의 움직임 스타일, 프레임 속도' 등에 대한 세부적인 내용을 다루고 있다. 이들 가운데 복합양식 텍스트의 비판적 분석에 대한 실제 논의에서 다루었던 소거와 현저성의 관여항을 고려하여 '카메라 선택과 워크', '카메라와의 거리', '카메라 앵글'을 제시하였다.

[표 1] 복합양식 텍스트에서 소거와 현저성의 분석 틀

형태			소거(erasure)	현저성(salience)
음성 언어 및 문자 언어	문법	명사화	서술 구절의 명사화를 통한 주체와 행위성의 제거	명사화 지양을 통한 주체의 서술성과 행위성 부각
		능동 표현 피동 표현	부정적 서술성의 은폐를 위해 피동 표현을 사용	주체의 행위성이 잘 드러나는 능동 표현을 사용
		타동성 유형	대상의 본성을 제거하기 위한 과정(process) 사용	대상이 감각 주체로 명시되는 과정(process) 사용
	어휘	어휘 선택과 배열	대상의 본질과 다른 어휘 선택, 문장에서 보조적 의미로 배열	대상의 본질을 드러내는 어휘 선택, 문장에서 중심적 의미로 배열
		상위어 대 하위어	구체적 대상을 일정한 범주를 나타내는 일반 수준의 용어로 지칭	구체적 대상을 지칭하는 어휘, 특히 감각어 등을 활용한 대상의 속성 강조
		은유와 환유	비유 대상의 본성을 왜곡하기 위한 은유와 환유의 사용	비유 대상의 속성을 강조하기 위한 은유와 환유의 사용
영상 언어		카메라 선택과 움직임	프레임(frame) 밖으로 이미 배제되었거나 줌아웃(zoom-out)으로 배제	프레임(frame)은 이미 카메라의 선택이 반영, 줌인(zoom-in)으로 대상 강조
		카메라와의 거리	롱샷(long-shot)을 통해 카메라와 피사체 거리를 멀게 하여 대상 소거	클로즈업(close-up)을 통해 대상의 생동감이나 심리에 집중하게 함
		카메라 앵글	부감(high-level angle)을 통해 대상을 연약하게 표현하고 유기체적 속성을 소거	수평각(eye level angle)을 통해 대상과 평등 관계, 앙각(low level angle)을 통해 대상의 생명성 강조

1) 음성 언어 및 문자 언어: 문법, 어휘의 의미와 기능

음성 언어 및 문자 언어에서 문법 범주에는 '명사화(nominalization)', '능동 표현과 피동 표현', '타동성(他動性, transitivity) 유형' 등이 있다. 이러한 문법 범주들은 주로 문장의 구성과 표현에 관련이 있으며, 문장의 표

현에 따른 의미나 기능의 문제를 다루는 체계기능언어학과 밀접한 관련이 있다.

'명사화'는 용언이 명사형 어미나 명사 파생 접미사와 결합하여 명사 기능을 하게 하는 자질이다.[3] 특히 문장 수준에서 명사화가 적용될 경우 문장의 주어가 생략되어 그 행위 양상이 숨겨지는 경우가 많다(Fairclough, 2003: 114). 예를 들어, '공장이 강을 오염시켰다'의 경우 '강의 오염'이라는 현상이 부각되고 '누가 오염시켰는지'의 주체는 소거된다. 이에 명사화는 주로 소거를 만드는 언어적 형태로 활용되며, 현저성은 그 반대의 경우로 활용된다. 한편 명사화는 서술어에서 비롯되기도 하지만, 대명사와 일반 명사의 사용 등도 관련이 있다(Fairclough, 1995; 이원표 역, 2004: 172).

'능동 표현과 피동 표현'의 경우, 능동 표현이 피동 표현으로 바뀌면 주체가 객체로 변하여 주체의 역할이 축소되는 것으로 나타난다(Fairclough, 1995; 이원표 역, 2004: 26-28). 소거의 경우 사회적 힘의 관계에서 부정적, 불균형적 사실을 숨기는 데 피동 표현이 자주 사용된다.[4] 이때 피동 표현은 현저성을 드러내는 도구로도 사용되는데, 피지배적이고 무기력한 대상을 강조하기 위해 주로 활용된다. van Leeuwen(2008: 33)은 기업식 축산업 보고서 문건에서 닭을 표현할 때 '거꾸로 매달린', '족쇄에 채워진', '증기에 노출된' 등과 같이 닭이 하나의 물건으로 대상화되어 있음을

....

3   명사화(nominalization)는 학교 문법에서는 사용하지 않지만, 명사가 아닌 것을 명사로 표현하는 문법 개념으로 쓰인다. 국립국어원의 감수에 따르면, 명사 또는 명사화 구성 자체가 비문이 되는 것은 아니지만 남용하는 것이 문제가 됨을 언급하고 있다. 이와 관련하여 우리말샘(opendict.korean.go.kr)의 해당 표제어를 참고할 수 있다.

4   Kahn(2001: 242)은 영어에서 수동태 구조가 나쁜 행동 그 자체가 동작주를 대체하여, 즉 행위주와 연관시키지 않음으로써 동작주는 사라지고, 겉으로는 주체가 상실되도록, 즉 독립적으로 그 행동이 이루어진 것처럼 보이게 한다고 하였다.

지적하였다.

'타동성'은 체계기능언어학의 개념으로 사건이 언어화되는 과정(pro-cess)을 의미한다. Halliday(2004: 44)에서는 사건의 언어화 과정에서 과정을 이루는 관여항(participants)의 관계를 이해하는 것을 주목하였다. 이 과정은 보통 서술어의 의미 구분에 따라 여러 유형으로 분류될 수 있는데, '행위 과정, 심리 과정, 존재 과정, 상태 과정' 등이 이에 해당한다(박종훈, 2008: 436 참고). 타동성 유형은 특히 소거와 관련하여, 관여항이 유기체인 경우 그 생명성을 제거하는 데 사용된다. 예를 들어 '돼지를 가공하다'의 행위 과정에서 돼지는 물건으로 취급되어 생명성이 제거된다. 반면 '돼지가 호기심이 많다'와 같이 과정의 관여항에서 대상을 감각 주체로 볼 경우, 현저성이 부여된다.

다음으로 어휘 범주는 텍스트의 실체적 의미를 구성한다는 점에서 문법 범주보다 직접적으로 소거나 현저성에 관여한다. 이에 표현자의 어휘 선택과 문장(발화)에서 해당 어휘의 배열 여부가 중요하다. 또한 상위어 대 하위어, 은유와 환유가 주로 작용한다.

'어휘 선택과 배열'은 문장 또는 절(clause)에서의 의미 구성과 직접적으로 연관되어 있다. 표현자는 사건에 대한 의미를 형성하기 위해 자신의 의도에 따라 어휘를 선택한다. 동일한 사건이라도 다른 어휘가 선택되면 표현자의 의도가 달라진다. 표현자의 어휘 선택은 반드시 절을 통해 표현되므로 어휘의 배열 역시 중요한 역할을 한다(Fairclough, 1995; 이원표 역, 2004: 166). 이러한 어휘 선택과 배열로 인해 발생하는 소거와 현저성의 한 예를 들면, '강아지를 판매하다'와 '사람과 강아지가 걸어가다'의 문장을 살펴볼 수 있다. 두 문장 모두 '강아지'를 주요 대상으로 상정하지만, 전자는 '판매'라는 어휘 선택으로 인해 강아지가 '물건'으로 취급되어 생명성이 소거된다. 반면에 후자는 '걷다'라는 어휘 선택을 통해 '사람과 강아지'가 동등한 지위를 획득하면서, 강아지의 생명성은 물론 인간의 반려자로서의 의미가 현저하게 드러난다. 여기서 접속 조사 '과' 또한 두 대상의 동등한 관계를 형성하는 데 기여한다.

'상위어 대 하위어'의 경우, 구체적 대상이 가진 개별적 특성을 감추고 일반화할 때 상위어가 주로 사용된다(Lakoff & Wehling, 2012: 41). 예를 들어, '하얀 고양이'가 아닌 '고양이'가, '고양이'가 아닌 '동물'이 사용되면, 개별 대상의 특성이 소거되고 만다. 이처럼 상위어는 하위어와 비교할 때 감각적 어휘의 사용이 제한되는 경향이 나타난다. 이에 비해 하위어는 구체적인 대상을 가리키는 어휘로서, 대상의 특성을 드러내기 위한 감각적 어휘의 사용과 관련이 깊다. 이런 관점에서 하위어가 사용될 때 현저성이 부각되며, 특히 그 대상의 특성을 강조하기 위해 감각적 어휘가 함께 사용된다.

'은유와 환유'는 비유 대상의 관계나 속성을 드러낸다는 점에서 비유 대상을 어떻게 비유하는지에 따라 소거나 현저성이 강화될 수 있다.[5] 은유는 비유 대상과 다른 대상의 유사성에 기반하므로, 이 유사성이 왜곡된 의미로 결합될 경우 비유 대상의 본성이 왜곡되거나 심지어 소거될 수 있다. 예를 들어, '강아지 공장'이라는 표현은 생명체를 대상으로 하는 공장이라는 의미에서 생명성이 소거되어 있다. 반면에 '우리의 친구 강아지'라는 표현은 반려동물의 역할을 강조하여 생명성이 현저하게 부각된다. 한편 환유는 은유와 유사한 기능을 갖고 있는데, 환유는 은유 대상을 인접성에 따라 다른 대상으로 배치하는 것을 말한다. 인접성의 원리는 비유 대상

....

5   은유와 환유는 인지의미론 분야의 개념으로서, 은유는 대상과 대상의 유사성에 근거하고, 환유는 대상이 지닌 인접성의 원리에 따라 그 대상의 속성을 풍부하게 드러내는 사유 방식이다(Lakoff & Johnson, 1980: 38).

이 가진 부분적 속성을 통해 전체 이미지를 환기하여 의미를 풍부하게 구성한다. 예를 들어, '발굽이 있고, 발톱이 있는, 깃털이 있고, 밝은 털로 뒤덮인'에서 사용된 '발굽, 발톱, 깃털, 밝은 털' 등의 표현은 비유 대상이 명시되지 않았지만, 개별 대상의 현저성이 획득된다(Abram, 2010: 288). 그러나 '육즙이 풍부한'과 같은 표현에서 '육즙'은 동물을 음식으로 취급하므로 동물의 생명성을 강하게 소거한다.

2) 영상 언어: 카메라의 영상 문법

영상 언어는 카메라에 의해 구현되는 영상 문법에 따른다. 소거와 현저성은 카메라 선택과 움직임을 기초로, 카메라와 피사체의 거리 및 카메라 앵글에 따라 구현된다.

카메라 선택은 이미 프레임(frame)의 개념에 내재되어 있다. 영상에서 프레임은 카메라에 의해 구현된 장면을 가리킨다. 장면이 송출되었다는 의미는 이미 영상 제작자의 선택이 끝났다는 것이다. 이로 인해 장면에서 추론할 수 있지만 프레임 밖으로 배제된 대상은 그 특성이 소거되는 경향이 있다. 반면에 프레임 안에 있는 것은 현저성을 구현할 수 있는 여지가 있다.[6] 이와 유사하게, '카메라 움직임'과 관련하여 줌 아웃(zoom-out)으로 점점 멀어지거나 줌 인(zoom-in)으로 점점 가까워지는 것은 대상에 대한 소거와 현저성을 각각 획득할 수 있는 방법이라고 볼 수 있다.

....

6   '여지가 있다'라고 표현한 것은 프레임에 담기더라도 다양한 피사체를 구현하는 카메라 앵글이나 거리의 문제에 의해 다시 소거와 현저성이 결정되기 때문이다. 이렇게 볼 때 카메라 선택과 움직임은 소거와 현저성의 일차적 요인이지 결정적 요인은 아니다. 다만 일차적 요인이기에 우선적으로 프레임 속에 존재하는 대상을 확인해야 한다.

'카메라와의 거리'는 화면에 등장하는 대상과 시청자 간의 친밀감을 나타내는 데 중요한 역할을 한다. 일반적으로 카메라와의 거리는 롱샷 (long-shot), 미디엄샷(medium-shot), 클로즈업(close-up), 풀샷(full-shot) 등으로 분류되는데, 이러한 거리 조절은 대상을 어떻게 표현하고, 시청자에게 어떤 느낌을 전달할지에 큰 영향을 미친다. 예를 들어, 동물을 클로즈업으로 촬영하면 그 동물의 생태적 특성이 뚜렷하게 드러나며, 시청자는 대상과 더 가까운 친밀감을 느낄 수 있다. 반면 롱샷은 대상을 멀리 배치하고 전체적인 상황을 보여줌으로써 대상을 단순한 객체로 취급하는 경향이 있다(Kress & van Leeuwen, 2006: 124). 이러한 관점에서 롱샷은 소거를 나타내는데, 대상의 개별적인 특성이 상대적으로 희미하게 느껴질 수 있다. 흥미로운 것은 클로즈업에 의해 배제된 부분 또한 소거될 수 있다는 것이다.

'카메라 앵글'은 영상에서 대상을 바라보는 시각적 각도를 의미하며, 이는 대상의 인식과 이해에 영향을 미친다. 높은 각도에서 대상을 내려다보는 부각(high-level angle)은 대상을 연약하거나 무기력하게 표현하여 유기체적 속성을 소거하는 데 사용된다. 이와 관련하여 Stibbe(2015)는 기업식 농업 문건에서 송아지가 높은 카메라 앵글로 촬영된 경우를 언급하며, 이는 송아지를 가축과 같은 무리로 개념화하여 개별 가치를 소거한다고 하였다. 반면에 수평각(eye-level angle)이나 아래에서 올려다보는 앙각(low-level angle)은 대상을 더 현저하게 나타내는 데 사용될 수 있다. 앙각의 경우 대상이 사람일 경우 권위와 과시를 나타낼 때 사용되지만, 동물의 경우 그 대상의 유기체적 힘을 드러낼 때 사용되기도 한다.

3. 환경 분야 다큐멘터리의 비판적 분석 사례

지금까지의 분석 요소를 활용하여 환경 분야의 다큐멘터리를 실제로 분석해 보기로 한다. 대상 다큐멘터리는 '바다의 경고, 사라지는 돌고래들'(『MBC』, 2019.11.28.)이다. 이 다큐멘터리는 탐사 보도의 형식으로 내레이터가 직접 한국 돌고래들을 찾으면서 느낀 점을 시청자에게 전달하고 있다. 다큐멘터리의 다양한 장면 가운데 소거와 현저성 분석이 두드러진 대상을 상정하여 소거와 현저성을 구현하는 영상 언어와 음성 언어(내레이션) 및 문자 언어(자막) 각각의 형태를 확인하고, 분석 기술지를 작성하고자 한다.[7]

〔#1〕 바다의 경고, 사라지는 고래들

- [자막] 바다의 경고, 사라지는 고래들
- [내레이션] 그들을 따라나선 물길 끝에서 나는 과연 무엇을 마주하게 될까?

영상 언어	카메라 선택과 움직임	프레임 속 돌고래를 가득 배치하고 줌인으로 돌고래 확대
문자 언어	명사화	'고래가 인간에 의해 사라진다' 대신 '사라지는 고래들'로 명사화하여 '인간'의 요인 소거
음성 언어	어휘 선택과 배열	'그들'로 돌고래의 인격화, 인간이 따라나서는 구도로 상생 관계의 현저성 부여

....

7   분석 내용을 기술할 때 '소거'와 '현저성'이라는 용어를 사용하면서도 문맥에 따라 '배경화, 축소, 약화 등' 및 '전경화, 부각, 강화 등'의 용어도 병행하였다.

첫 번째 분석 대상은 이 다큐멘터리의 제목이 나오는 장면이다. '바다의 경고, 사라지는 고래들'이라는 제목이 자막으로 나타난다. 화면에는 돌고래들이 가득하게 나타나며, 내레이션으로 돌고래를 지칭하는 그들을 내레이터 자신이 따라간다는 독백이 들린다.

우선 영상 언어에서 프레임 속에 돌고래가 가득 배치된 카메라 선택이 보인다. 이들 돌고래는 줌인의 카메라 움직임으로 제시되어 있는데, 이를 통해 이 영상이 돌고래에 관한 것임을 드러낸다.

이때 문자 언어인 자막에 표시된 제목이 영상의 중심 의미를 형성한다. 여기서 주목할 점은 '사라지는 고래들'이라는 명사화 표현인데, 돌고래들은 사라지는데 실제로 사라지게 만드는 원인 제공자가 소거되어 있다. 결과적으로 이 원인 제공자는 '인간'으로 볼 수 있으며, 돌고래가 사라진다는 현상을 부각하기 위해 '인간'이라는 주체를 소거하고 있다.

이와 같은 인간의 소거는 음성 언어 부분에서 '내레이터'의 반성적인 태도를 통해 인간과 동물(고래)의 공존이 필요하다는 역설적 의미가 형성된다. 다시 말해, 내레이터로서 대변되는 인간인 '나'가 '그들'로서 고래에게 인격을 부여하는 것을 통해 이 영상은 인간과 동물의 관계를 형성한다(Fairclough, 1995; 이원표 역, 2004: 164-166 참고). 이는 인간에 의해 사라지는 고래에 대해 다시 인간이 그들을 따라나서서 고래가 살아가는 삶의 모습을 제대로 이해해야 한다는 인식이 드러나고 있는 것이다.

제주 바다의 한 풍경으로 이어지는 다음 장면은 이러한 인식이 구체화되기 시작한다.

위 장면에서 구현된 영상 언어는 해녀와 돌고래의 공존을 하나의 프레임으로 표현하고 있다. 이는 인간과 동물의 공존을 상징적으로 드러낸 현저성의 한 예라고 할 수 있다. 이때 카메라 앵글을 주목할 수 있는데, 해녀와 돌고래의 모습은 수평각, 즉 시청자의 눈높이에서 제공된다. 따라서

〔#2〕 인간과 동물의 공존

		• [내레이션] 제주에서만 볼 수 있는 신화 같은 풍경. 오랜 세월 해녀와 돌고래는 같은 바다를 나눠 쓰며 함께 살았다.
영상 언어	카메라 선택	프레임 안에 해녀(인간)와 돌고래(동물)가 공존하는 모습의 현저성
	카메라 앵글	수평각으로 시청자 또한 해녀 및 돌고래와의 평등성을 인식하도록 유도
음성 언어	어휘 배열	'같은 바다'를 '해녀와 돌고래'가 함께 나누어 썼음을 드러내는 접속 조사 사용
	은유	바다의 모습을 '신화'로 은유하여 신비하고 아름다운 분위기 극대화

이 장면은 피사체들뿐만 아니라 시청자도 이들과 평등한 위치에 있다는 메시지를 전달하고 있다(Stibbe, 2015: 170 참고).

이러한 평등성의 인식은 음성 언어에 반영된 어휘 배열과 관련하여, '해녀와 돌고래'에서 '같은 바다'를 나눠 쓰는 두 대상이 '와'라는 접속 조사를 통해 동등한 위상을 가진다는 사실을 나타낸다. 더불어 이 장면에서 내레이터는 바다를 '신화'로 은유한다. 이러한 은유를 통해 바다는 인간만의 것이 아니라 그 바다에 존재하는 모든 생명체가 함께 나눠 쓰는 것임을 강조한다(Lakoff & Johnson, 1999). 이와 같이 인간과 동물, 그리고 자연의 공존에 대한 현저성이 위 장면의 분위기를 통해 형성된다.

이러한 분위기는 다음 장면의 아기 돌고래 모습에 의해 강화된다.

먼저 눈에 띄는 것은 자막으로 표시된 '배냇 주름'이라는 어휘이다. 여기서 '배내'라는 단어는 생명의 시작을 상기시키며, 자연스럽게 새끼 동

[#3] 바다의 경고, 사라지는 고래들

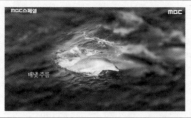

		• [자막] 배냇 주름 • [음향] 돌고래 휘슬 소리 • [내레이션] 대대로 이어온 그들만의 문화를 전수하며 제주바다에서 50여년을 사는 무리들.
영상 언어	카메라와의 거리	클로즈업을 활용하여 아기 돌고래의 배냇 주름에 대한 현저성 부여 *'돌고래 휘슬 소리'를 활용하여 돌고래들의 생명성 강화
문자 언어	어휘 사용	'배냇 주름'을 제시하여 영상 속 배냇 주름을 집중하게 함.
음성 언어	타동성 유형	'문화를 전수하며 사는 무리들'로 돌고래들을 감각 주체로 규정하는 현저성

물을 연상시키는 용어(배냇 저고리, 배냇 머리 등)와 연관된다. 사실, 위 장면에서의 영상 언어도 실제로 배냇 주름을 세밀하게 보여준다. 이는 클로즈업을 통해 동물의 생태적 특성을 강조하여 시청자가 친숙함을 느끼도록 하는 효과를 갖는다(Kress & van Leeuwen, 2006: 124). 또한 돌고래의 휘슬 소리를 들려주는 것은 이러한 생명성을 보다 강조한다.

여기에 더하여 음성 언어에서 돌고래를 '그들'로 지칭하여 인격을 부여한다. '그들'은 우리 인간과 마찬가지로 오랜 세월 동안 자신들만의 '문화를 전수하며 살아가는 무리들'로 표현된다. 이러한 표현은 대상을 능동적인 행위의 과정(process)을 이끄는 감각 주체로 간주하여 생명의 현저성을 부여한다(Halliday, 2004: 44). 아기 돌고래의 모습이 초점화되고 돌고래 무리의 삶이 인간의 삶과 유사함을 현저하게 드러내고 있는 것이다.

지금까지 살펴본 것처럼 '바다의 경고, 사라지는 고래들'이라는 이번 다큐멘터리의 전반부 장면은 자연과 동물의 본연적인 생명성을 부각하고 있다. 그런데 다큐멘터리의 중반부에서부터는 자연과 동물에 인간이 어떠

[#4] 친환경 개발의 이면성

- [내레이션] 친환경이라는 명분으로 추진되는 개발은 바다의 미래를 얼마나 고민하며 진행되고 있을까. (중략) 육지에서 1.2KM 기상탑을 기준으로 18개의 해상풍력기가 세워질 예정이다. 낯선 구조물이 들어서게 될 수면 바로 아래 남방 큰 돌고래 무리들이 자유로이 헤엄치고 있다.
- [자막] 대정해상풍력발전단지 예정지

영상 언어	카메라 선택	프레임 속 인공 구조물(위)과 바다(아래)의 대조 *(문자 언어) 아래 프레임에 '대정해상풍력발전단지'를 제시하여 변화를 암시
음성 언어	어휘 선택과 배열	'친환경'이 '개발'과 결합되어 '개발'의 틀짓기(framing)가 나타남.
	피동 표현	'추진되는 개발', '세워질 예정'의 피동 표현으로 개발의 결과만 남고 주체는 소거
	하위어 사용	돌고래 대신 '남방 큰 돌고래'의 구체적인 종류를 나타내어 개별 특징을 드러냄.

한 부정적 영향을 미치고 있는지에 대해 고발한다. 대표적으로 '친환경 개발'이라는 말이 지닌 허위성을 다음 장면에서 살펴볼 수 있다.

위의 두 화면은 바다와 인간, 자연과 개발의 관계가 나타난다. 우선 영상 언어의 카메라 선택에 의해 대조되는 모습을 확인해 보자. 해상풍력발전기로 표상된 인공 구조물의 위 화면은 넓은 바다의 아래 화면과 대조적이다. 그리고 아래 화면의 자막으로 제시된 '해상풍력발전단지'는 아래 화면의 넓은 바다가 위 화면과 같이 인공적으로 변할 것임을 암시한다. 인간 삶의 필요라는 당위성에 바다라는 자연은 소거되고 있다.

음성 언어에서 주목할 만한 점은 '친환경'이라는 단어가 '개발'과 함께 사용된다는 것이다. '친환경 개발'은 환경을 고려한다는 인식도 있겠지만 결국에는 개발의 틀이 나타난다. 또한 '친환경'이라는 명분 아래 추진되는 개발, 그리고 '해상풍력기가 세워질'이라는 문구에서는 피동 표현이 사용되어, 개발의 주체가 인공 구조물의 결과물 뒤에 감추어지는 효과가 나타난다.

그럼에도 '돌고래'는 '남방 큰 돌고래'라는 하위어가 사용되어 추상화에서 벗어난다(Lakoff & Wehling, 2012: 41 참고). 그래서 '낯선 구조물이 들어설 장소'가 남방 큰 돌고래라는 개별 대상의 터전이라는 의미가 부각된다. 다만 역설적으로 '남방 큰 돌고래'라는 명명(naming)은 자연의 소거와 인공 구조물의 현저성으로 인해, 그들도 곧 삶의 터전을 잃게 되는 부정적인 의미가 강화된다.[8]

다음 장면을 통해 그러한 결과가 예견될 수 있다는 점이 사실적으로 드러난다.

위 화면에 사용된 영상 언어에서 가장 두드러진 것은 카메라 앵글이다. 위에서 아래로 내려다보는 '부감'은 내려다보이는 끝의 대상을 무기력하고 연약하게 표현한다. 인공 구조물이 전경화되는 반면, 바다는 무력한 존재로서의 의미가 약화되는 것이다.

사실 위 장면에서 가장 주목해야 할 요소는 '음향'이다. 자막으로 표시된 '수중 소음'은 전경화된 인공 구조물의 소리를 '드드드득, 지지지직'으로 전달한다. 여기에 음성 언어로 표현된 '비행기 소리'라는 은유는 바다 속 생태계가 인공적이라는 점을 드러낸다. 곧 '바다'라는 목표 영역을

....

8   참고로 '숫자'는 문자보다 더 직관적이라서 현저성을 부각하는 효과가 있다(Freudenthal, 2012: 39). '1.2KM, 18개' 등에 쓰인 숫자는 시청자로 하여금 인공 구조물의 틀을 더욱 활성화시킨다.

[#5] 바다 속 인공의 소리

영상 언어	카메라 앵글	부감을 사용하여 인공 구조물을 전경화, 바다를 연약한 존재로 배경화
문자 언어	어휘 선택	'수중소음'을 제시하여 해당 장면에 대한 안내. *음향을 동시에 활용하여 소리 전달
음성 언어	은유	'비행기 소리' 은유로 바다 속 상황이 비정상적인, 인공적인 상태임을 강조

이와 전혀 어울리지 않는 비행기 소리라는 근원 영역으로 사상하여, 그 목표 영역의 본질이 훼손되었음을 보여준다. 단순히 바다 속 상황이 심각하다는 것을 넘어 바다가 인공적으로 변모하고 있다는 일종의 은유적 추론이 가능해진다(Martin, 2014: 78).[9]

이 다큐멘터리의 마지막 장면에서 바다의 환경 문제 해결에서 선결되어야 하는 것이 '인식'의 문제임을 드러내고 있다.

위 화면에서는 '바다'가 화면의 프레임 안에 있지만 주변부에 배치되어 있는 것으로 나타난다. 그 대신 '플래카드'가 화면을 가득 채우고 있다. 이 플래카드에 표시된 문자 언어는 일관된 논조를 드러낸다. "우리 바다는 우리가 지켜낸다. 돌고래로 인해 해녀들이 피해를 입고 있다."라는 문

....

9   은유적 추론(metaphoric reasoning)이란 목표 영역이 근원 영역에 의해 한 번 사상됨으로써, 유사한 다른 사례 또한 그러할 수 있다는 일반화가 가능하다는 의미이다(Martin, 2014: 78). 위의 은유에서는 바다에 비행기 소리라는 표현은 자연의 인공성이라는 일반화로 귀결되어 대중들에게는 이미 인식되는 현상으로 남게 된다.

[#6] 바다에 대한 주민들의 인식

		• [인터뷰] 돌고래 보호지역으로 지정되면 해상풍력발전도 못 들어옵니다. 투석사업도 못 해요. 자연 그대로 가만히 둬야 해요. 사람이 먼저입니까? 돌고래가 먼저입니까? 돌고래도 보호해야죠. 그러니까 우리랑 상생하자는 거죠.
영상 언어	카메라 선택과 움직임	플래카드를 프레임 속에 가득 채우고, 바다는 배경으로 제시하여 소거
문자 언어	어휘 선택	대명사 '우리'는 '돌고래'가 포함되지 않는 인간의 의미로 제한
음성 언어	어휘 배열	담화에서 인간의 삶(발전, 사업)에 관한 의미 중심성, 돌고래의 생태 의미 소거(보호의 대상으로 수동적 존재로 치부)

장은 인간을 명백한 피해자로, 자연이나 돌고래를 가해자로 위치시킨다. 이러한 이분법적 사고는 '우리 바다'에 사용된 '우리'라는 대명사에는 '돌고래'라는 동물이 존재하지 않음을 내포한다.[10]

이러한 화면에 추가된 인터뷰는 담화 전체적으로 어휘 배열의 형태에 의해 인간은 현저성이 부여되는 존재로, 동물은 소거되는 대상으로 간주된다. '해상풍력발전, 투석 사업, 사람이 먼저'라는 의미가 중심에 놓이는 반면, '돌고래, 보호'는 주변적인 위치에 놓여 있다. 더욱이 "자연 그대로 가만히 둬야 합니까?"라는 발화는 비록 한 마디의 발화이지만, 과연 인간이 자연을 지금까지 어떤 방식으로 인식하고 있었는지에 대한 심각성을 드러내고 있다. '우리'의 바다에서 돌고래는 이미 예전부터 소거된 존재일지도 모른다는 인식이 나타나고 있는 것이다.

....

10 텍스트에서의 명사화는 텍스트를 아주 추상적으로 만들며 구체적인 사건과 상황으로부터 멀어지게 한다(Fairclough, 1995; 이원표 역, 2004: 172).

4. 복합양식 텍스트의 비판적 수용 활동 구안

지금까지의 복합양식 텍스트 분석 내용을 토대로, 국어교육에서 복합양식 텍스트의 수용에 관한 교육 방안을 제시해 보고자 한다. 이를 위해 먼저 국어교육에서 복합양식 텍스트의 수용 관련 교육 내용을 확인하고 지금까지의 분석 결과를 통해 기존 교육 내용을 보완하거나 구체화할 수 있는 지점을 찾아볼 것이다. 먼저 2022 교육과정에서 복합양식 텍스트에 관한 교육 내용과 관련된 성취 기준은 아래와 같다.

[10공국2-06-01] 매체 자료를 비판적으로 수용하고 자신의 관점을 담아 매체 비평 자료를 제작한다.

위의 성취 기준은 해설에서도 언급되어 있듯이, '다양한 매체 자료에 대해 주체적으로 비평하는 활동'을 핵심으로 삼는다. 여기에는 매체 생산자의 '의도나 관점', '표현 방법', '평가' 등이 함께 이루어진다. 매체 자료가 기본적으로 복합양식 텍스트를 전제하고 있는바, 학습자가 복합양식 텍스트에 드러난 필자의 의도나 관점이 어떠한 표현 방법에 의해서 구현되었는지를 파악하고 타당성을 평가하는 활동으로 드러나는 것이 위 성취 기준과 밀접한 관련을 지닌다.

앞서 살펴보았던 '소거'와 '현저성'은 이러한 핵심 개념들 가운데 '표현 방법'을 구체화할 수 있는 기제로 의의를 지닌다. 그것은 복합양식 텍스트에 숨은 표현자의 의도가 '어떤 표현 방법으로 드러났는지를' 탐구하는 과정과 관련된다. 이때 복합양식 텍스트에 드러난 필자의 의도나 관점은 무엇이 전경화되거나 배경화되었는지를 따지는 과정에 큰 영향을 받는다. 곧 대중매체 텍스트는 다양한 소통의 주체에 의해 텍스트의 내용이 은폐되거나 부각되는 역동성이 나타난다(Fairclough, 1995; 이원표 역, 2004: 54).

이렇게 보면, 소거와 현저성을 중심으로 한 복합양식 텍스트 분석의 실제는 위의 성취 기준에서 비판적 수용을 구체화할 수 있는 사례로서 의미를 갖는다. 그것은 복합양식 텍스트를 비판적으로 수용할 때 필요한 언어 양식(mode)과 그에 따른 의미의 주체적 비평과 관련되기 때문이다. 이런 점에서 매체 자료의 비판적 수용과 관련된 학습 활동의 전형적인 발문으로 '글쓴이의 관점이나 의도를 파악하고, 이것이 편견에 치우치지 않았는지 평가해 보자'(미래엔, 2020: 174)에서 보이는 추상성을 극복할 수 있는 방안이 열린다. 곧 '글쓴이가 의도적으로 은폐하거나 부각하려는 사실이 있는지 파악해 보자.'에서 출발하여 '글쓴이가 은폐하거나 부각하려는 사실이 어떤 언어적 형태, 기호적 형태로 드러났는지 탐구해 보자.'로 구체화되는 학습 활동을 구안할 수 있다. 학습자는 매체 텍스트에서 언어·기호적 형태를 찾아내어, 해당 텍스트의 생산자가 투영하고자 한 세계관을 탐구하는 차원까지 나아갈 수 있는 것이다.

이를 바탕으로 앞서 살펴보았던 환경 분야 텍스트의 비판적 분석 사례를 활용하여, 복합양식 텍스트의 비판적 수용에 관한 학습 활동을 다음 [표 2]와 같이 제안해 보기로 한다.

[표 2]는 복합양식 텍스트의 비판적 수용에 관한 학습 활동을 구안해 본 것이다. 앞 장에서 분석했던 다큐멘터리의 한 장면을 텍스트로 삼아, '텍스트 이해', '언어기호 분석', '텍스트 재인식'의 단계에 따라 활동 발문을 구성하였다. 이들 활동의 단계는 비판적 담화 분석과 복합양식 담화 분석에서 강조하는 텍스트의 의미를 구성하는 언어, 기호 자원에 대한 분석을 토대로 삼아 텍스트의 담화 수행과 사회문화적 수행을 파악하는 과정에 해당한다(김규훈, 2020: 55). 특히 텍스트 재인식(recognition)의 단계를

〔표 2〕 복합양식 텍스트의 비판적 수용 활동 구안의 예

텍스트		• [인터뷰] 돌고래 보호지역으로 지정되면 해상풍력발전도 못 들어옵니다. 투석사업도 못 해요. 자연 그대로 가만히 뒤야 해요. 사람이 먼저입니까? 돌고래가 먼저입니까? 돌고래도 보호해야죠. 그러니까 우리랑 상생하자는 거죠.
활동 발문	**[텍스트 이해]** 1. 위 영상에서 초점과 배경을 이루는 부분을 각각 말해 보자. 2. 위 인터뷰에서 서로 대립되는 의미로 사용된 단어를 찾아 보자. **[언어·기호적 형태 분석]** 3. '1'과 '2'를 바탕으로 제작자의 의도를 드러내기 위해 사용된 영상 언어, 음성 언어 및 문자 언어의 특징을 말해 보자. 4. 위 인터뷰에 쓰인 '우리'와 '상생'이 어떠한 제한적 의미로 사용되었는지 함께 이야기해 보자. **[텍스트 재인식]** 5. 위 인터뷰에 드러난 지역 주민의 의도가 무엇인지 파악해 보자. 6. 위 사진과 인터뷰가 보여주고자 하는 인간 삶의 현상이 무엇인지 생각해 보자.	

통해 학습자는 텍스트가 배태하는 사회문화적 현상에 대한 인식의 지평을 넓힐 수 있다.

'텍스트 이해' 단계에서는 복합양식 텍스트에서 '영상 언어'와 '음성 언어 및 문자 언어'가 구성하는 의미를 이해한다. '활동 1'에서 화면 프레임의 배경이 된 바다와 초점을 이룬 플래카드의 상반된 모습을 찾고, '활동 2'에서 '인간과 바다', '인간과 돌고래'가 서로 대립된 존재로 규정되고 있다는 사실을 이해하도록 유도한다.

'언어·기호적 형태 분석' 단계는 해당 텍스트에 쓰인 언어·기호적 형태의 특징을 탐구한다. '활동 3'에서는 '영상 언어', '음성 언어 및 문자 언어'의 특징을 기술할 수 있도록 이끈다. 이는 앞 장에서 실제 분석한 것처럼 영상 문법의 요소와 문법 및 어휘의 범주에 따라 언어와 기호의 사

용상 특징을 파악하는 것이다. 이때 '활동 4'와 '우리'라는 대명사가 사용 주체에 따라 대상에 대한 인식을 제한하는 기능이 있다는 사실을 탐구할 수 있도록 한다.

'텍스트 재인식' 단계는 일련의 언어·기호적 형태에 대한 분석을 토대로 텍스트 생산자의 의도성을 비평한다. '활동 5'를 통해 텍스트 생산자인 지역 주민의 말에 숨은 의도성을 파악하게 한다. 그리고 '활동 6'을 통해 해당 텍스트를 바탕으로 인간과 바다 및 돌고래가 맺을 상생의 관계에 대해 인식하도록 이끈다.

5. 정리와 전망

이 장에서는 복합양식 텍스트를 비판적으로 분석하고 그 결과를 바탕으로 국어교육적 활용 방안을 살펴보았다. 우선 '소거'와 '현저성'의 표현 형태를 다큐멘터리의 매체 특성에 따라 세분화하였다. 음성 언어 및 문자 언어와 영상 언어로 범주화한 다음, 전자는 어휘와 문법을, 후자는 카메라의 영상 문법을 각각의 세부 요소로 제시하였다. 그리고 이들 세부 요소를 적용하여 한 편의 환경 분야 다큐멘터리에서 소거와 현저성 양상이 어떻게 실현되어 있는지 실제로 분석해 보았다. 이 작업은 영상 언어, 문자 언어, 음성 언어 각각의 형태적 특징을 기술하는 것과 이들이 함께 어우러져 구성하는 의도성을 판단하는 과정이었다. 끝으로 실제 분석한 결과를 토대로 국어교육에서 복합양식 텍스트의 비판적 수용에 관한 학습 활동을 제시하였다.

복합양식 텍스트의 실제 분석과 연계된 학습 활동 구안을 통해 이론에만 경도되지 않는 수행적 국어교육 연구는 매우 중요하다. 특히 현행 국어과 교육과정에서 매체 관련 내용의 강조점으로 꼽은 비판적 수용의 교육 내용 요소를 담화 분석 연구의 '소거'와 '현저성'으로 구체화할 수 있다는 점에서 의의가 있다. 그럼에도 아직 복합양식성의 세부 개념에 대한 국어교육적 재개념화가 부족하고, 실제 분석 기술지가 풍부하게 마련되지 못하였다. 이를 개선하기 위해서는 추후 다음 두 가지의 복합양식 텍스트의 비판적 수용에 대한 연구가 확장적으로 이루어져야 한다.

첫째, 복합양식 담화 분석을 비롯한 텍스트의 비판적 분석 과정에서 작동하는 언어·기호적 형태에 대한 기술적(descriptive) 연구를 수행해야 한다. 국어교육에서 다양한 매체 텍스트에 대한 질적 분석의 연구가 뒷받침되어야 학습자들이 마주하는 매체 수용과 생산의 학습 활동의 실효성이 확보될 것이다.

둘째, 환경 분야 이외에 사회적 힘의 관계를 다룬 여러 분야의 복합양식 텍스트에 대한 사회인지 양상의 연구를 수행해야 한다. 매체의 비판적 수용에서 강조하는 '관점과 가치'는 사회적 힘의 관계가 작동하는 분야에 따라 다르게 나타난다. 이들 분야는 각기 다른 사회적 의제(agenda)를 담지하고 있다. 국어교육에서 이들 의제를 효과적으로 다룰 수 있도록 복합양식 텍스트의 비판적 수용에 관한 연구 담론이 확충되어야 할 것이다.

5

광고의 비판적 수용을 위한
교육 자료 재구성[*]

1. 광고의 비판적 수용 교수-학습 필요성

국어교육에서 비판적 수용(critical acceptance)은 매체 자료에 대한 깊이 있는 이해 능력(deep understanding)을 개념적으로 포함한다. 2022 교육과정에서는 매체가 공통 국어 과목의 한 영역으로 자리매김하고 있다. 매체 영역의 핵심 아이디어 중에는 "매체 이용자는 매체 텍스트의 주체적인 수용과 생산을 통해 정체성을 구성하고 사회적 의미 구성 과정에 관여한다."라는 항목이 설정되어 있다(노은희 외, 2022: 222). 여기서 '사회적 의미 구성에 관여'한다는 진술은, 매체 자료에 대한 깊이 있는 이해가 학습자가 매체 자료를 주체적으로 해석하여 매체 자료가 표상하는 사회

....

* 1부 5장은 『우리말교육현장연구』 16집 2호에 게재되었던 「광고의 비판적 수용을 위한 학습 활동 구안」을 이 책에 맞게 수정 및 보완한 것이다.

문화적 의미를 반추하는 과정을 중시한다는 점을 뜻한다. 국어과 핵심 역량 가운데 하나인 '비판적·창의적 사고 역량'이 주체적 해석과 평가의 능력을 말한다는 사실도 이와 동궤를 형성한다.

다양한 매체 자료 중에서, '광고'는 비판적 수용의 대상으로서의 적합성을 갖고 있다. 이는 광고가 단순히 생산자의 창의적 표현물일 뿐만 아니라, 광고가 유통되는 현대 사회의 모습을 나타내는 사회문화적 반영물이기 때문이다. 이러한 사실을 고려하여 국어교육 분야에서는 광고와 관련된 논의가 이미 오래전부터 이루어져 왔다(김혜숙, 2001; 박인기, 2000; 신명선, 2000; 이관규, 2003). 그러나 기존의 선행 연구들은 주로 광고의 국어교육적 활용에 중점을 두었으며, 이 활용 방안은 주로 광고의 독특한 표현 양상이나 효과에 국한되어 있는 경우가 많았다(김정우, 2015; 진솔, 2021).[1] 물론 광고의 문화적 특징을 주목하거나 비판적 이해를 위한 광고 리터러시 교육에 관한 연구도 존재하지만(이상우·강연희, 2011; 이경현·권순희, 2016; 김은지, 2021),[2] 이들 논의는 선언적 수준에서 논의되고 있을 뿐, 광고의 교수학적 적용에 관한 수행적 연구는 찾아보기 어렵다.

....

1   김정우(2015)는 광고의 국어교육적 활용 방안에 대하여, 광고 전략과 발성 과정 및 광고의 은유적 방법론 등에 대해 구체적으로 논의하고 있다(김정우, 2015: 13-18). 진솔(2021)의 경우 비주얼 리터러시 교육에서 광고를 활용할 수 있음을 언급하며, 텍스트 없이 이미지 전략을 보고 상상하기, 동일한 주제에 대해 소통하며 비교하기 등 비주얼 리터러시 교육에서 광고의 다양한 활용 방안을 제시하고 있다(진솔, 2021: 294). 광고의 국어교육적 활용에 관한 최근 논의들은 광고의 활용 범위를 확장하고 구체적 활용 방법을 제시하는 경향을 보인다.

2   이상우·강연희(2011)는 광고를 비판적으로 읽는 방법을 논의하였고 비판적 읽기의 전략이 구체화되어야 함을 제시하였다. 이경현·권순희(2016)는 설득이나 광고 관련 단원에서 다국적 마케팅 전략의 설득이나 광고를 다룬다면 학습자가 맞이하게 될 미래를 준비하는 교육이 됨을 언급하고 있다(이경현·권순희, 2016: 606). 김은지(2021)는 스마트 리터러시 교육에 입각하여 장르 인식을 활용한 스마트 광고 리터러시 교육 방법을 스마트 광고 장르 분석하기, 스마트 광고에 관해 이야기하기 등으로 제시하고 있다(김은지, 2021: 97).

위의 경향은 국어교육의 실천 연구에서도 보인다. 〈언어와 매체〉 교과서에서 광고는 주로 창의적 표현을 위한 자료로 활용되어 왔으며, 광고의 비판적 수용에 관한 교수-학습 활동은 주로 추상적인 차원에 한정되어 있는 실정이다. 학습자가 광고를 비판적으로 수용하는 과정에서 어떠한 해석과 평가를 통해 깊은 이해에 도달하는지를 다루는 수행적 교육 요소가 부족한 것이다. 이러한 점에서 광고의 비판적 수용이 국어교육에서 얼마나 중요한지를 고려하여, 국어교육 현장에서 광고의 비판적 수용 교육을 위한 구체적인 수행 방안을 고민할 필요가 있다.

'복합양식 담화 분석'은 앞서 언급한 고민을 해결하는 데 기여할 수 있는, 광고의 비판적 수용을 위한 방법론이라고 볼 수 있다. 이 방법론은 비판적 담화 분석의 한 유형으로서, 언어와 기호 자원 및 이들 간의 관계가 형성하는 중층적인 의미를 분석하는 담화 분석의 한 형태이다(van Leeuwen, 2014: 282). 복합양식 담화 분석은 비판적 담화 분석이 추구하는 사회적 이념과 텍스트의 변증법적 관계에 대한 해석을 '복합양식 텍스트'를 중심으로 살핀다. 특히 비판적 담화 분석의 방법론은 복합양식 현상에 존재하는 언어와 기호 자원을 세밀히 분석하고, 이를 기반으로 복합양식 현상이 어떻게 소통되는지의 메커니즘을 밝히며, 궁극적으로는 복합양식 현상이 내재하는 사회문화적 의미를 추론하고자 한다(O'Halloran, 2011: 121).

이와 같은 복합양식 담화 분석의 분석 방법은 광고의 비판적 수용에 대한 구체적인 수행 방안을 도출하는 데 유용할 것이다. 이 방법을 활용함으로써, 광고의 복합양식성을 심층적으로 이해하고, 광고가 생산되고 유통되며 소비되는 소통의 다양한 양상을 파악할 수 있다. 또한 광고가 어떠한 사회문화적 특성을 내포하고 있는지를 분석하여, 어떠한 사회적 이념이나 가치가 광고를 통해 어떻게 소통되는지를 인식할 수 있다. 이러한 기반 위에서 복합양식 담화 분석을 교수-학습 활동에 적용함으로써, 학습자들이 광고를 비판적으로 수용하고 분석하는 능력을 강화하는 구체적인 교육 방법을 제안해 보고자 한다.

2. 국어 교과서에서 광고 관련 내용 확인

국어교육에서 광고는 학습자의 비판적, 창의적 사고력을 함양하기 위한 텍스트 가운데 하나로 활용되어 왔다. 광고는 주로 2015 교육과정에서 〈언어와 매체〉 과목에서 적극적으로 다루어지고 있다. 우선 〈언어와 매체〉 5종 교과서에서 광고가 직·간접적으로 활용되고 있는 내용을 정리하면 다음 〔표 1〕과 같다.[3]

〔표 1〕에서 확인할 수 있듯이, 〈언어와 매체〉 교과서의 광고 관련 교육 내용은 주로 '매체 언어의 표현 방법'과 '매체 자료의 비판적 수용'이라는 범주에 속한다. 이러한 두 범주는 교육부(2015: 108)에서 언급한 '매체 언어의 탐구와 활용'이라는 매체 영역의 핵심 개념에 부합하는 내용 요소를 제시하고 있다. '매체 언어의 탐구와 활용'은 주로 매체 자료를 비판적으로 수용하고 창의적으로 생산하는 데 중점을 둔 내용을 강조하고 있으며, '매체 언어의 표현 방법'의 경우 매체 자료의 창의적인 생산과도 관련이 있다. 광고는 〔표 1〕에서 확인할 수 있듯이, 이러한 매체 언어의 표현

....

3 〔표 1〕은 2015 교육과정에 따른 〈언어와 매체〉 5종 교과인 '미래엔(방민호 외), 비상(이관규 외), 지학사(이삼형 외), 창비(최형용 외), 천재(민현식 외)'에서 '광고'가 본문이나 학습 활동에 등장하는 내용을 모두 검토하여 광고가 주요 교육 내용으로 활용된 부분을 선별한 것이다. 현행 2022 교육과정의 경우, 아직 교과서가 개발되기 이전이라는 점에서 직전 교육과정의 해당 교과서를 살펴보았다.

[표 1] 〈언어와 매체〉 교과서의 광고 관련 교육 내용

	매체 언어의 표현 방법	매체 자료의 비판적 수용
미래엔(방)	[활동] 광고 문구의 창의적 표현(160-161쪽)	–
비상(이)	[본문] 인쇄 광고(공익 광고)의 표현 방법(154-155쪽) [활동] 영상 광고의 창의적 표현 방법(158-159쪽)	–
지학사(이)	[활동] 광고의 언어적 표현 효과와 언어적 특성(122쪽, 226쪽)	[활동] 설득적 매체 자료의 비판적 수용(176-177쪽)
창비(최)	[활동] 영상 광고의 스토리보드와 영상 매체의 창의적 표현 방법(152쪽)	–
천재(민)	[활동] 옥외 광고의 창의적 표현(78쪽) [활동] 인쇄 광고(공익 광고)의 창의적 표현과 심미적 가치(90쪽) [활동] 영상 광고의 창의적 표현(92쪽)	[활동] 설득 광고의 목적과 특성 파악(181쪽)

방법 또는 매체 자료의 생산과 관련된 주요 텍스트로 모든 출판사에서 활용되고 있다.

구체적인 활용 양상은 출판사마다 다양한 광고의 종류에 대한 창의적 표현 방법 및 심미적 가치를 학습자에게 탐구하도록 유도하거나, 광고에 사용된 언어적 표현에 특히 주목하고 있는 것으로 나타났다. 전자와 관련하여 비상(이)에서는 인쇄 광고와 영상 광고를, 창비(최)에서는 영상 광고를, 천재(민)에서는 옥외 광고와 인쇄 광고 및 영상 광고를 활용하고 있다. 인쇄 광고의 경우 주로 공익 광고를 활용하며, 창의적 표현과 관련해서는 영상 광고와 스토리보드를 비교하는 활동이 주로 구성되었다. 후자와 관련하여 미래엔(방)에서는 광고 문구가 창의적 표현의 매체임을 언급하였고, 지학사(이)에서는 광고의 언어적 표현이나 광고 자료의 언어적 특성을 이해해야 함을 강조하였다. 특히 지학사(이)에서는 광고의 언어적 표현에 관한 문법 교수-학습 활동으로, 광고가 지닌 텍스트적 특성을 파악하는 것을 제시하고 있다.

이와 같이 광고는 간결하면서도 독특한 언어적 표현을 통해 광고 제작자의 창의적인 아이디어가 투영된 텍스트로 인식된다. 교육 현장에서 광고는 학습자가 광고에 사용된 매체 언어의 독특한 언어적 표현 방법을 이해하고, 이를 기반으로 광고를 창의적으로 생산하는 능력을 기를 수 있는 교육 자료로 적극 활용되고 있다. 그러나 광고가 지니고 있는 창의적 속성이 명백하더라도, 국어교육적인 측면에서 광고를 온전히 활용하려면 광고를 단순히 창의적인 텍스트로만 보지 않고, 이를 사회문화적인 실천물로 간주하여 학습자가 광고를 비판적으로 수용하는 측면에서도 적극 활용될 필요가 있다.

물론 위 교과서에서 광고가 창의적 표현에 집중된 이유는 해당 학습 활동이 2015 교육과정의 "[12언매03-04] 매체 언어의 창의적 표현 방법과 심미적 가치를 이해하고 향유한다."를 구현한 것이기 때문이다. 창의적 표현을 찾을 수 있는 매체 자료 가운데 대표적인 매체가 광고라는 사실은 앞선 〔표 1〕에서도 잘 드러나 있다. 그런데 과연 광고가 창의적 표현에만 국한되는 대상 텍스트인지에 대해서는 재고해야 한다. 이러한 점에서 2022 교육과정에서 아래 성취 기준은 광고의 비판적 수용에 대한 가능성을 높여준다고 할 수 있다. "[9국06-05] 매체 자료의 재현 방식을 이해하고 광고나 홍보물을 분석한다." 이 성취 기준은 "다양한 광고나 홍보물을 살펴보며 사건, 쟁점, 인물 등을 표현하기 위해 어떤 문구나 이미지가 선택되거나 배제되었는지를 탐구하고, 사회상이나 특정 집단에 대해 어떤 고정 관념이 반영되어 있는지 분석"하는 데 초점이 놓여 있다(교육부, 2022: 57).

〔표 1〕에서 제시된 '매체 자료의 비판적 수용' 범주는 이러한 맥락에서 의미가 있다. 지학사(이)에서는 설득적 매체 자료를 비판적으로 수용하는 활동에서, 천재(민)에서는 광고가 지닌 설득적 목적과 특성을 파악하는

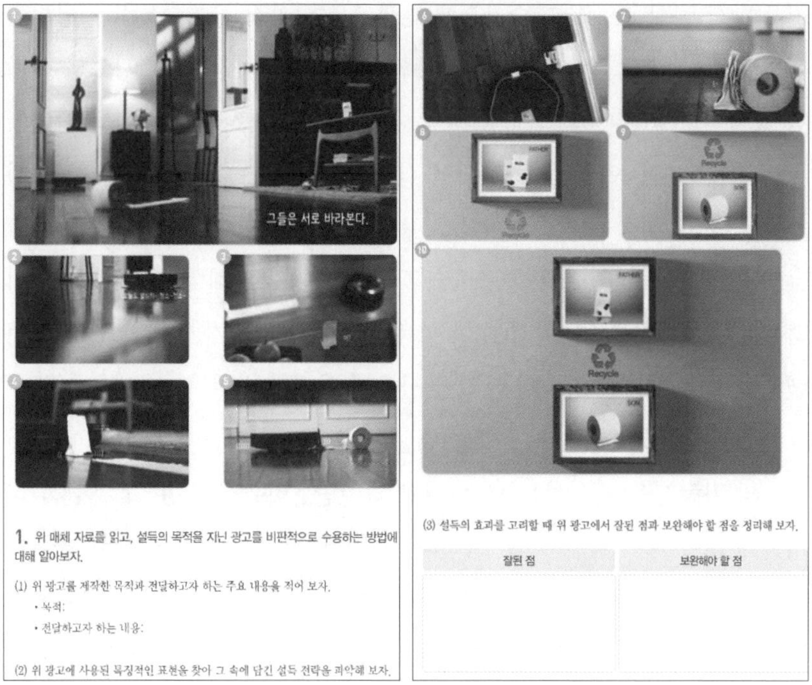
그들은 서로 바라본다.
Recycle
1. 위 매체 자료를 읽고, 설득의 목적을 지닌 광고를 비판적으로 수용하는 방법에 대해 알아보자.
(1) 위 광고를 제작한 목적과 전달하고자 하는 주요 내용을 적어 보자.
• 목적:
• 전달하고자 하는 내용:
(2) 위 광고에 사용된 특징적인 표현을 찾아 그 속에 담긴 설득 전략을 파악해 보자.
(3) 설득의 효과를 고려할 때 위 광고에서 잘된 점과 보완해야 할 점을 정리해 보자.
잘된 점
보완해야 할 점

〔그림 1〕 설득 매체 자료의 비판적 수용에 관한 학습 활동(지학사(이))

활동에서 광고가 대상 텍스트로 활용되고 있는 것이다. 다만 천재(민)의 경우 매체 자료의 비판적 수용까지 나아가지는 못하고 광고가 설득 매체로서 특성을 지니고 있음을 이해하는 데 주력하고 있어, 비판적 수용의 텍스트로 광고를 적용하고 있지 못하다는 한계가 나타난다. 그럼에도 주목할 바는 지학사(이)에서 광고를 설득적 매체 자료의 대표적 유형으로 설정하고 학습자가 이를 비판적으로 수용하며 실제 설득 전략을 매체 언어적으로 파악하도록 유도하고 있다는 사실이다. 지학사(이)의 설득적 매체 자료의 비판적 수용과 설득 전략 분석(176-177쪽)의 실제 활동을 제시하면 위 〔그림 1〕과 같다.

〔그림 1〕은 "쓰레기에도 족보가 있다(환경부, 2015)"라는 공익 광고를

활용한 학습 활동으로, 학습자들에게 광고를 비판적으로 수용하는 방법을 탐구하도록 유도한다. 먼저 광고의 목적과 내용을 파악한 후, 광고의 언어적 표현과 사용된 설득 전략을 파악하게 한다. 주지하다시피 설득 전략이 '이성적, 감성적, 인성적' 차원에서 실현되는 것이므로, 위 광고에서 교사가 이들 설득 전략을 학습자가 찾도록 안내할 것으로 보인다. 이를 바탕으로 마지막에는 학습자가 설득 효과를 평가하고 보완해야 할 부분을 고려하는 활동이 제시된다. 참고로 이 활동 이후에는 학습자가 직접 광고를 선택하여 설득 효과를 평가하는 적용 활동이 연계되어 있다.

〔그림 1〕에서 보여주는 학습 활동은 매체 자료인 광고를 통해 비판적 수용의 가능성을 제시하는 데 의의가 있지만, '비판적 수용'의 본질적 의미를 고려할 때 일부 한계도 지닌다. 이 학습 활동은 전반적으로 '표현과 설득 전략'에 중점을 두고 있어서, 광고의 비판적 해석을 위한 구체적인 전략이 충분히 구체화되지 못한 것이다. 이상우·강연희(2011: 7)가 지적한 것처럼, 광고의 비판적 해석을 위한 전략이 명확하게 제시되지 않았다.

특히 광고의 설득 전략에 사용된 언어적이고 기호적인 표현을 평가할 때는 해당 표현이 가지는 문맥적 의미와 더불어 사회문화적 의미를 함께 고려해야 한다(van Leeuwen, 2014: 288-290). 가령 〔그림 1〕의 광고에서 '그들은 서로 바라본다'라는 문구는 그 자체로서 어떤 설득의 전략을 지니는 것이 아니라, '아버지'와 '아들'로 표현된 우유갑과 두루마리 휴지를 지칭하는 대명사 '그들'이 사회적으로 우리의 일상생활에서 가까운 대상임을 은유하였다는 점을 이해할 때, 해당 표현이 쓰레기에 대한 분리수거의 중요성을 담지하고 있음을 파악할 수 있다. 그러나 〔그림 1〕의 학습 활동에서는 표현 효과와 설득 전략만 언급되어 있을 뿐, 학습자가 사회문화적 의미를 추론할 수 있는 구체적인 비계가 설정되어 있지 않은 것이다.

비판적 수용의 본질적 의미는 비판적 언어 연구의 학파에 근거하여,

텍스트의 언어적, 소통적, 사회문화적 의미의 호환성을 이해하는 것이다 (Fairclough, 1995/2013). 광고는 더불어 그 시대의 문화적 특징을 간결하고 짧은 언어적, 기호적 표현에 담아내는 훌륭한 비판적 수용의 대상 텍스트이다. 이는 앞서 [표 1]에서 확인한 것처럼, 모든 〈언어와 매체〉 교과서에서 광고를 창의적 표현과 관련하여 다루고 있으며, 비판적 수용의 과정에서 광고를 대상 텍스트로 활용해야 함을 시사한다. 비판적 수용을 위한 텍스트로는 뉴스나 신문 기사 등 다른 매체 자료도 존재할 수 있지만, 국어교육에서 대상화된 모든 텍스트가 지닌 비판적 수용의 활용성을 극대화할 필요가 있다. 이 맥락에서 광고도 비판적 수용의 대상 텍스트로서 그 활용 방안이 실제화되어야 한다.

3. 복합양식 텍스트의 비판적 분석 층위와 요소

광고를 비판적 수용의 대상 텍스트로 활용하기 위해서는 광고의 사회문화적 특성을 극대화할 수 있는 이론적 기반을 검토해야 한다. 이는 광고를 창의적 표현 대상으로만 보는 시각뿐만 아니라, 광고 수용을 중심에 두어 비판적으로 이해하는 관점을 이론적으로 확충해야 함을 의미한다. 복합양식 담화 분석 이론은 광고의 복합양식성을 비판적으로 분석할 수 있는 훌륭한 내용을 제공한다.

복합양식 담화 분석은 담화 분석 연구의 한 유형으로 분석 대상을 언어 그 자체로부터 언어와 복합된(combined) 기호 자원으로 확대하는 관점이자 방법론이다(O'Halloran, 2011: 120). 여기서 복합된 기호 자원이란 언어와 함께 텍스트의 의미를 구성하는 자원들로, 이미지, 소리(음향, 음성, 음악), 행위자의 몸짓이나 행동 등을 모두 포함한다. 복합양식 담화 분석은 텍스트의 양식이 복합양식성을 갖게 되어서, 텍스트에 존재하는 언어의 의미 분석만으로 텍스트를 본질적으로 이해하기 어렵기에, 언어와 다른 기호 자원을 함께 분석하고자 한다.[4]

　복합양식 담화 분석은 담화 분석 연구의 성격을 고려할 때, 비판적 담화 분석의 한 유형에 해당한다(van Leeuwen, 2014: 283). 비판적 담화 분석은 담화가 내포하고 있는 중층적 의미를 심층적으로 분석하는 담화 연구의 방법을 지닌다. 이 방법은 삼차원 분석 틀이라고도 불리는데, 담화의 언어적 분석에 중점을 둔 텍스트(text), 담화의 생산 및 소비 과정과 관련된 담화 수행(discourse practice), 그리고 텍스트와 담화 수행에 영향을 미치는 사회 구조, 조직, 공동체 문화 등의 사회문화적 수행(sociocultural practice)을 다룬다(Fairclough, 1995/2013). 복합양식 담화 분석은 이러한 비판적 담화 분석의 삼차원 분석 틀을 채택하면서도, 분석 대상으로서의 텍스트가 지닌 언어와 기호 자원의 복합성에 특히 주목한다.

　여기서 중요한 사실은 비판적 담화 분석의 궁극적인 목적이 담화의 비판적 분석을 통해 사회적 문제를 개선하고자 하는 실천성을 지닌다는 점과 마찬가지로, 복합양식 담화 분석도 궁극적으로는 담화의 복합양식성에 배태된 사회문화적 이념이나 가치를 파헤치고 문제적 현상을 개선하고자 하는 목적성을 지닌다. 이와 관련하여 Iedema(2003)는 복합양식 현상에 대한 재기호화(resemioticization)의 중요성을 강조한 바 있다. 재기호화는 의미가 맥락에서 다른 맥락으로, 사회적 실천에서 다른 사회적 실

....

4　복합양식 현상(multimodal phenomena), 가령 인쇄물, 비디오, 웹사이트, 3D 사물 등에서 나타나는 언어와 다른 기호 자원에 대하여 '기호 자원(semiotic resources)', '양식(modes)', '양식성(modalities)'이라고 부른다. 그리고 복합양식 담화 분석(MDA)은 다른 말로 '복합양식성(multimodality)', '복합양식 분석(multimodal analysis)', '복합양식 연구(multimodal studies)'라고도 한다(O'Halloran, 2011: 120).

천으로, 그리고 하나의 실천의 장에서 또 다른 장으로 재구성되는 특성을 말한다(Iedema, 2003: 41). 복합양식 텍스트의 유통이 활발하다는 점은 사회문화적 이념이 복제되기도 하고, 동시에 다른 사회적 가치로 변주되기도 하는 것을 의미한다.

광고의 비판적 수용과 관련하여 복합양식 담화 분석을 이론적 기반으로 활용할 수 있는 이유는, 광고가 복합양식 텍스트 가운데 하나로서 의미를 형성할 때 언어와 기호 자원의 관계를 적극적으로 활용하기 때문이다.[5] 광고는 다양한 매체와 기호체계를 조합하여 복합적으로 구성된 의미를 만든다. 이러한 의미 구성은 해당 광고가 어떤 이념적 가치를 내포하고 어떤 사회문화적 의미를 양산하는지를 암시하게 된다. 따라서 복합양식 담화 분석은 텍스트의 사회문화적 특성을 드러내고 해당 텍스트에 의해 형성되는 사회문화적 이념성을 비판하는 데 적합하다. 이는 광고의 비판적 수용 과정에서 복합양식 담화 분석이 효과적으로 활용될 수 있다는 근거라고 하겠다.

그런데 광고의 비판적 수용에서 복합양식 담화 분석을 활용하기 위해서는, 지금까지 논의한 복합양식 담화 분석의 개념적인 측면을 뛰어넘어 분석 요소나 절차 등이 규명되어야 한다. 이는 국어교육적 맥락에서 복합양식 담화 분석을 재개념화하여 광고에 적용하려면 광고가 갖고 있는 복합양식성을 심층적으로 이해할 수 있어야 하기 때문이다.

....
5   용어의 개념과 관련하여 한 가지 유념해야 할 사실은 '수용'이 '분석'은 아니지만, '분석'의 과정이 학습자의 수행 활동으로 교수학적 변환을 거친다면 '수용'으로 재개념화될 수 있다는 점이다. 비판적 수용은 텍스트를 정확하고 효과적으로 이해하는 통합적 과정으로서, 문법적 정확성에 따른 국어적 탐구와 이를 기반에 둔 맥락적 텍스트의 의미 파악을 포괄한다. 학습자가 비판적 사고를 바탕으로 텍스트를 수용하는 일련의 통합적 과정이 '비판적 수용'이다.

이와 관련하여 복합양식 담화 분석의 분석 요소에 대하여 김규훈 (2020)에서는 O'Halloran(2011)의 설명을 바탕으로 '기호 자원', '상호기호성', '재기호화'로 제시한 바 있다. 기호 자원은 복합양식 텍스트에 사용된 다양한 기호 자원과 각각의 관계를 분석하는 요소를, 상호기호성은 복합양식 텍스트에서 독특한 기호 작용에 의해 구성된 의미를 분석하는 요소를, 재기호화는 복합양식 텍스트에서 구성된 의미가 어떤 사회문화적 가치, 이념, 권력 등을 만들어내는지를 밝히는 요소를 가리킨다(김규훈, 2020: 55-58). 이들 분석 요소는 일견 의미가 있어 보이지만, 각 용어의 국어교육적 재개념화가 부족하며 각각의 개념 또한 다소 작위적이다.

이를 고려할 때, 복합양식 담화 분석의 분석 방법을 세밀하게 설정하는 작업은 비판적 담화 분석의 분석 틀을 준용하되 복합양식성을 반영하는 것이 보다 타당하다. 즉 Fairclough(1995/2013)의 삼차원 분석 틀인 '텍스트, 담화 수행, 사회문화적 수행'의 층위에서 복합양식 현상의 생산과 유통 및 소비의 메커니즘, 그리고 복합양식 담화와 상호성을 지닌 사회문화적 맥락에 대한 정보를 구체화하는 것이다. Fairclough(1995/2013)의 삼차원 분석 틀을 바탕으로 '비판적 관점의 복합양식 담화 분석 연구'[6]를 반영한 결과를 다음 〔그림 2〕와 같이 살펴보기로 한다.

〔그림 2〕는 비판적 담화 분석의 '텍스트, 담화 수행, 사회문화적 수행'의 분석 층위에서 복합양식 현상의 특징을 각각 대입하여 복합양식 담화 분석의 요소를 초점화하였다.

텍스트 층위에서는 비판적 담화 분석의 '의미를 구성하는 어휘와 문

....

6   비판적 관점의 복합양식 담화 분석 논의는 'Critical Multimodal Discourse Analysis(CM-DA)'라고 명명되기도 한다. 비판적 관점의 복합양식 담화 분석은 비판적 담화 분석의 방향성에 더해 시대의 변화와 공학의 발달로 인해 형성된 텍스트의 확장에 대한 사회문화적 비평의 관점을 지지한다(Machin & Mayr, 2012; van Leeuwen, 2014).

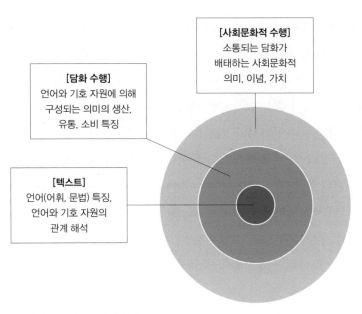

[사회문화적 수행]
소통되는 담화가
배태하는 사회문화적
의미, 이념, 가치

[담화 수행]
언어와 기호 자원에 의해
구성되는 의미의 생산,
유통, 소비 특징

[텍스트]
언어(어휘, 문법) 특징,
언어와 기호 자원의
관계 해석

〔그림 2〕 복합양식 담화 분석의 층위와 요소

법의 특징'을 분석하는 것과 함께, 기호 자원의 도입에 따른 '언어와 기호 자원의 관계를 해석'하는 내용도 주목된다. 예를 들어, 영상의 한 장면을 분석할 때 행위자의 대화, 제스처, 머리의 움직임, 시선, 자막 언어, 배경 음악 등 각각의 요소가 어떠한지, 그리고 이들이 어떤 관계를 형성하는지를 파악해야 한다(Norris, 2004: 103).

담화 수행 층위에서는 '언어와 기호 자원'에 의해 구성된 담화적 의미가 소통되는 방식을 분석하고자 한다. 특히 복합양식 텍스트의 생산자가 선택한 언어와 기호 자원에 의해 '의도된 의미'가 무엇인지, 소비자인 대중에 의해 '해석한 의미'가 무엇인지를 파악한다. O'Halloran(2011: 121)은 이와 관련하여 복합양식 담화 분석이 선택된 기호의 결합 양상에 따라 의미의 구성이 달라진다고 한 바 있다. 이는 언어와 기호 자원이 어떤 매체 생산자가 선택한 매체의 유형, 사용한 언어와 기호의 특징에 따라

텍스트 생산자와 소비자가 각기 해석하는 의미가 다르게 구성된다는 사실을 전제로 한다.[7]

사회문화적 수행 층위에서는 소통되는 담화가 배태하는 사회문화적 의미, 이념, 가치 등을 분석하는 데 중점을 둔다. 이 층위는 비판적 담화 분석의 접근과 유사하지만, Machin & Mayr(2012: 47)에서 언급한 대로 복합양식성이 갖는 특징을 고려하여 단일 언어의 텍스트보다 교묘하게 은폐되거나 강조되는 사회문화적 이념이나 가치를 탐구한다. 따라서 복합양식 담화 분석의 사회문화적 수행 층위에서는 종속된 두 층위에서 분석된 언어, 기호 자원, 그리고 언어와 기호 자원의 관계에 의해 구성된 의미가 어떤 맥락에서 소통되는지를 파악한 결과를 사회문화적 관점에서 설명하고자 한다.

이러한 복합양식 담화 분석의 층위와 요소는 학습자가 광고를 비판적으로 수용하는 과정에서 실질적인 학습 요소를 제공한다. 학습자가 광고를 단순히 비판하는 것이 아니라, 광고의 언어적 특성과 기호 자원을 심층적으로 탐구하며, 광고의 생성, 유통, 그리고 소비의 과정을 체계적으로 이해하면서 최종적으로 광고가 사회문화적으로 어떤 의미를 형성하는지를 과정적으로 파악할 수 있다. 다만 학습자의 광고에 대한 비판적 수용 활동을 정교화하려면 (그림 2)에서 살펴본 복합양식 담화 분석의 요소가 '광고의 복합양식성'에 초점을 맞추어 변용되어야 한다.

....

7   McLuhan(1964: 23-35)의 '미디어가 메시지다(The medium is the message)'라는 명제가 여기에 해당된다고 볼 수 있다. 가령 같은 문자 언어와 이미지가 사용되었다고 하더라도 '광고'에 그것들이 담기는지 아니면 '신문 기사'에 그것들이 담기는지에 따라 유통되는 의미가 달라진다고 하겠다. 그것은 각 매체 자체가 지닌 목적과 성격에 따라 메시지의 의미 자체가 달라지기 때문이다.

4. 광고의 비판적 분석 요소 초점화와 학습 활동 재구성

광고에 복합양식 담화 분석을 적용하려면 앞서 살펴본 분석 요소에서 광고의 특성을 주의 깊게 고려해야 한다. 이때 광고의 특성은 복합양식 담화 분석의 층위에 각각 대응되어서 텍스트, 담화 수행, 사회문화적 수행의 차원에서 발현될 수 있다. 이를 구체화하기 위하여 광고학과 교육의 접점을 바탕으로, 국어교육에서 광고의 특성을 다룬 연구를 살펴보기로 한다.

먼저, 광고학과 교육의 접점에 대해 김지은·한규훈(2017: 72)은 광고활용교육(advertising-in-education), 광고교육(advertising education), 광고비평교육(advertising criticism education)으로 나누어 설명하였다. 이러한 분야들은 광고의 텍스트적 특성을 이해하고 창의적으로 표현하는 데에 광고를 활용하거나, 광고가 지닌 사회문화적 의미를 파악하여 미디어 리터러시 교육의 주요 자료로 활용하는 방식에 초점을 둔다. 광고의 텍스트, 담화 수행, 사회문화적 수행 층위에 대한 이해가 광고학과 교육의 접점을 구분하는 기준으로 작용하고 있는 것이다.

국어교육에서 광고에 대한 각 층위에 대한 논의는 신명선(2000), 김정우(2015)를 중심으로 살펴볼 수 있다. 신명선(2000)은 광고의 문화적 특성에 대해 구체적으로 논의하였으며, 김정우(2015)는 광고의 개념을 선전 및 홍보와 비교하여 광고의 담화 수행적 특성을 정리하였다. 이러한 논의들은 각각 복합양식 담화 분석의 사회문화적 수행 및 담화 수행의 특성과 밀접한 연관이 있다. 한편 텍스트 층위의 경우에는 광고의 텍스트적 특성을 다루는데, 광고의 언어적 특성이나 표현 특성은 이미 교과서에서 충분히 다루어지고 있다. 광고가 지닌 문자 언어, 음성 언어, 그리고 다양한 기호 자원의 특성에 대한 내용이 교육 내용으로 구성되어 있는 것이다.

보다 구체적으로 김정우(2015: 11)에서는 광고에 대하여 상품의 판매를 목적으로 상대방의 욕구를 촉발 및 해결할 수 있는 메시지를 전달하는 행위라고 하였다. 광고가 설득의 목적성을 지닌 텍스트로서 광고가 생산 및 유통되는 과정에서 광고 제작자는 설득 전략을 광고에 부여하려 한다는 것이다. 김정우(2015: 12)는 소비자들이 상품을 구매하는 심리적 과정을 '주목(attention), 흥미(interest), 욕구(desire), 기억(memory), 행위(action)'의 앞 글자를 딴 'AIDMA' 법칙이라고 제시하였다.[8]

'AIDMA' 법칙은 광고의 복합양식 담화 분석에서 담화 수행 층위와 관련하여 광고가 소통되는 담화 상황에서 광고 제작자와 소비자 사이의 담화 소통에 대한 특징이 구체화된 주요 요소에 해당한다. 이들 담화 소통의 주요 요소는 그 소통을 만드는 텍스트 층위의 언어와 기호 자원의 관계에 의해 구성된다. 예컨대 특정 광고가 소비자의 '주목'을 이끌기 위해 어떤 언어와 기호 자원을 활용했는지를 파악하고, 그 '주목'의 효과가 소비자에게 얼마나 전달되었는지를 파악하는 일련의 과정을 학습자로 하여금 탐구하도록 유도할 수 있다.

신명선(2000: 80)에서는 광고가 한 사회의 문화를 반영할 뿐만 아니라 그 문화를 이끌 수 있다는 점에서 당대 문화의 양상을 고찰할 수 있는 중요한 자료라고 하였다. 자본주의 사회에서 광고를 통해 대중을 소비 사회의 주체로 부추기며, 이를 통해 광고가 다시 발전한다는 것이다. 구체적으로 신명선(2000: 82-83)은 광고의 문화적 특성을 소비자가 공유할 수 있게 하는 기제를 '약호(code)'와 '이념(ideology)'의 두 요소로 설명하고 있

....

8   참고로 김정우(2015: 12)에는 'AIDMA' 법칙을 아래와 같은 도식으로 제시하고 있다.

다. 약호는 그것을 사용하는 집단 내의 함의와 공유된 문화적 배경에 의해 규정되어 그 사회의 기호를 해석하는 일종의 틀(frame)이 된다(신명선, 2000: 82). 예컨대 특정 어휘나 이미지에 의해 구성되는 틀짓기는 그 당대 공동체의 지배적 의식을 드러내는 장치인 것이다.[9] 이념은 한 사회의 지배적인 경향으로, 일 개인이나 한 계급이 타자에게 부과한 사상체계라기보다는 모든 사람들이 참여하는 가운데 진행되고, 모든 사람들로 확산되는 하나의 강력한 실천이다(신명선, 2000: 83). 광고는 당대 공동체의 지배적 의식 체계인 이념을 은연중에 감추거나 혹은 부각하기도 하고 당대 지배적 이념에 반기를 들어 새로운 이념 체계를 형성하기도 한다. 광고가 대중의 유행을 주도한다는 말도 이와 관련이 깊다.

'약호'와 '이념'은 광고의 복합양식 담화 분석에서 사회문화적 수행 층위와 관련하여 이들에 대한 해석이 중요함을 의미한다. 약호는 광고에 쓰인 언어와 기호 자원이 구성하는 대중의 틀(frame)이 무엇인지를 해석하도록 하고, 이를 바탕으로 해당 광고가 재생산하거나 새롭게 생산하는 이념이 무엇인지를 파악하도록 한다. 이념이 이미지와 같은 기호 자원이나 문자 언어와의 배치, 텍스트에서의 전체적인 구도(layout) 등에 의해 어떤 식으로 은폐(hide)되거나 부각(highlight)되는지를 파악하는 것은 (van Leeuwen, 2014: 290-292), 광고의 복합양식 담화 분석에서도 중요한 분석 요소에 해당한다.

일련의 논의를 정리하면, 광고의 복합양식 담화 분석을 위하여 텍스트 층위는 광고에 사용된 언어와 기호 자원의 특징과 관계를, 담화 수행

....

9   이러한 예로 광고 텍스트가 '레이스가 달린 부드러운 블라우스'를 크게 부각시키면, 우리는 우리 문화의 공유된 문화적 배경에 의지해 그것을 중세의 공주들이 지닌 여성스러움으로 인식한다는 사실을 들고 있다(신명선, 2000: 82).

(표 2) 광고의 복합양식 담화 분석을 위한 분석 요소 초점화

	분석 차원별 범주	초점화된 분석 요소
텍스트	언어의 특징	어휘 사용, 문법 기능
	기호 자원의 특징	이미지, 소리, 장면, 행위
	언어와 기호 자원의 관계	구도, 배치, 의미 구성
담화 수행	광고 제작자의 설득 전략	이성적, 감성적, 인성적 전략
	광고 소비자의 심리적 특징	주목, 흥미, 욕구, 기억, 행위
사회 문화적 수행	광고에 사용된 약호	틀(frame)(문화적 의미)
	광고가 반영하고 (재)생산하는 이념	지배적 공동체 의식, 새로운 자본주의 문화

층위는 설득 목적의 광고로서 주목, 흥미, 욕구, 기억, 행위에 대한 광고 제작과 소비의 특징을, 그리고 사회문화적 수행 층위는 해당 광고의 텍스트 특징과 담화 수행 특징을 토대로 구성되는 약호와 이념의 요소를 탐구해야 한다. 이를 도식화하면 위 (표 2)와 같다.

(표 2)는 앞서 살펴본 분석 요소를 바탕으로 분석 차원인 텍스트, 담화 수행, 사회문화적 수행에 따른 세부 범주를 설정하고, 각 범주에서의 초점화된 분석 요소를 제시한 것이다.

먼저 학습자는 광고를 처음 접하고 그 내용을 이해한 다음, 광고의 텍스트 특성을 파악한다. 언어 특징 측면에서 어떤 어휘가 사용되었는지, 어떤 주목할 만한 문법 기능이 있는지를 살펴본다. 동시에 이미지, 소리(음악, 음향, 음성)와 장면 구성, 등장인물의 행동 등의 기호 자원의 특징도 살핀다. 이러한 언어와 기호 자원이 해당 광고 텍스트에서 어떠한 구도나 배치를 이루며, 그러한 관계가 어떠한 의미를 형성하는지를 파악하는 것이다.

이어서 학습자는 이러한 텍스트 특성으로 인해 발생하는 광고 제작

자의 의도를 추론한다. 이 의도는 광고 제작자가 소비자를 설득하기 위해 어떤 전략을 사용했는지에 대한 것으로, 이성적, 감성적, 인성적 설득 전략 등의 범주에서 찾아볼 수 있다. 또한 해당 광고가 소비자가 설득하고자 하는 대상에 대한 주목, 흥미, 욕구, 기억, 행동을 어떻게 표현하는지에 관한 AIDMA 법칙을 기반으로 광고의 텍스트 소통적 특징을 탐구한다.

끝으로 해당 광고가 배태하는 대중의 문화적 의미로서 틀(frame)을 인식한다.[10] 더 나아가 광고가 어떤 이념을 반영하고 있는지, 은폐하거나 부각하는 가치가 무엇인지, 그래서 광고가 재생산하여 강화하는 이념이 있는지, 혹은 새롭게 형성하여 선도하는 문화적 이념이 무엇인지 탐구하게 유도한다.

지금까지 살펴본 [표 2]에 대한 학습자 수행 활동에 대한 해석은, 비록 교수학적 변환의 과정을 면밀히 거치지 못한 한계는 존재하지만, 광고가 창의적 표현뿐만 아니라 비판적 수용의 대상으로서 유효함을 입증했다고 본다. 국어교육 현장에서 광고의 비판적 수용을 실재화하기 위하여 앞서 살펴본 광고의 비판적 수용과 관련된 학습 활동(지학사(이))을 [표 2]에 해당하는 광고의 복합양식 담화 분석 과정을 바탕으로 재구성해 보고자 한다. 재구성된 광고의 비판적 수용 학습 활동을 다음 [표 3]과 같이 제시한다.

[표 3]은 앞선 [그림 1] 학습 활동을 광고의 복합양식 담화 분석에 따

....

10   Fillmore & Baker(2010: 794-797)에서는 틀 인식의 의미론적 과정에 대해 다음과 같이 설명한다. "특정 어휘는 특정 틀을 촉발(evoke)하고, 어휘와 틀은 동기화(motivation)되어 있다. 인간의 배경지식은 경험에 의한 것이고 경험의 개념적 원천(conceptual source)이 바로 틀이다. 한 어휘의 틀은 여러 틀 요소(frame elements)를 수반한다. 이때 틀 요소는 해당 어휘의 사용 맥락에 따라 윤곽 부여(profiling)된다. 그 윤곽 부여의 이면에는 어휘 사용자의 의도성(intentions)과 언어 공동체의 관습(conventions)의 문화가 깔려 있다."

〔표 3〕 광고의 비판적 수용을 위한 학습 활동 재구성

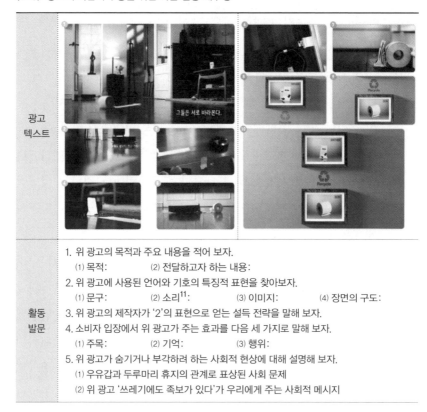

광고 텍스트	
활동 발문	1. 위 광고의 목적과 주요 내용을 적어 보자. 　(1) 목적:　　　　　(2) 전달하고자 하는 내용: 2. 위 광고에 사용된 언어와 기호의 특징적 표현을 찾아보자. 　(1) 문구:　　　(2) 소리[11]:　　　(3) 이미지:　　　(4) 장면의 구도: 3. 위 광고의 제작자가 '2'의 표현으로 얻는 설득 전략을 말해 보자. 4. 소비자 입장에서 위 광고가 주는 효과를 다음 세 가지로 말해 보자. 　(1) 주목:　　　(2) 기억:　　　(3) 행위: 5. 위 광고가 숨기거나 부각하려 하는 사회적 현상에 대해 설명해 보자. 　(1) 우유갑과 두루마리 휴지의 관계로 표상된 사회 문제 　(2) 위 광고 '쓰레기에도 족보가 있다'가 우리에게 주는 사회적 메시지

라 재구성한 것이다. 기존 학습 활동과 마찬가지로 '발문 1'에서 이 광고

·········

11　앞선 교과서 학습 활동에서는 명시되지 않았지만, 실제 광고 영상('쓰레기에도 족보다 있다'
　　시리즈, 환경부, 2015)을 보면 '로봇청소기가 다가오는 소리'와 '긴장을 더하는 음향'이 나타
　　난다. 이 소리의 요소는 이 광고에서 상당히 중요한 역할을 하는데, 로봇청소기가 휴지를
　　'청소하려' 다가가는 모습에 긴장감을 더하고, 여기에 휴지의 아버지인 '우유갑'이 아들
　　'휴지'를 극적으로 구하는 장면으로 연결된다. 또한 '장면 7'에서는 로봇청소기로부터 살
　　아난 '휴지'가 자신을 구해준 '우유갑'에게 "who are you?"라고 음성으로 말하는 부분과,
　　이에 대해 '우유갑'이 "I'm your father."라고 답하는 음성이 이어지는데 이 또한 위 광고
　　에서 유명한 영화 장면을 패러디한 부분이다. 기존 교과서 학습 활동과의 차별성을 보여

가 '설득'의 목적을 가지고 '재활용의 중요성'에 대한 내용을 전달한다는 사실을 학습자가 이해하게 한다. 그런 다음 '설득 전략'을 추상적으로 파악하던 기존 학습 활동과 달리, '발문 2'에서 광고에 사용된 언어와 기호 자원을 찾고, 제작자가 이들 표현을 통해 활용한 설득 전략이 무엇인지 파악하게 한다. 이러한 점에서 위 활동의 '발문 2'와 '발문 3'은 긴밀한 연계성을 갖고 있다고 하겠다.

이를 토대로 '발문 4'에서 학습자는 소비자의 입장에서 광고를 바라보고 광고가 어떤 측면에서 주목을 끄는지, 광고를 보고 학습자의 관련 기억이 어떻게 떠오르게 되는지, 그리고 광고를 통해 학습자가 향후 어떤 실천을 하게 되는지를 탐구한다. 이는 앞서 살펴본 광고 소비자의 심리적 특성 중에서 위 공익 광고에 적합한 요소를 선택한 것으로, 향후 광고 텍스트의 목적과 내용에 따라 다르게 구성될 수 있다.

종합적으로, '발문 5'에서는 광고가 우유갑과 두루마리 휴지의 관계를 마치 부자지간과 같이 모든 자원이 재활용된다는 사실을 부각하고 있음을 파악하도록 유도한다. 곧 '활동 (1)'에서 확인할 수 있듯이, 우유갑과 두루마리 휴지의 관계가 매우 친밀한 관계인 것처럼, 우리가 일상에서 사용하는 재활용 물품들도 서로 연관이 있다는 사실을 학습자가 인식하게 한다. 그리고 '활동 (2)'를 통해 해당 광고를 통해 사용하는 생활필수품이 우리가 버린 물품에서 비롯되었다는 사실을 이해하고, 자원 아끼기와 재활용의 가치를 학습자가 깨닫게 한다.

....

주기 위해 교과서 텍스트를 그대로 활용하였지만, 실제 교수-학습에서는 광고 영상을 활용하여 복합양식성을 파악하게 해야 한다.

5. 정리와 전망

이 장에서는 광고의 비판적 수용을 위한 교수-학습 활동을 복합양식 담화 분석을 바탕으로 재구성하였다. 이를 위해 광고의 교육 내용 실현 양상을 〈언어와 매체〉 교과서에서 확인하였다. 광고는 크게 '매체 자료의 표현 방법'과 '매체 자료의 비판적 수용'에서 교육 자료로 다루고 있었는데, 대부분 '매체 자료의 표현 방법'에 치우쳐 있었다. 그리고 '매체 자료의 비판적 수용'에서 다루는 일부 교과서에서는 비판적 수용의 방법이 구체화되지 못하였다.

이를 극복하기 위해 복합양식 담화 분석을 도입하였는데, 이는 비판적 담화 분석의 관점을 공유하면서도 언어와 기호 자원의 특징과 상호 관계라는 복합양식 현상을 적극 다루는 담화 분석론이다. 이를 바탕으로 광고의 복합양식 담화 분석에 대한 분석 요소를 광고의 담화적 특징과 문화적 특징에 대한 국어교육적 논의를 바탕으로 초점화하였다. 그리고 이를 적용하여 광고의 비판적 수용에 관한 학습 활동을 재구성하여 학습자의 수행적 활동을 구체화하였다.

국어교육에서 광고는 창의적 표현뿐만 아니라 비판적 수용의 측면에서도 적극적으로 다룰 수 있다. 복합양식 담화 분석을 기반으로 한 학습자의 활동을 구체화하는 것이 가능하며, 이를 통해 학습자들은 광고를 비판적으로 이해하고 해석하는 능력을 함양하게 할 수 있다. 다만 복합양식 담화 분석과 광고로 초점화된 분석 요소에 대해 비판적 수용의 교수학적 변환을 면밀히 고찰할 필요가 있다. 또한 실효성 있는 교수-학습 방안을 개발하기 위해 광고의 다양한 종류 중에서 상업 광고를 대상으로 한 실천적 연구도 필요하다. 이를 전제로 다음 두 가지의 남은 과제를 제시하며 논의를 마무리하기로 한다.

첫째, 광고의 복합양식 담화 분석 과정에 대해 학습자의 수행적 활동으로 이행하는 논의가 연계되어야 한다. 이는 매체 자료를 비판적으로 수용한다는 것의 의미를 교육과정적으로 명료화하고, 그 대상 텍스트로 광고와 같은 대중매체 자료가 적합함을 명시하는 일이다. 이와 관련하여 2022 교육과정의 '언어생활 탐구'와 같은 교과목의 취지는 이번 장의 성격과 맞닿아 있다.

　　둘째, 광고를 비롯하여 국어교육에서 중심적으로 다룬 매체 자료에 대한 비판적 수용의 교육 방안을 고민해야 한다. 광고의 경우 일반적으로 문화적 자료라고 인정하면서도, 정작 교육 현장에서는 광고의 창의적 표현에만 국한되어 있었다. 광고의 복합양식성에 대한 분석 자료를 축적하고, 이들을 비판적 수용의 수행적 과정으로 구체화하는 일에 천착해야 할 것이다.

인지의미론과
어휘 사용 교육

1

표현 의도를 탐구하는
어휘 사용 교육 설계[*]

1. 어휘 사용 교육에서 표현 의도 탐구의 중요성

텍스트 이해는 텍스트에 사용된 어휘에서 비롯된다(박수자, 2006: 182). 텍스트에 사용된 어휘의 탐구는 텍스트의 의미를 해석하는 근간이 된다. 표현자는 텍스트를 구성할 때 자신의 경험과 배경을 고려하여 어휘를 선택한다. 따라서 텍스트에는 표현자의 어휘 선택을 통해 의도된 의미가 반영되어 있다. 이러한 어휘 사용을 통해 드러나는 표현 의도는 텍스트 행간의 의미를 구성하여, 텍스트 수용자로 하여금 텍스트 의미 해석을 다양하게 열어주는 방편이 된다.

이러한 관점에서 어휘 교육은 주로 '어휘 사용'을 중심으로 교육 내

....
[*]　2부 1장은『국어교육학연구』54권 3호에 게재되었던「표현 의도를 탐구하는 어휘 교육의 설계 요소 탐색」을 이 책에 맞게 수정 및 보완한 것이다.

용을 체계화하려는 시도가 있어 왔다. 구본관 외(2014: 89)는 어휘 교육의 내용을 '정확한 어휘 사용, 적절한 어휘 사용, 타당한 어휘 사용, 창의적 어휘 사용' 등의 범주로 제시할 수 있다고 하였다. 이 중에서 '적절한 어휘 사용'은 특정 상황과 사회문화적 맥락에 적합한 어휘를 사용하는 것을 의미하며, '타당한 어휘 사용'은 어휘가 사용된 맥락에서 어떤 이념이나 가치를 지니고 있는지를 고려하는 인식 과정을 강조한다. 이 장에서는 텍스트를 작성할 때 표현자가 선택한 어휘에 대해 "이 어휘가 왜 사용되었을까?"라는 의문을 제기하고, 더 나아가 "이런 어휘 사용으로 인해 나타난 이념이나 가치는 무엇일까?"와 같이 탐구하는 어휘 사용 교육의 필요성에 주목한다. 곧 학습자가 텍스트에 사용된 어휘의 표현 의도를 탐구하여, 어휘에 배태된 세계를 인식하도록 유도하는 어휘 사용 교육을 체계화하고자 한다.

이러한 논의의 필요성은 '어휘 교육을 포함한 문법 영역에서 의도를 탐구하는 연구' 및 '어휘 사용에 관한 어휘 교육 연구'의 차원에서 이전 연구들과의 차별성을 통해 강조된다. 전자의 경우, 주로 체계기능언어학(Halliday, 1994)을 기반으로 한 문법의 의미 기능을 파악하여, 텍스트에서 의도를 이해하려는 시도가 꾸준하게 이루어져 왔다. 주세형(2005)은 사태의 의미를 형성하는 문법 지식의 중요성을 강조하여 '통합적 문법교육'의 설계 원리를 제안하였다. 그 이후로는 주로 문법 요소의 내용 범주에서 의미와 기능을 분석하려는 노력이 계속되어 왔다(이관희, 2010; 제민경, 2011, 2013 등). 그러나 문장 교육에서 의미 있는 연구 성과에도 불구하고, 어휘 교육에서 표현 의도를 조사하는 방법에 대한 논의는 여전히 부족한 상태이다. 체계기능언어학이 아닌 '인지언어학'[1]을 토대로 삼고, 기능어가 아

....

1   인지언어학 관점의 어휘 교육 연구와 관련하여 이동혁(2009)은 인지언어학의 관점에서

닌 '내용어'[2]에 초점을 두어, 표현 의도를 탐구하는 어휘 교육의 모습을 만들어 나갈 필요가 있다.

후자의 경우, 어휘 사용에 대한 논의는 주로 텍스트를 생산하는 주체의 변인에 따라 사용된 어휘의 귀납적 분석이나 질적 특성을 파악하는 연구가 주를 이룬다(김한샘, 2012; 신명선, 2015 등). 국어교육에서는 어휘를 범영역적인 주제로 인정하고 있음에도 불구하고, 어휘 사용에 관한 실증적인 연구와 교육과정 실행 양상을 찾기가 어려운 실정이다(교육부, 2015, 2022 참고). 이로 인해 어휘 사용의 타당성이나 창의성에 관한 교육적 논의가 구체화되어 있지 않다.

이런 이유로 타당한 어휘 사용을 표현 의도와 결합하여 교육적인 맥락 속에서 구체적으로 다루는 작업은 중요하다. 이와 관련하여 이동혁(2013)은 의도가 문법의 형태와 의미를 결합하는 중요한 계기가 될 수 있다고 하며, 비유적 의미를 중심으로 한 의미 교육 내용의 가능성을 보여주었다. 다만 이동혁(2013)은 해당 어휘 교육의 구체적인 실행 가능성을 살펴보는 데 그쳤으며, 교육적인 설계의 다양한 측면을 포괄적으로 고려하지 못하였다. 따라서 어휘 교육에서 표현 의도를 다루는 교육적 설계의 다양한 측면을 이론과 실천의 층위에서 고민해 나가야 한다.

....

개인의 경험과 사회문화를 통합하는 의미 교육의 방향을 강조하였다. 송현주(2010)는 인지언어학의 동기화 개념을 중심으로 경험적, 생태적, 지각적 동기 등과 같은 다양한 동기에 따른 어휘 교육의 방향을 논의하였다. 이삼형·김시정(2014b)은 개별 어휘가 개념을 표상하고 있다는 사실에 착안하여 한국어 인지 어휘의 분류 범주를 설정하였다. 이들 논의는 어휘 사용과 언중의 사회문화적 경험을 연계하고자 하는 시도라고 할 수 있다.

2   여기에서 사용한 '기능어'와 '내용어'라는 용어는 다음과 같은 개념역을 지닌다. "우리가 흔히 생각하는 낱말은 '내용어' 부류에 해당하는데, 그 개념에 대한 이해가 직관적이고, 탈맥락적이고, 다분히 환기적이다. 개념적으로 생산성이 높고 새로운 결합이 가능하여 창조적이다. (중략) 문맥 속에서 어휘이지만 개념적 의미보다는 문법적 기능을 수행하는 '기능어'에 대한 인식이 필요하다(박수자, 2006: 183)."

이 장에서는 국어교육에서 표현 의도를 탐구하는 어휘 교육 논의의 필요성과 타당한 어휘 사용 교육의 체계화에 대한 필요성을 바탕으로, 인지언어학을 기반으로 하여 표현자가 텍스트에 선택한 어휘의 의도를 탐구하는 어휘 교육적 이론과 실천의 요소를 찾아보기로 한다.

2. '표현 의도 탐구'의 실체와 타당한 어휘 사용 교육

표현 의도를 탐구하는 어휘 교육의 설계 요소를 마련하기 위해서는 먼저 표현 의도를 탐구한다는 것의 실체를 국어교육에서 파악하여 어휘 교육과의 접점을 마련해야 한다. 이에 2015 교육과정에서 '표현 의도'가 어떤 형태로 제시되고 있는지 확인하여, 국어교육에서 표현 의도를 탐구한다는 것의 교육적 주안점을 파악해 보기로 한다.

표현 의도를 탐구하는 어휘 교육의 설계 요소를 마련하기 위해서는 국어교육에서 표현 의도 탐구의 본질을 이해하고, 이를 어휘 교육과 어떻게 결합할지를 우선 고민해야 한다. 따라서 이를 위해 국어과 교육과정에서 '표현 의도'가 어떻게 제시되고 있는지를 확인하고, 국어교육에서 표현 의도를 탐구하는 데 어떠한 교육적인 중점이 놓여 있는지를 살펴보기로 한다. '표현 의도'와 관련된 2015 교육과정 및 2022 교육과정의 성취 기준을 제시하면 다음 [표 1]과 같다.

먼저, [표 1]에서 볼 수 있듯이, 표현 의도는 2015 교육과정의 '듣기, 읽기' 영역과 '문법' 영역에서 다루고 있다.

'듣기, 읽기 영역'의 경우 모두 글이나 담화를 수용하는 과정을 공유한다. 이런 점에서 이들은 [표 1]에서 보는 것처럼 유사한 내용 요소를 지니고 있다. 곧 텍스트의 내용을 축자적으로 이해하는 것을 넘어서 '추론'

〔표 1〕 표현 의도에 관한 2015 교육과정 성취 기준과 관련 진술

영역	성취 기준	표현 의도 관련 진술 (필자 밑줄)
듣기	[6국01-06] 드러나지 않거나 생략된 내용을 추론하며 듣는다.	• 추론하며 듣기를 지도할 때에는 드러나지 않은 화자의 의도나 관점을 생각하며 듣게 하거나 생략된 내용을 짐작하며 듣도록 지도한다(31쪽).
읽기	[9국02-07] 매체에 드러난 다양한 표현 방법과 의도를 평가하며 읽는다.[3]	• 다양한 표현 방법과 의도를 평가하며 읽기를 지도할 때에는 글에 제시된 정보를 파악하는 데 그치지 말고 그 내용이나 표현 방법[4]의 적절성을 판단하는 데까지 나아갈 수 있도록 지도한다(60쪽).
문법	[12언매02-06] 문법 요소들의 개념과 표현 효과를 탐구하고 실제 국어 생활에 활용한다.	• 높임 표현, 시간 표현, 피·사동 표현, 부정 표현, 인용 표현을 모두 세세하게 다룰 필요는 없으며 표현 효과를 탐구하기 좋은 사례를 선택하되, 실제 국어 생활에 활용할 수 있게 한다(113쪽).

하고 '평가'하는 차원이 강조되어 있다. 표현 의도 또한 텍스트에 '드러나지 않는 의도나 관점', '글에 제시된 정보를 넘어서 그 내용이나 표현 방법의 적절성 판단'과 결부되어 있다. 박수자(2006: 186)에서 지적하였듯이, 텍스트에 대한 추론적 이해의 과정에서 필자는 자신의 의도를 가장 잘 드러낼 수 있는 장르와 문체를 선택한다는 사실이 여기에 반영되어 있다. 비판적 읽기의 경우 필자의 의도가 분명히 드러나지 않은 경우가 많다는 사

....

3   다음 10학년 성취 기준도 이 성취 기준과 계열성을 지닌다. "[10국02-02]매체에 드러난 필자의 관점이나 표현 방법의 적절성을 평가하며 읽는다: 매체에 드러난 필자의 관점이나 표현 방법의 적절성 평가하기를 지도할 때에는 필자의 관점이나 의도가 무엇이며, 어떤 점에 중점을 두어 표현하였는지 등을 판단할 수 있도록 지도한다. 예컨대, 신문의 경우는 표제나 기사 본문, 사진 등에서, 광고의 경우는 배경, 이미지, 광고 문구 등에서 필자의 특정 관점이나 의도가 드러나는데, 이를 근거로 관점이나 내용이 편견에 치우치지 않았는지 판단하는 활동을 할 수 있다(교육부, 2015: 60)."

4   표현 방법이란 글에 사용된 어휘나 문장 표현뿐 아니라 도표, 그림, 사진 등과 같은 시각 자료, 동영상 자료를 포함한다(교육부, 2015: 48).

실에 주목할 때(김혜정, 2008: 72), 〔표 1〕의 읽기 영역 관련 진술에서 언급된 것처럼 내용과 표현 방법의 적절성 판단이 강조되어 있음을 확인할 수 있다. 이렇게 볼 때, 표현 의도 탐구는 다분히 '텍스트의 숨은 의미'를 내용과 표현 차원에서 '추론'하고 '평가'하는 교육적 적용을 유도하고 있다.

　이때 한 가지 주목할 수 있는 사실은, 〔표 1〕에서 읽기 영역의 경우 '매체 관련 내용'이 표현 의도 탐구와 밀접한 관련을 이루고 있다는 것이다. 이는 비판적 담화 분석과 관련하여 매체가 갖는 텍스트 생산과 유통 및 수용의 역동성(Fairclough, 1995; 이원표, 2004: 54)을 주목하고자 한 것이라고 볼 수 있다. 곧 사회문화 현상이 즉시적으로 반영되어 다양한 소통의 주체에 의해 텍스트가 변용, 은폐 및 부각되는 일련의 사건을 파악하는 교수-학습을 읽기 영역에서 반영하고 있다. 이는 표현 의도 탐구에 적합한 텍스트가 기사문, 광고 등과 같은 매체 텍스트라는 점을 간접적으로 암시한다.

　'문법 영역'의 경우 '문법 요소'를 주요 내용 요소로 삼고 있는 문장 교육에서 표현 의도와 효과를 언급하고 있음을 알 수 있다. 특히 문법 요소를 실제 국어 생활에서 적절하게 활용하는 것이 필자의 표현 효과를 담지하는 중요한 장치가 된다는 사실을 〔표 1〕의 관련 진술에서 확인할 수 있다. 곧 표현 의도를 탐구하는 과정에서는 '텍스트의 의미를 구성하는 문법 지식'[5]이 중요한 내용 요소로 자리매김하고 있는 것이다.

　다음으로 2022 교육과정에서 '표현 의도 탐구'는 다음 〔표 2〕와 같이 해당 성취 기준과 관련 교육과정 해설을 확인할 수 있다.

....

5　숙련된 성인 모어 화자는 자신이 표현하고자 하는 의미를 명확히 하기 위해서 어휘에 대한 지식뿐만 아니라 문법 지식도 전략화하여 사용한다. 같은 상황을 대하더라도 어떤 것에 주목하느냐에 따라, 또한 어떤 것을 표현하고 싶은가에 따라 문법 표지가 달리 나타난다고 할 수 있다(주세형, 2005: 212).

(표 2) 표현 의도에 관한 2022 교육과정 성취 기준과 관련 진술

영역	성취 기준	표현 의도 관련 진술 (필자 밑줄)
문법	[6국04-03] 고유어와 관용 표현의 쓰임과 가치를 이해하고 상황에 맞게 표현한다.	• 상황과 표현 의도에 따라 어휘를 적절하게 사용하고 외래어의 오·남용 방지 등 국어 순화의 필요성을 자각하며 실천할 수 있도록 한다.
문법	[9국04-05] 피동 표현과 인용 표현의 의도와 효과를 분석하고 상황에 맞게 활용한다.	• 피동 표현과 인용 표현의 사용을 표현 의도와 관련지어 이해하고, 그 효과를 분석하여 실제 국어 생활에서 상황 맥락에 맞게 적절하게 활용할 수 있도록 한다.

위 (표 2)는 2022 교육과정에서 제시된 표현 의도에 관한 성취 기준과 해설의 관련 진술이다. 해당 성취 기준은 모두 '문법 영역'에서 확인할 수 있는데, (표 2)의 두 성취 기준들은 공통적으로 어휘와 문법 요소의 '적절성'을 강조하고 있다. 구체적으로 [6국04-03]은 '표현 의도에 따른 고유어와 관용 표현의 적절한 사용'을, [9국04-05]는 '피동 표현과 인용 표현을 표현 의도와 관련지어 이해하고, 이를 바탕으로 한 적절한 국어 사용'을 중시하고 있는 것이다. 이는 앞서 2015 교육과정에서 설명한 [12언매02-06]의 취지를 그대로 계승하고 있다고 볼 수 있다.

일련의 논의를 정리하면, 2015 및 2022 교육과정에 제시된 '표현 의도 탐구'는 '텍스트의 숨은 의미'를 '추론적이고 비판적으로 이해'하는 과정과 그 근간의 '텍스트의 의미를 구성하는 문법 지식'을 탐구하는 것을 중심에 두고 있다.

결국 어휘 교육에서 표현 의도를 탐구하는 과정은 텍스트의 의미가 어휘에 의해 구성되는 방식과 관련이 있다. 표현자가 선택한 어휘는 텍스트 내의 의미를 형성하며, 기능어에 대한 의미와 기능 탐구뿐만 아니라 내용어에 대한 타당성 탐구도 함께 고려해야 한다. 곧 어휘는 텍스트 내에서 문맥에 따라 다양한 의미와 연결되어 행간의 의미를 형성한다. 그것은 독

	[어휘 사용의 관점]	[어휘 교육의 내용]
타당성		왜 우리 사회에서는 이러한 상황에서 이 어휘를 사용하라고 하는가?, 타당한 어휘 사용인가? — 어휘의 유형에 대한 사회적 편견, 국어 순화 발전 방향 등
	적절성	의사소통 상황에 적절한 어휘를 사용하였는가? — 어휘 의미의 가치, 사용역에 따른 어휘 등
	정확성	정확한 어휘를 사용하였는가? — 단어 개념의 정교성, 단어의 체계 이해 등

[그림 1] 어휘 사용 중심의 어휘 교육 내용 유형

자가 텍스트상에서 어휘를 보고 계열적 사고를 하기도 하고, 문장의 연쇄를 따라 서사적 사고를 하기 때문이다(박수자, 2006: 183). 요컨대, 텍스트의 의미는 어휘의 조합에 의해 형성되며, 어휘는 표현자의 의도를 전달하는 핵심적인 도구로 작용한다.

따라서 어휘 교육에서 표현 의도 탐구는 기능어가 아닌 내용어 차원에서 '어휘의 의미'를 '타당성'의 차원에서 다룰 수 있어야만 가능해진다. 사용으로서의 어휘 교육 범주 가운데 하나인 '타당한 어휘 사용을 위한 어휘 교육'은 표현 의도 탐구를 위한 내용을 포괄한다. 어휘 사용 중심의 어휘 교육 내용 유형(신명선, 2011)을 도식화하면 위 [그림 1]과 같다.[6]

[그림 1]에서 확인할 수 있듯이, 어휘 사용 중심의 어휘 교육 내용은 정확성, 적절성, 타당성의 관점에 따라 세분화된다. 이러한 세 가지 측면은 단어에 대한 정확한 이해를 기반으로 하여 적절하고 타당한 어휘 사용

....

6   [그림 1]은 신명선(2011: 90)에 제시된 도식의 내용과 논리를 따르되, 타당한 어휘 사용 교육에 집중하고자 '창의성의 관점'은 제외하고 도식의 형태를 일부 변용한 것이다.

이 가능하다는 전제를 담고 있다(신명선, 2011: 91). 특히 위 〔그림 1〕에서 언급된 타당한 어휘 사용의 교육 내용은 '왜?'에 대한 문제를 제기하는 것과 관련이 있다. 다시 말해 적절성 관점에서 어휘 의미의 가치나 사용 맥락에 따른 어휘 양상 등은 사용된 어휘에 대한 문제를 제기하고 그에 따른 근거를 추론하고 평가하는 데 목적이 있는 것이다.

이런 면에서 〔그림 1〕에 제시된 타당한 어휘 사용 교육 내용의 예시인 '어휘의 유형에 대한 사회적 편견, 국어 순화의 방향, 국어 발전의 방향' 등은 비판적 사고력이 요구되는 내용으로 구체화될 수 있다. 예를 들어 '어휘의 유형에 대한 사회적 편견'을 다룬다면, '일상 언어의 어휘 사용 양식'을 조사하고 일상 언어가 지니고 있는 사회인지(social cognition)를 이해하는 작업이 선행될 것이다. 여기서는 특정 텍스트에서 특정 어휘가 지배적으로 나타나는 사회적 의미를 파악하는 작업이 텍스트에 사용된 어휘의 의도를 탐구하는 과정을 통해 구체화된다.

결국 타당한 어휘 사용 교육은 〔그림 1〕에서 제시된 것처럼 "왜 특정 맥락에서 그 어휘가 사용되었는가?"에 대한 답을 찾아가는 것이다. 이는 '표현자의 인지와 그가 사용한 어휘의 관련성을 포착하는 연구'가 어휘 교육에 필요함을 보여준다. 이는 어휘의 개념을 결과적 어휘론에 근거하여 설정한 관행을 극복하는 것이다. 여기에 인지언어학의 연구 성과가 어휘 교육에 보다 심층적으로 통합되어야 한다는 그간의 논의가 유의미해진다. 어휘는 표현자가 형상화하고자 하는 세계를 반영하는 데 첫 번째 인지적 통로로 간주되며, 이 사실은 표현된 언어를 표현자의 공유된 사회적 인지로 간주하는 데에서 기인한다(van Dijk, 2009: 32).

이와 관련하여 이동혁(2013)은 어휘의 의미를 인지언어학적 관점에서 의도와 결부하여 논의해야 한다고 하였다. 이동혁(2013: 469)은 Jackendoff 등(2002: 272)이 제시한 개념화(conceptualization) 과정 도식을 활용하여, 어휘나 문장의 의미 교육이 '개념'을 둘러싼 복합적인 인지 작용을 적절히 반영해야 한다고 하였다.[7] 이 인지 작용은 작성자가 사태를 표현할 때 자신의 경험적 배경지식을 기반으로 해당 사태를 적절하게 표현하기 위한 어휘를 선택하는 양상으로 나타난다. 이러한 관점에서 이동혁(2013: 472)은 '의도'를 '개념화 결과'와 동일시하고 있는데, 이는 어휘 교육에서 표현자의 개념화 과정을 교수-학습의 부면에 떠올리는 것이 중요함을 암시한다.

국어교육에서 중시하는 텍스트에 숨은 의미를 파악하기 위한 표현 의도 탐구의 교육 내용은, 타당한 어휘 사용의 교육과 연계되어 어휘를 개념화 과정의 기본 단위로 인식하는 인지언어학을 근간으로 교육 내용의 체계화를 꾀할 수 있다. 그 설계 가능성을 구체화하여, 표현 의도를 탐구하는 어휘 교육에 대하여 '이론 요소: 기저 이론과 매개 이론', '실천 요소: 텍스트의 성격과 탐구 활동'으로 나누어 살펴보기로 하자.

3. 이론 요소: '인지 문법' 기반 '틀과 은유' 활용 어휘 교육

인지언어학을 어휘 교육에 도입하면 어휘를 개념화 과정의 기본 단

....

7   이 도식은 개념을 중심으로 한 접면을 나타낸 것으로 아래와 같다(이동혁, 2013: 469).

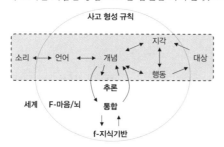

위로 인식하는 것을 전제한다. 이러한 개념화 과정에 대하여 보다 구체적으로 살피기 위해, 여기에서는 인지 문법(cognitive grammar)(Langacker, 1987/1998)의 기본 명제를 확인해 보고자 한다. 이를 통해 표현 의도 탐구를 위한 어휘 교육의 성격을 파악할 수 있다.

인지 문법은 언어의 형태와 의미가 서로 분리되지 않는다는 전제를 지닌다(Langacker, 1987/1998: 12). 이 관점에서 언어는 인지의 일부로 간주되며, 언어의 구조는 인지 작용의 양상을 반영하게 된다. 인지 작용은 심리적 경험을 기반으로 한 의미 구성으로 이루어져 있어, 문법과 어휘는 태생적으로 분리될 수 없다는 사실을 강조한다. 어휘부(lexicon)를 기본 단위로 삼은 인지 문법은 의미에 대한 기본적인 명제를 제시하며, 이는 아래와 같다(Langacker, 1987/1991: 49).

㉮ 의미는 개념화(conceptualization) 즉 심리적 경험으로 환원된다.
㉯ 자주 쓰이는 표현은 전형적으로 서로 관련된 의미들의 망(web)을 보여준다.
㉰ 의미 구조들은 인지 영역들(cognitive domains)에 준하여 특징지어진다.

위의 ㉮에서 볼 수 있듯이 인지 문법에서는 언어의 의미를 개념화와 연결한다. 인간의 심리적 경험이 언어에 표상되어 의미화된다. 그래서 ㉯처럼, 자주 쓰이는 표현 이른바 관습적 표현(conventional expressions)은 심리적 경험에 대한 범주화 양상을 드러낸다. 특히 표현된 언어가 지닌 의미는 언중이 공유하고 있는 경험의 관계를 지칭한다. 이로 인해 특정한 범주화 관계에 의해 관습화된 의미 범주들은, ㉰와 같이 언중이 경험으로 지니고 있는 인지 영역에 따라 특징적 양상을 지닌다. 이러한 맥락에서 언어의 의미는 백과사전적 정보에 의존하고 있으며, 특정 맥락에 따라 어떤 정보가 드러나기도 하고 숨겨지기도 한다.

인지 문법의 기본 전제는 어휘부 또한 머릿속에 저장된 경험적인 사전에서 비롯된다는 것이다. 이 관점은 어휘 교육에 있어서도 중요한 시사점을 제공한다.[8] 텍스트를 이루는 내용적 단어, 즉 어휘가 갖는 의미는 표현자의 경험을 통해 형성된 개념(concept)과 밀접한 관련이 있기 때문이다. 이렇게 보면, 현행 어휘 교육과정에서 중요시되고 있는 '의미 관계'는 언어 사용자 간에 공유되는 인지적인 범주화 관계라는 것을 알 수 있다. 따라서 인지 문법은 어휘 교육이 '사회문화적 환경―언어 사용자 공동체의 특징―집단의 이념이나 가치'의 상관관계를 기반으로 텍스트에서 사용된 어휘의 의미를 탐구하는 교육적 담론으로 전환되어야 한다는 사실을 지지한다.

어휘 교육은 인지 문법의 하위 방법론에 따라 보다 실질적인 교육 내용을 확보할 수 있다. 구체적으로 그러한 방법론들로 틀(frame)과 은유(metaphor)를 들 수 있다.

틀과 은유는 어휘를 통해 세계를 읽어내는 인지의미론의 대표적인 두 연구 분야이다(Fillmore, 1982; Lakoff, 1993; Stibbe, 2015: 64). 틀과 은유는 함께 논의하는 것이 효과적인데, 그것은 틀이 텍스트 내 어휘가 표상하는 주제적 의미를 파악하는 데 용이하고, 은유가 어휘가 표상하는 관계적 의미를 파악하는 데 용이하기 때문이다. 어휘 사용에 관한 틀과 은유의 특성을 다음 [표 2]와 같이 살펴보기로 한다.

....

8   구본관 외(2014)는 어휘 교육의 목표인 어휘 능력의 신장이 학습자에게 좋은 어휘부(lexi-con)를 형성하게 하는 것이라고 하였다. 어휘부 이론에 따르면 인간은 누구나 '머릿속 사전(mental lexicon)'을 갖고 있다(41-42). 이 머릿속 사전에는 어휘가 관계망으로 존재하며, 어휘에 대한 시각·청각·후각 등의 감각 정보와 세계에 대한 인식과 가치 판단도 저장되어 있다(52-53).

[표 2] 어휘 사용에 관한 틀과 은유의 특성

	틀	은유
어휘 단위	한 단어의 주제적 의미	단어 혹은 구절의 관계적 의미
어휘 표현 원리	방아쇠 단어(trigger word)를 통한 촉발(evoking)	근원 영역(source domain)과 목표 영역(target domain)의 사상(mapping)
인지 작용	전경과 배경의 선택을 통한 개념화 과정에 대한 어휘 표현	

위 [표 2]에서 볼 수 있듯이, 틀과 은유는 모두 어휘 사용자의 인지 작용 과정을 어휘로 표상하는 표현 기제이다. 어휘 사용자는 텍스트에서 특정 단어를 사용할 때에는 단어가 갖는 전경과 배경을 고려하여 그 단어를 선택한다. 어휘 사용자의 단어 선택에 따라 전경화된 의미는 텍스트에 부각(highlighting)되고, 반대로 배경화된 의미는 은폐(hiding)된다(Lakoff, 1993: 7-8). 틀과 은유는 어휘적 표현 자체가 개념화 과정이며, 틀과 은유를 탐구하는 것은 곧 어휘 사용자의 개념화 과정을 구체적으로 나타내는 것을 의미한다.

'틀'은 텍스트에 중심적으로 사용된 특정 어휘에 의해 사람들의 마음속에 지배적으로 형성되는 인지적이고 정서적인 개념(concept)이다(Fillmore, 1982: 11). 텍스트에는 여러 주제어(key-word)가 존재하는데, 주제어에는 텍스트 생산자의 정교한 선택에 따라 전경화된 의미를 갖는다. 이에 틀은 텍스트에 사용된 '한 단어'에 주목하여 그 단어가 갖는 주제적 의미를 탐구하는 데 유용하다. 틀 이론에서는 그 '한 단어'를 '방아쇠 단어(trigger word)'라고 한다. 방아쇠 단어는 특정 틀을 촉발(evoking)하여 텍스트의 의도성을 부여하는 역할을 한다(Stibbe, 2015: 46-47). 예를 들어, '기후 변화'의 내용을 다루고 있는 텍스트에 '문제(problem)'라는 방아쇠 단어가 반복하여 쓰인다면, 사람들의 머릿속에는 '문제 해결(problem-solving)'의 틀이 촉발된다(Brewer & Lakoff, 2008). 이때 방아쇠 단어로부터 촉발된 틀은 사회인지의 일부로 작동하며 다양한 삶의 영역에서 구조화되고 재구조화된다(Goffman, 1974: 11-12). 이런 점에서 틀을 통해 어휘 사용의 모습을 살피는 일은 어휘를 통해 세계를 해석하는 것과 같다.

'은유'는 한 종류의 사물을 다른 종류의 사물의 관점으로 이해하고 경험하는 개념화 과정을 말한다(Lakoff & Johnson, 1980: 5). 하나가 아닌 두 사물의 관계성을 따진다는 점에서 어휘 사용과 관련하여 단어 혹은 구절 사이에 의해 발현되는 관계적 의미를 파악하는 데 유용하다. 이때 한 종류의 사물은 보통 새롭고 추상적이고, 다른 종류의 사물은 보통 익숙하고 구체적이다. 이는 새로운 현상에 대한 인간 사고의 방식과 유사하다. 그래서 인간 사고를 공간(space)의 도식으로 바라보면서, 은유는 새롭고 추상적인 목표 영역(target domain)을 친숙하고 구체적인 근원 영역(source domain)으로 사상(mapping)하는 과정으로 본다(임지룡, 2013: 25). 예를 들어 "기업은 사람이다."라는 은유는 '기업'이라는 목표 영역을 '사람'과 같이 생각하고, 도구를 이용하며, 사회를 이루는 유기체의 근원 영역으로 사상하여, '기업의 주체성'을 부각한다. 텍스트에서 은유적 관계를 형성하는 두 단어에서 목표 영역에 특정 근원 영역을 사상했는지의 탐구 과정을 통해 텍스트 생산자의 의도를 파악하도록 이끈다.

틀과 은유는 서로 영향을 주고받는 관계에 있기 때문에 교육적 측면에서는 함께 활용하는 것이 효과적이다. 은유의 근원 영역은 보통 일상적이고 구체적인 속성의 표현으로 나타나는데, 이는 흔히 일상의 틀에 의해 형성된다는 특징이 있다. Sullivan(2013: 23)은 근원 영역이 일상의 틀에 의해 구성된다고 지적하면서, 은유의 사고 과정은 목표 영역을 사상하는 근원 틀(source frame)을 떠올리는 과정과 유사하다고 설명한 바 있다.[9] 특히 은유의 근원 영역은 신체 활동과 관련이 있어 보고, 듣고, 느끼고, 냄새를 맡고, 맛을 보는 등의 경험에 연결되며 모호하지 않고 정확한 속성을 가진 틀을 활용한다(Semino, 2008: 11). 이런 측면에서 은유는 틀짓기(framing)의 한 유형이라고 할 수도 있다.

지금까지 논의한 틀과 은유를 어휘 교육에 활용하면, 텍스트에 사용된 어휘가 세상의 모습을 어떻게 반영하고 있는지를 탐구하는 교육 내용을 구성할 수 있다. 일상 텍스트에서 틀과 은유가 빈번히 사용된다는 사실은, 학습자가 어휘의 타당성을 탐구하게 할 수 있는 어휘 교수-학습 장면으로 나타날 수 있다. 보다 실제적으로 다음과 같은 어휘 교육의 목표 설정이 가능해진다.

- 텍스트에 사용된 방아쇠 단어와 은유 표현이 전경화하는 의미를 파악하여, 표현자가 텍스트에 담고자 한 세계의 이념이나 가치를 탐구할 수 있다.

위의 어휘 교육 목표는 틀과 은유의 분석 과정을 교수학적으로 변환해야 실재화될 것이다. 틀은 틀 요소에서 부각된 것을 탐구하는 과정을 명시해야 하고, 은유는 사상 관계에 대하여 파악할 수 있는 장치를 교수학적으로 마련해야 한다. 그럼에도 위의 목표는 표현 의도 탐구를 위한 과정을 틀과 은유를 통해 보다 구체적으로 나타낼 수 있다는 사실을 말해준다. 곧 위 목표는 타당한 어휘 사용 교육이 지향하는 '어휘를 통한 언어 인식(구본관, 2011: 32)'을 가능하게 하는 방향을 보여준다고 하겠다.

....

9   은유에서 목표 영역은 텍스트의 표면에 노출되지 않을 수도 있다. 목표 영역이 개념화의 대상이라면, 근원 영역은 어휘의 구조에 의지해 온 영역이기 때문이다(Stibbe, 2015: 65-66). 근원 영역에 사용된 어휘의 틀을 떠올리는 작업이 어휘 교육에서 중요한 의미를 갖는다.

4. 실천 요소: '인지 중심적 텍스트'와 '어휘 타당성 탐구 활동'

국어교육의 실행 현상은 교재를 매개로 한 교사와 학습자의 상호 작용으로 나타난다(정혜승, 2002: 215-216). 특히 국어과 교재에서는 이론적인 내용을 현실적인 교수-학습 상황으로 전환하는 언어 자료와 이에 기반한 학습 활동이 중요한 역할을 한다. 특정 국어과 내용을 교수-학습의 과정에 효과적으로 적용하기 위해서는 그 내용에 맞는 텍스트 선정과 관련 활동 구안이 필수적인 것이다.

표현 의도를 탐구하는 어휘 교육에서 '텍스트'는 인지적 관점에서 개념화되어야 한다. 더불어 '활동'은 학습자가 틀과 은유를 활용하여 텍스트에 사용된 어휘의 타당성을 탐구할 수 있는 수행 단계가 포함된 것이어야 한다. 이에 텍스트의 인지 중심적인 개념을 이해하고, 이를 기반으로 텍스트의 어휘 타당성을 탐구하는 효과적인 활동을 구성해 보기로 한다.

인지적 관점에서 텍스트를 바라보면, 텍스트는 심리에 기반을 둔 현상 곧 정신 과정의 산출물로 간주된다(Heinemann & Viehweger, 1991/2001: 86). 인지적 관점의 텍스트는 의사소통의 과정 속에서 확인하고자 하는데, 의사소통 기능(communicative skills)을 중시하는 텍스트 관점과 교집합이 있지만, 특히 의사소통 참여자의 의도와 효용을 강조하는 차이가 있다. '기능 중심적 텍스트'와 '인지 중심적 텍스트'를 비교해 보면 다음 [표 3]과 같다.

[표 3]에서 인지 중심적 텍스트는 기능 중심적 텍스트에 비해 '텍스트 생산자의 경험'이 중시되고, 텍스트를 '표현자의 선택적 심리 과정'의 산물로 여기고 있다. 이는 두 관점의 텍스트 개념이 지향하는 바는 같지만, 인지 중심적 텍스트가 텍스트 참여자의 심리 작용과 그 진행 단계에

〔표 3〕 기능 중심적 텍스트와 인지 중심적 텍스트의 비교

	기능 중심적 텍스트	인지 중심적 텍스트
명제	"텍스트는 의사소통 기능을 수행하는 언어 의사소통 행위이다."	"텍스트는 의사소통 참여자의 정신 및 인지 활동의 결과물이다."
개념	발화의 목적을 고려한 발화 행위(수반 및 효과)의 총체	표현자의 경험을 기반으로 한 표현자의 선택적 심리 과정의 산물
이론	화용론, 언어행위 이론	인지심리학, 인지언어학

더 주목하고 있음을 알 수 있다. 그래서 화용론이나 언어행위 이론에서 강조하는 발화 행위의 의사소통 목적과 기능에 대하여, '왜' 그렇게 해석되는지에 대한 이유를 찾는 데 집중한다. 인지심리학이나 인지언어학이 인지 중심적 텍스트의 기반 이론으로 자리매김하는 것도 같은 맥락이다.

Beaugrande & Dressler(1981: 41)는 인지 중심적 텍스트가 '계획, 착상, 전개, 표현, 문법적 종합'이라는 인지적 과정에 의해 산출된다고 하였다(Heinemann & Viehweger, 1991/2001: 97-98). 산출된 텍스트가 지녀야 하는 '텍스트성(textuality)'이 결과물로서 텍스트가 형성되기 위한 조건이 아니라, 인지적 과정으로 조명해야 하는 심리적 조건이라는 지적이 이와 관련이 있다. 일례로 텍스트성 가운데 '의도성'은 '지식을 전파하거나 어떤 계획에 제시된 목표에 도달하기 위해' 응결성과 응집성을 지닌 텍스트를 만들려고 하는 텍스트 생산자의 마음 자세(attitude)를 가리킨다(Heinemann & Viehweger, 1991/2001: 99).

국어교육에서 인지 중심적 텍스트의 개념이 안착될 수 있다면, 교육과정상에 제시된 '논설문, 건의문, 설명문, 보고서, 기사문' 등(교육부, 2015: 56)과 같은 텍스트 유형에서 표현 의도를 탐구하는 과정을 어휘 교육에서 구현하는 것이 실제로 가능해진다. 예를 들어 아래 텍스트에서 표현 의도 탐구를 위한 문장 교육과 어휘 교육을 통합적으로 가르칠 수도 있다.

- 텍스트: 프랑스 르노그룹 본사는 8일을 협상 최종 시한으로 못 박은 바 있다.(『아시아경제』, 2019.3.8.)
- 활동: ① 필자는 과거에 일어난 사건임에도 '-ㄴ 바 있다'의 시간 표현을 왜 사용했을까? [문법 요소] ② '못 박은 바 있다'에서 '못'의 비유를 사용한 이유는 무엇일까? [어휘 사용]

위 활동 ①은 문법 요소에서 과거를 나타내는 시간 표현을 대신하여 현재형의 '-ㄴ 바 있다'를 사용한 의도를 탐구하도록 한다.[10] 활동 ②는 활동 ①에 더하여 어휘에 초점을 두고 표현 의도를 생각해 보게 한다. 곧 '못'의 비유를 사용한 이유를 학습자 자신의 경험에 비추어 파악할 수 있는 기회를 제공하는 것이다. 결과적으로 '못'의 비유를 사용한 이유는 동작주(프랑스 르노그룹 본사)의 강한 의지를 필자가 드러내려고 했기 때문이다. 그래서 ①과 ②를 합하면, 필자는 동작주가 이미 과거에 협상 시한을 결정했다는 강한 의지를 드러내면서, 현재 시점에서 앞으로 해당 사건이 어떻게 펼쳐질지 우려된다는 의도를 표명하고 있음을 알 수 있다.

이를 바탕으로 표현 의도를 탐구하는 어휘 학습 활동을 구안해 보고자 한다. '경제 민주화 3법'을 다루고 있는 기사문을 대상으로 삼고, 틀과 은유를 활용하여 기사문의 숨은 의미를 추론하고 표현 의도를 탐구하는 활동을 다음 〔표 4〕와 같이 제시한다.

〔표 4〕에서처럼 '금융 관련 경제민주화 3법'에 관한 주제를 다루고 있는 위 텍스트를 바탕으로, 학습자는 읽기의 초기 단계에서 기사 내용의 기

....

10   제민경(2013: 201-202)에서는 Langacker(1987/1998)의 무대 모형(stage model)을 바탕으로 '-ㄴ 바 있다'를 선택하는 화자는 사건의 무대 밖에 위치하며 사건을 객관화하면서도 실은 주관적 정보 배치자의 역할을 담당할 수 있다고 한 바 있다.

[표 4] 표현 의도를 탐구하는 어휘 학습 활동

[표제] 금융 관련 경제민주화 3법, 봄날 아지랑이로
[전문] 금융그룹통합감독, 지배구조법 여당도 중점추진법안에서 제외, 금융소비자보호법도 진전 더뎌
[본문] 국회 정무위원회가 3~4월 내내 공전하면서 금융 분야 경제민주화법이 20대 국회의 관심사 밖으로 아예 밀려나는 것이 아니냐는 말이 나온다. 특히 여당 지도부가 금융 관련 경제민주화 입법 일부를 내부적으로 중점추진법안 과제에서 제외하는 등 동력을 잃어가는 모양이다. (하략) – 『한겨레』, 2019.4.22.

1.‘표제’를 통해 기사문의 화제(topic) 확인하기	
2-A. ‘전문’과 ‘본문’을 통해 기사문의 화제에 관한 방아쇠 단어 찾기	2-B. ‘표제’의 화제에 대한 은유 표현의 의미에 대해 함께 논의하기
3-A. 방아쇠 단어가 촉발하는 틀이 부각하는 의미에 대하여 파악하기	3-B. 화제에 어떤 의미를 부각하기 위해 은유 표현을 사용했는지 생각하기
4. 중심 단어의 틀과 화제에 대한 은유 표현을 바탕으로 필자의 의도 추론하기	

본적인 주제를 파악하는 활동을 수행한다. 틀과 은유가 본격적으로 적용되는 지점은 '활동 2'와 '활동 3'이다. 이 두 활동은 A와 B의 순서를 거치면서 어휘 사용의 개념화 과정을 학습자가 탐구하도록 유도한다.

'A'에서는 틀 이론을 활용하여 '방아쇠 단어', '촉발된 틀', '부각된 의미'를 중점적으로 탐구한다. 'B'에서는 개념적 은유를 활용하여 '목표 영역에 사상된 근원 영역', '근원 영역을 통해 부각된 의미'를 탐구한다. 위 텍스트에서 밑줄 친 부분을 바탕으로 예상 답안을 생각해 본다면, 'A'는 '여당(혹은 여당 지도부)'을 통해 '여당 지도부의 책임이 있다'는 의미를 부각하는 한편, 'B'는 '봄날 아지랑이'를 통해 '경제민주화 3법'이 '금방 사라질 우려가 있다'는 의미를 부각하고 있다.

이를 종합한 '활동 4'는 기사문에 담긴 표현 의도를 파악하는 것이다. 위 활동들의 예상 답안을 바탕에 두면, 필자는 '경제민주화 3법 추진이 중요한데, 이것이 여당 지도부의 소홀로 인해, 추진력이 금세 사라질 우려가 크다'와 같이, 경제민주화 법안 처리에 대한 우려를 드러내고 있다. 그 이

면에는 정부와 여당 지도부에 대한 책임을 묻고자 하는 의도를 지니고 있음을 추론할 수 있다.

5. 정리와 전망

이 장에서는 표현 의도를 탐구하는 어휘 교육의 설계 방안을 고민해 보았다. 이를 위해 먼저 '표현 의도 탐구'에 대한 교육 내용 요소를 확인하였다. 표현 의도 탐구는 텍스트의 숨은 의미를 추론하고 평가하는 과정과 그 근간을 이루는 텍스트의 의미를 구성하는 문법 지식을 중시한다. 타당한 어휘 사용 교육은 이러한 표현 의도 탐구에 더하여, 표현자가 텍스트에 사용한 어휘를 통해 그 어휘가 표현자가 담아내고자 한 세계를 어떻게, 왜 그렇게 반영하는지 그 근거를 탐구하고 추론하는 교육 내용을 구성할 수 있다.

이러한 어휘 교육을 설계하기 위하여 인지언어학의 관점에서 이론과 실천 요소를 각각 탐색하였다. 이론 요소로 '인지 문법'을 기반으로 '틀과 은유'를 활용한 어휘 교육의 방향을 확인하였다. 인지 문법은 어휘를 개념화 과정으로 이해하도록 하는 기저 이론이고, 틀과 은유는 표현자가 전경과 배경의 선택을 통한 개념화 과정에 대한 어휘 표현을 가능하게 하는 방법론적 기제를 지니고 있다. 실천 요소로 '인지 중심적 텍스트'를 도입하고 '어휘 타당성 탐구 활동'을 구안하였다. 구체적으로 기능적 관점과 인지적 관점의 텍스트 개념을 비교하고, 틀과 은유를 활용하여 기사문에 대한 어휘 타당성 탐구 활동을 구안하였다.

어휘 교육에서 어휘 사용을 강조하여 텍스트에 사용된 어휘를 통해 학습자가 어휘에 배태된 세계를 인식할 수 있는 어휘 교육의 방향은 꾸준히 논의될 필요가 있다. 그간 연구 담론과 교육과정 담론에서 비교적 활발히 논의되어 온 정확한 어휘 사용과 적절한 어휘 사용을 넘어서, 타당한 어휘 사용을 위해 표현 의도를 전면에 내세워 인지언어학 관점의 연구 성과를 축적해 나가야 할 것이다. 추후 타당한 어휘 사용 교육의 내용 요소를 구체화할 필요가 있고, 실천 요소에 대한 환원적 실행을 도모해 나가야 한다.

어휘 교육에서 어휘 사용을 강조하여 텍스트에 사용된 어휘를 통해 학습자가 어휘에 배태된 세계를 인식할 수 있는 어휘 교육의 방향은 지속적으로 논의해야 한다. 그동안의 연구와 교육과정 논의에서 자리 잡은 정확한 어휘 사용과 적절한 어휘 사용을 넘어, 타당한 어휘 사용을 위해 표현 의도를 탐구하는 교육 내용을 제시해야 한다. 이를 위해 인지언어학 관점의 연구 성과를 바탕으로 타당한 어휘 사용 교육의 내용을 구체화하는 작업을 다음 두 가지와 같이 고민해 나가야 할 것이다.

첫째, 인지 문법에서 어휘부 이론(lexicon theory)과 텍스트의 인지적 재개념화에 대한 심층적인 고찰이 요청된다. 국어교육과 인접한 학문에 대한 학제성을 강조하면서도, 틀과 은유가 지닌 어휘 교육적 전이 가능성을 살펴봤지만, 이들을 둘러싼 학문 생태에 대한 연구가 필수적이다. 어휘 교육과 인지 문법의 상호 작용이 어떻게 이루어지는지 이들을 둘러싼 학문 생태에 대한 논의를 포섭해 나가야 할 것이다.

둘째, 표현 의도를 탐구하는 어휘 교육이 타당한 어휘 사용의 교육적 체계로 자리 잡기 위해서는 교육 내용에 대한 정련이 필수적이다. 이는 틀과 은유를 활용한 어휘 분석의 원리와 사례를 학습자의 탐구 과정으로 전이하여 어휘 교육의 수행적인 내용을 마련하는 작업을 의미한다. 이를 통해 아직 국어교육에서 명시되지 못한 비판적 어휘 인식력을 명제화하고, 이를 위한 어휘 사용 교육의 내용을 구성해 나갈 수 있을 것이다.

2

틀 의미론과 타당한 어휘 사용
교육에의 적용*

1. 틀 의미론과 타당한 어휘 사용 교육

틀 의미론은 인간의 경험적 배경지식의 집약체인 틀(frame)을 중심으로 어휘의 의미를 파악하는 의미 분석의 방법론이다(Fillmore, 1982: 111). 틀 의미론은 인지의미론 분야의 연구 영역이다. 어휘의 의미를 인간의 경험적 개념(concept)으로 접근하기 때문이다. 틀 의미론은 어휘가 사용된 맥락에 따라서 관습적 경향성을 지닌다는 사실을 전제한다. 이러한 전제는 어휘 교육에서 어휘의 의미 이해와 사용을 넘어, "왜 우리 사회에서는 이러한 상황에서 이 어휘를 사용하고 있는가(신명선, 2011: 90)?"라는 문제의식을 탐구할 수 있는 가능성을 열어준다.

....

*   2부 2장은 『문법교육』 36호에 게재되었던 「'틀 의미론'의 어휘 교육적 적용」을 이 책에 맞게 수정 및 보완한 것이다.

어휘 교육에서 틀 의미론을 주목할 수 있는 이유는 '타당한 어휘 사용'을 중요한 교육 내용으로 강조하고 있기 때문이다. 언어에 대한 정확성, 적절성, 타당성의 관점에서, 어휘 교육은 언어 사용에 있어 정확한 어휘 사용, 적절한 어휘 사용, 그리고 타당한 어휘 사용으로 범주화되어 있다. 특히 타당한 어휘 사용 교육은 어휘에 담긴 가치나 이념을 비판적으로 이해하고 국어 의식을 함양하는 것을 목표로 한다. 그러나 이러한 목표를 달성하기 위한 어휘 교육 내용은 아직 체계화되지 못하고 구체화되지 않았다.[1]

틀 의미론은 타당한 어휘 사용 교육을 설계하는 데 필요한 개념적 원리를 제공한다. 그것은 틀 의미론과 타당한 어휘 사용 교육이 모두 어휘에 배태된 세계를 비판적으로 인식하는 것을 목표로 설정하고 있기 때문이다. 따라서 틀 의미론은 틀을 활용하여 어휘의 의미와 세계를 탐색하는 과정을 교육적으로 변환하는 데 중요한 역할을 할 수 있다. 곧 틀 의미론의 분석 원리를 학습자가 어휘의 맥락적 의미를 탐구하여 어휘에 표상된 세계를 인식하는 학습자의 수행 과정으로 변환하여, 타당한 어휘 사용 교육의 내용을 구성해 나갈 수 있는 것이다.

이를 위해서는 무엇보다 틀 의미론이 교수학적으로 변환되어, 학습자가 어휘 사용의 타당성 탐구를 가능하게 하는지에 대한 교수-학습의 장

....

1 　타당한 어휘 사용에 관한 대표적인 논의로 신명선(2011), 구본관 외(2014)에서는 언어 사용의 타당성과 어휘 교육의 방향을 제시하고 있다. 한편 틀 의미론에 관한 선행 연구는 주로 단어의 의미 관계에 대한 변별 차원에서 부분적으로 적용되고 있다. 이와 관련하여 오주영(2010)은 틀 의미론이 단어의 의미 변별을 위한 유용한 원리를 갖고 있다는 사실을 바탕으로, 의미의 변화 과정 이해와 문장 및 담화의 의미 탐구 학습의 가능성을 제시하였다. 마룽연(2015)은 틀 의미론을 활용하여 한국어 교육에서 유의어 학습을 위한 활동을 설계하였다. 김규훈(2017)은 틀 의미론을 활용하여 단어의 의미 교육 내용에 대한 재구성 방향을 제시하였다.

면을 구상해 보아야 한다.[2] 대표적으로 신문 텍스트에 사용된 어휘의 타당성을 탐구하는 교수-학습 장면은 효과적이라고 할 만하다. 그것은 신문 텍스트에는 사회의 이념과 갈등 가치의 판단을 가능하게 하는 어휘의 장이 풍부하게 존재하기 때문이다(이도영, 2001: 105). 틀 의미론의 연구 대상 가운데 신문 텍스트에 사용된 어휘는 사회의 다양한 분야(정치, 경제, 사회, 문화 등)에 대한 틀짓기(framing) 양상을 파악하는 원천으로 활용되고 있다(Lakoff, 2004; 유나영 역, 2015: 10-13).

이를 바탕으로 이 장에서는 틀 의미론과 타당한 어휘 사용 교육의 접점을 찾고, 신문 텍스트에 쓰인 어휘의 타당성을 탐구하는 실제를 구안해 보고자 한다.

2. 틀 의미론의 개념과 어휘 의미의 탐구 원리

틀 의미론은 Fillmore(1982)가 처음 소개한 학문적 개념이다. 그러나 이 개념의 근본이 되는 '틀(frame)'이나 '틀짓기(framing)'과 같은 개념은 다양한 학문 분야에서 사용되어 왔다. 예를 들어, 사회학에서 Goffman(1974)은 인간의 사회적 경험을 틀 이론을 통해 해석하려 하였다. Minsky(1988)는 인공지능 이론에서 인간의 사고를 전산으로 변환하기

....

2   어휘 교육의 실제성에 관한 신명선(2017: 198-199)의 다음 논의와 같은 맥락에서 어휘 교육의 실제성에 대한 검증이 필수적이다. "'어휘 능력이 무엇인가'는 이론적인 질문이지만 '어떻게 하면 어휘 능력을 신장시킬 수 있는가'는 지극히 실제적인 질문이다. 교육 현장은 학생, 교사, 사회문화적 맥락, 상황 등 다양한 요소들이 작용하는 생태학적 공간으로서 어휘 능력이 독립된 교육 내용으로 작용할 수 있는 공간이 아니다. 어휘 능력 그 자체에 대한 논의를 넘어 교육의 실제 장면과 관련 목표, 내용, 방법, 평가 등이 종합적으로 고려되어야 한다."

위한 인식틀(framework)을 논의했다. 이는 컴퓨터가 인간의 의사소통을 둘러싼 상황, 인지, 감정 등을 처리하는 방법에 대한 연구였다. 언어학자인 Tannen(1993)은 틀의 의미와 활용에 대해 폭넓게 논의했으며, Lakoff(2004)는 틀이 대중의 신념 체계를 형성하는 데 어떤 역할을 하는지를 강조하며 인지과학을 발전시켰다. 또한 우리가 잘 아는 『코끼리는 생각하지 마!』라는 책에서는 틀짓기(framing)와 틀 다시 짓기(reframing)의 지배적인 영향력을 설명하였다.

틀 의미론은 틀(frame)이라 불리는 인간의 경험적 배경지식의 집약체에 중점을 두고 '어휘'의 의미를 분석하는 방법론이다(Fillmore, 1982: 111). 여기서 틀을 중점에 둔다는 것은, 언어의 의미가 사회문화적 환경에서 살아가는 인간의 신체적 경험에 근거한다는 인지언어학의 관점을 전제하고 있다(임지룡, 2006: 9). 즉 틀 의미론은 어휘의 의미를 단순히 파악하는 것을 넘어 어휘가 인간의 경험 세계를 어떻게 반영하고 있는지를 탐구하는 것을 목표로 삼는다.

좀 더 구체적으로 틀 의미론은 다음과 같은 개념 요소를 활용하여 어휘의 의미를 파악한다(Fillmore & Baker, 2015: 794-797). 어떤 단어든 틀을 촉발하며(evoke), 단어의 의미는 틀과 동기화(motivation)되어 있다. 즉 인간의 경험적 배경지식은 단어의 의미와 밀접한 연관을 가진다. 한 단어의 틀은 여러 틀 요소(frame elements)를 수반한다. 틀 요소는 해당 단어가 사용된 맥락에 따라 윤곽 부여(profiling)된다. 곧 틀 요소 가운데 일부는 전경화되고, 나머지는 배경화된다. 예를 들어 '구매'라는 단어는 '거래'의 틀을 촉발한다(Stibbe, 2015: 47). 거래의 틀은 '구매자, 판매자, 물건, 돈' 등의 틀 요소를 지닌다. 만일 '구매'라는 단어가 '시계 구매'의 상황에서 쓰인다면, '물건, 돈' 등의 윤곽이 부여된다. 이와 달리 '구매 욕구'의 상황에서 쓰인다면 '구매자, 돈' 등이 전경화된다. 어떤 단어든 그것이 사용되

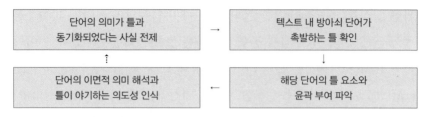

단어의 의미가 틀과 동기화되었다는 사실 전제	→	텍스트 내 방아쇠 단어가 촉발하는 틀 확인
↕		↓
단어의 이면적 의미 해석과 틀이 야기하는 의도성 인식	←	해당 단어의 틀 요소와 윤곽 부여 파악

(그림 1) 틀 의미론의 어휘 의미 탐구 원리

는 맥락에 따라 서로 다른 틀 요소가 윤곽 부여되기에, 언어 사용자는 자신의 의도성(intentions)을 반영하여 특정 어휘를 선택하기 마련이다. 가령 '거래'의 틀은 어떤 유형의 물건을 사고파는 거래인지에 따라 그 경험을 지니고 있는 개개인의 감정, 가치, 이념 등이 상이하게 나타난다. 따라서 틀이 변함에 따라 세계를 인식하는 방식이 달라진다는 점에서, 언중의 어휘 사용은 틀짓기와 틀 다시 짓기의 선순환 관계에 놓여 있다고 할 수 있다(Goffman, 1974: 11).

이와 같이 틀 의미론은 어휘의 맥락성을 분석하고 어휘 사용의 의도를 파악하여 인간의 경험 세계를 인식하고자 하는 어휘 의미의 해석적 연구이다. 틀 의미론의 개념 요소를 단계적으로 접근하여, 어휘 의미를 탐구하는 원리로 구체화해 보기로 한다. '동기화', '촉발', '틀 요소', '윤곽 부여', '틀 구성과 재구성' 등과 같은 틀 의미론의 개념 요소를 어휘 의미의 탐구 과정으로 도식화하면 위 (그림 1)과 같다.

(그림 1)은 틀 의미론의 개념 요소를 과정적으로 표현하여 어휘 의미를 탐구하는 원리를 제시한 것이다. 단어의 의미와 틀의 동기화를 전제로 텍스트와 사용된 단어의 틀을 확인하고, 단어의 틀 요소와 윤곽 부여를 파악하여, 단어의 이면적 의미를 해석하고 틀에 의한 의도성을 인식하는 단계를 지니며, 이들 각 단계는 순환적으로 작동한다. 각 단계를 구체적으로 살펴보면 아래와 같다.

먼저 틀 의미론의 어휘 의미 탐구는 개별 단어의 의미가 틀과 동기화되었다는 전제로 시작된다. 동기화(motivation)는 언어의 의미와 형태가 서로 연관되어 있다는 개념으로, 인지언어학에서 중요한 개념 중 하나이다. 이 개념은 언어에서 자의적이지 않고 예측 가능하지 않은 경우에도 의미와 형태가 서로 연관되어 있다는 것을 뜻한다. 이와 관련하여 임지룡(2013: 28)은 Lakoff(1987: 346)의 논의를 인용하여, 언어에서의 자의성이나 예측 불가능성은 동기화되어 있다고 설명한다. Lakoff(1987)은 인간의 언어 표현과 정신의 관련성을 논의하며, 틀 의미론은 인간이 사용하는 언어(단어)와 정신적 표상 기제인 틀이 동기화되어 있다는 사실을 내포하고 있다. 따라서 모든 단어는 어떤 틀을 반드시 동원하며, 그 틀은 해당 단어의 맥락적 쓰임과 뗄 수 없는 관계를 맺는다고 볼 수 있다.

다음으로 텍스트 내의 방아쇠 단어가 촉발하는 틀을 확인하는 과정으로 나아간다. 언중의 말글 사용은 의미적으로 결속되고 형태적으로 결합된 텍스트를 통해 이루어지며(Heinemann & Viehweger, 1991; 백설자 역, 2001: 64), 이러한 맥락에서 어휘 사용의 특성은 해당 어휘가 사용된 텍스트를 중심으로 관찰할 수 있다. 모든 텍스트에서 특정 단어는 이미지, 감정, 기억 등의 배경지식을 불러일으킬 잠재력을 지니는데, 이런 단어를 방아쇠 단어라고 부른다. 방아쇠 단어는 특정 텍스트에서 지배적인 틀을 불러일으키는 역할을 하며, 방아쇠 단어에 의해 틀이 나타나는 현상을 촉발이라고 한다(Stibbe, 2015: 47). 틀 의미론의 어휘 의미 탐구는 방아쇠 단어에 의해 촉발되는 틀이 무엇인지 파악하고 정리하는 작업으로 구체화된다.

여기서 한 가지 유념할 사항은 텍스트가 생동하는 자율체(autonomy)(Maturana & Varela, 1992: 48)라는 점에서,[3] 텍스트 생산자가 선택하는 방

....
3   Maturana & Varela(1992)는 생물학의 관점에서 인간의 사회적 행동을 규명하고자 하였

아쉬 단어와 그에 따라 촉발되는 틀은 매우 다양하다는 사실이다. 이는 텍스트 생산자가 텍스트의 의미를 오직 하나로만 구성하지 않는 것을 의미한다. 그럼에도 언중 다수가 선택하는 방아쉬 단어와 그에 따라 촉발되는 틀이 존재하기 마련인데, 그러한 틀은 해당 사회의 사회인지적(socio-cognitive) 경향성을 드러낸다. Goffman(1974: 12-13)에서 언급하였듯이, 언중은 틀짓기를 통해 현상에 대한 집단적 인식을 형성해 나가는 것이다.

그 다음 단계인 해당 단어의 틀 요소와 윤곽 부여를 확인하는 일은 이러한 틀의 지배적 경향성에 따라 가능해진다. 틀 의미론에서는 의미와 의미소의 관계처럼 틀이 다양한 틀 요소와 관계를 맺는다. 이때 특정 단어가 사용되는 맥락에 따라 틀 요소 가운데 전경화되는 대상이 달라진다. 틀 요소와 윤곽 부여의 확인은 단어의 짝을 생각해 보면 이해하기 쉽다. 예컨대 '해안(shore)'과 '해변(coast)'의 단어가 모두 '바다'라는 틀을 촉발하지만, 틀 요소 가운데 부각되는 대상은 다르다(Fillmore, 1982: 111). '바다'라는 틀의 요소를 떠올려 보면 '물, 땅, 경계' 등이 있는데, '해안'은 '물, 경계'가 '해변'은 '땅, 경계'가 두드러진다. 이렇게 두드러지는 요소를 '윤곽이 부여되었다'라고 하는 것이다. 인지의미론의 주요 용어 가운데 '전경화(foregrounding)', '부각(highlighting)' 등도 윤곽 부여와 같은 맥락으로 쓰인다.[4] 한편 사회문화적 의미가 담겨 있는 추상적 대상을 표상하는 단어의 윤곽 부여된 틀 요소를 파악하는 일은 미묘한 의미 차이를 발산한다. 즉 틀 요소의 윤곽 부여 여부에 의해 해당 단어의 맥락적 의미 차이가 나타난다.

....

다. 자율적 체계 이론이라고 불리는 이 연구는 인간 의사소통의 생태적 메커니즘을 연구하였다.

4   Lakoff(1993: 7-8)는 언중의 단어 선택에 따라 전경화된 의미가 텍스트에 부각(highlighting)되고, 반대로 배경화된 의미가 은폐(hiding)된다고 하였다.

텍스트 내 방아쇠 단어가 촉발하는 틀의 세부 요소와 윤곽을 이해하면, 해당 단어의 사용 의도가 어떻게 드러나는지 자연스럽게 파악할 수 있다. 즉 동일한 단어라도 어떤 맥락에서 사용되는지에 따라 다른 틀이 활성화되어 해당 단어에 대한 인식이 달라지는 것이다. 이는 맥락적 의미(contextual meaning)가 틀 의미론의 관점에서 어휘 사용자의 경험적 세계에 대한 인식론적 표현을 내포하고 있다는 것을 가리킨다. Langacker(1987; 이기동·김종도 역, 1991: 49)는 의미가 개념화된 경험이며, 이 개념화는 인간의 인지 영역에 따라 특징화된다고 언급한 바 있다. 이를 고려할 때, 틀 의미론의 어휘 의미 파악은 해당 어휘가 공동체의 관습에 의해 어떻게 개념화되었고, 그 결과로 맥락적 의미가 어떻게 형성되었는지를 밝히는 데 초점이 놓인다. 더 나아가 사회문화적 맥락의 변화에 따라 어떻게 틀이 형성되고 변하는지를 파악하며, 어휘가 당대 사회문화의 특징을 어떻게 반영하는지를 포착하고자 한다.

3. 타당한 어휘 사용 교육과 틀 의미론의 접점

틀 의미론에서 틀을 활용하여 어휘의 의미를 파악하는 과정은 타당한 어휘 사용의 어휘 교육에서 학습자가 어휘에 표상된 세계를 인식하여 그 가치를 판단하는 일련의 수행 과정으로 치환될 수 있다. 타당한 어휘 사용의 교육 내용을 국어과 교육과정에서 확인하고, 앞서 〔그림 1〕에서 살펴본 틀 의미론의 어휘 의미 탐구 원리를 대응하면, 어휘 교육과 틀 의미론의 접점이 수행적 내용을 구성할 수 있다.

그런데 2022 교육과정에서 타당한 어휘 사용에 관한 교육 내용을 찾아보기가 어렵다. 아울러 2015 교육과정 및 2022 교육과정에는 어휘 교

[표 1] 국어과 교육과정에서 다루는 어휘 교육의 주요 내용

주요 개념	내용 요소
• 어휘의 체계 이해 • 어휘의 양상 탐구	어휘의 체계(고유어, 한자어, 외래어), 어휘의 양상(지역 방언, 사회 방언), 의미 관계에 따른 어휘의 양상 탐구
• 단어의 의미 관계 이해 • 상황에 적절한 어휘 사용	단어의 의미 관계(다의어, 동음이의어, 유의 관계, 반의 관계, 상하 관계), 담화 상황에 적절한 어휘 사용

육에 대한 요소가 상당히 유사하게 나타난다. 공통적으로 확인할 수 있는 어휘 교육의 주요 개념과 그에 따른 내용 요소를 위 [표 1]과 같이 제시해 보도록 하자.

　[표 1]에서 볼 수 있듯이, 국어과 교육과정에서 다루어 온 어휘 교육의 주요 내용은 '어휘의 체계, 어휘의 양상, 단어의 의미 관계, 담화 상황에 적절한 어휘 사용' 등이다. 여기서 '담화 상황에 적절한 어휘 사용'을 제외하면 모두 어휘에 관한 지식을 중심으로 교육 내용이 제시되어 있다.

　이러한 점에서 틀 의미론과 타당한 어휘 사용 교육의 접점은 틀 의미론의 개념적 원리를 활용하여 아직 충분히 정립되지 않은 타당한 어휘 사용 교육의 내용을 구성하는 데에 대한 기초를 마련하는 데 있다. 다시 말해서 틀 의미론을 기반으로 타당한 어휘 사용 교육의 내용을 구성할 수 있는 방향을 설정하는 데 중점을 두어야 한다.

　이때 어휘 사용의 정확성, 적절성, 그리고 타당성의 범주가 종속 관계에 놓여 있다는 점을 고려할 때, 타당한 어휘 사용 교육은 '정확한 어휘 이해', '의사소통 상황과 언어사용역을 고려한 어휘 사용의 적용', '특정 상황에서 특정 어휘를 사용하는 근거 인식'의 내용을 포괄해야 한다(신명선, 2011: 90-91). 이를 고려하여 '이해', '적용', '인식'이라는 수행 용어를 틀 의미론 기반의 타당한 어휘 사용 교육의 내용 구성에서 사용할 수 있다. 이들은 언어 사용의 관점에 해당하는 정확성, 적절성, 타당성에 각기 대응

틀 의미론의 어휘 의미 탐구 원리	⇔	타당한 어휘 사용의 내용 범주	⇒	틀 의미론 기반 타당한 어휘 사용의 교육 내용 구성 방향
[단어와 틀 확인] 텍스트에서 방아쇠 단어가 촉발하는 틀 확인		[어휘의 체계성 이해] 어휘 의미의 개념과 특성, 단어의 의미 관계 파악		틀을 기반으로 텍스트에 사용된 단어의 의미와 의미 관계를 탐구하는 교육 내용
[틀의 구성 요소 분석] 해당 단어의 틀 요소 정리, 틀 요소 가운데 윤곽 부여 여부 파악		[어휘 사용의 적절성 적용] 상황과 사회문화적 맥락을 고려한 어휘 사용의 적절성 적용		틀 요소의 윤곽 부여를 바탕으로 맥락적 어휘 사용의 의미에 대한 전경과 배경을 탐구하는 교육 내용
[틀을 통한 의도성 인식] 틀이 발현하는 의도 파악, 틀의 의도성에 따른 단어의 맥락적 의미 추론		[사용된 어휘의 타당성 인식] 어휘 사용의 이면적 의미 파악, 어휘 사용에 담긴 가치와 이념에 대한 인식		틀이 발현하는 의도를 파악하여 사용된 어휘의 의도성과 어휘에 배태된 세계의 가치와 이념을 탐구하는 교육 내용

〔그림 2〕 틀 의미론과 타당한 어휘 사용 교육의 접점

되며, 틀 의미론의 개념 세 층위를 포괄할 수 있다. 곧 어휘의 체계와 특성을 '이해'하고, 맥락에 적절한 어휘 사용을 '적용'하며, 이를 토대로 맥락적 어휘 사용이 과연 타당한지를 '인식'하는 차원에서, 틀 의미론의 어휘 의미 탐구 원리가 지닌 각 단계를 전이할 수 있는 것이다.[5]

따라서 '이해 ⇄ 적용 ⇄ 인식'을 학습자가 수행하는 타당한 어휘 사용의 중심축으로 삼으면, 앞서 살펴본 틀 의미론의 어휘 의미 탐구 원리와 결합 가능한 접점을 찾을 수 있다. 이를 위 〔그림 2〕와 같이 제시하기로 한다.

....

5   국어교육에서 '인식(awareness)'은 근간에 꾸준히 연구되고 있다(김은성, 2013; 김유미, 2014; 김규훈, 2018 등 참고), 이는 비판적 언어 인식(Fairclough, 1998)을 국어교육적으로 재개념화하려는 시도와 맞물려 있다고 볼 수 있다. 이들 연구의 방향은 국어교육 학습자의 '주체성(subjectivity)'을 길러, 세상을 통찰하는 사고력을 함양하는 데 기여한다.

〔그림 2〕에서 제시한 타당한 어휘 사용 교육과 틀 의미론의 접점은 각각 어휘 사용의 정확성, 적절성, 타당성의 차원에서 형성된다. 정확성의 차원에서는 틀 의미론의 원리를 기반으로 텍스트에서 사용된 단어의 의미와 단어의 의미 관계를 탐구하는 교육 내용을 설계할 수 있다. 틀 의미론은 단어가 어떻게 특정 틀에 의해 조절되고 상호 작용하는지를 이해하는 데 도움이 된다. 적절성의 차원에서는 어휘가 다양한 상황에서 어떻게 적용되는지를 중점적으로 다룰 수 있다. 이 과정에서는 틀의 요소와 윤곽 부여 분석을 통해 어휘 사용의 맥락성을 더욱 깊게 이해하고 탐구한다. 맥락적 어휘 사용의 의미를 파악하는 교육 내용은 전경과 배경에 대한 이해를 도모하는 교육 내용을 구성할 수 있다.

이를 바탕으로 타당성 차원의 어휘 교육 내용은 틀을 통한 의도성 인식의 양상을 주요 내용으로 삼아서 구성된다. 어휘 사용의 이면적 의미를 파악하고, 어휘 사용에 담긴 힘의 관계를 인식하는 것으로 구체화된다. 여기에서 틀 의미론은 틀이 발현하는 의도를 파악하여 어휘 사용자의 어휘 사용 의도성과 어휘에 배태된 사회문화적 가치를 탐구하는 교육 내용을 마련하는 기저 원리를 제공해 줄 것이다.

〔그림 2〕에서 설정한 타당한 어휘 사용 교육의 내용 구성 방향에 따라 구체적인 교육 내용 요소를 마련해 나가야 한다. 이는 국어과 교육과정의 어휘 교육에서 강조하는 어휘의 체계 이해와 적절한 어휘 사용을 기반으로 '왜 그러한 어휘가 쓰였는지에 대한 이유를 탐구'하는 교수-학습 장면으로 나타나야 한다. 이제 틀 의미론 기반의 타당한 어휘 사용 교육 실제를 구안해 보기로 한다.

4. 신문 텍스트에 사용된 어휘의 타당성 탐구 실제

타당한 어휘 사용의 교육 실제성을 확인하기 위해 신문 텍스트에 사용된 어휘를 주목하고자 한다. 신문 텍스트를 대상으로 삼는 이유는 틀 의미론의 분석 대상 어휘에 기인한다. 어휘의 의미가 맥락적인 것처럼 어떤 어휘든 틀을 지닌다. 그런데 틀은 어휘 사용자의 의도가 반영되어 있는, 그래서 세계에 대한 가치나 이념을 판단할 수 있는 어휘 사용 양상에서 보다 잘 포착된다. 이들 어휘가 풍부하게 사용된 텍스트가 바로 신문이다. 이도영(2001: 105)에서 언급하였듯이, 신문 텍스트는 세계의 가치나 이념을 필자의 관점으로 드러낸 것이기 때문이다. 뉴스를 교육하는 데에 틀 인식을 활용하고자 한 박준홍(2016) 또한 이와 같은 사실에 주목하였다.

신문은 다양한 분야의 '개념어'를 다수 포함한 정보 전달을 중심으로 하는 텍스트로 국어교육에서 어휘 교수-학습의 중요한 대상으로 간주되어 왔다. 여기서 '개념어'는 사회문화 현상을 담은 추상적인 생각의 그릇으로, 어떤 개념어가 텍스트에 사용되는지에 따라 독자가 텍스트에 표상된 세계를 인식하는 방향이 달라지게 된다. 신문 텍스트에 사용된 어휘는 해당 매체의 특징과 텍스트 생산자의 의도를 반영하고 있다. 특히 신문 텍스트에서 사용된 특정 단어는 주로 문장, 구, 또는 절에서 다른 단어와 결합 관계를 형성한다. 이 결합 관계를 통해 텍스트 생산자의 의도가 증폭되며, 이로 인해 텍스트의 중층적 의미가 형성되는 것이다. 이러한 특성 때문에 신문 텍스트는 틀 의미론의 대상 텍스트로 적절하며, 타당한 어휘 사용의 교육을 위한 교수-학습 자료로 활용될 수 있다.[6]

....

6   '신문 활용 교육(NIE)'의 연구 울타리에서 어휘에 주목한 국어교육의 기존 연구들은 주로
    신문의 어휘 교육적 효용성을 강조하거나(이도영, 2001; 우한용 외, 2003; 이은희, 2003; 원진숙,

(표 2) 환경 분야의 기사에 사용된 단어 '해결책'의 틀 분석 과정

> • 거의 모든 학자들이 동의하는 기후 변화 문제(climate change problem)에 대한 최선의
> 해결책(solution)은 단순하다. 그것은 대기에 배출되는 탄소의 양을 줄이기 위해 화석 연료의
> 사용을 중단해야 한다는 것이다(Specter, 2012).

단어	틀 확인	틀 요소 상기	윤곽 부여된 틀 요소	틀 분석에 따른 이면적 의미	틀이 발현하는 의도성 인식
해결책	'문제' 틀	심각성, 원인, 결과, 해결 방법 등	결과, 해결 방법	기후 변화의 심각성, 원인보다 해결할 수 있는 대상으로 단순화함.	인간에 의해 자행된 기후 변화가 인간에 의해 해결될 수 있다는 역설

신문 텍스트를 대상으로 한 틀 분석의 사례는 Stibbe(2015)에서 확인할 수 있다. 여기에서는 '기후 변화는 문제다(Climate change is problem)'의 틀이 나타나는 기사의 내용 가운데 일부를 인용하고, 그 내용에 사용된 '해결책(solution)'이라는 단어에 대한 틀 분석의 과정을 다루고 있다(Stibbe, 2015: 51). 이를 정리하면 위 (표 2)와 같다.

(표 2)에서 제시된 기사 내용에서 '문제'라는 단어는 기후 변화의 틀과 연결되고 '해결책'이라는 단어는 탄소 배출량 증가 억제와 화석 연료 사용 중단의 틀과 연결된다. 기후 변화에 대한 문제의 해결책을 찾는다면 기후 변화가 해결될 수 있다는 의미를 지니고 있는 것이다. 이렇게 볼 때 기사의 내용에서 사용된 '해결책'이라는 단어는 '문제 틀(problem frame)'을 촉발하고 있다. 문제 틀을 구성하는 요소 가운데 윤곽 부여된 것은 '결과적인 해결 방법'을 강구하는 것임을 짐작할 수 있다. 그 결과 기후 변화의 현상을 하나의 '문제 해결'로 단순화하고 있는데, 기후 변화의 원인 혹

....

2008a), 신문 텍스트에 사용된 어휘적 특성을 분석하는 차원(이세연 외, 2016)에서 논의되어 왔다.

은 심각성을 배경에 놓고 해결 가능한 방법을 찾는 것을 부각한다. 이로 인해 인간에 의해 자행된 기후 변화를 인간이 충분히 해결할 수 있다는 의도가 나타난다. 만일 기후 변화를 해결하는 방법을 과학이나 기술의 관점에서 접근한다면 제본의 역설(Jevon's paradox)에 봉착할 우려가 존재한다.[7] 문제 해결을 위한 기술 개발이 문제의 심각성을 증폭시킬 수도 있는 것이다.

일련의 신문 텍스트에 사용된 어휘의 틀 분석 과정은 타당한 어휘 사용의 교수-학습 장면에서 학습자의 어휘 탐구 단계와 단계별 활동을 구성하는 데 참고할 수 있다. 학습자의 어휘 탐구 단계의 경우, 〔표 2〕의 틀 분석 과정은 그러한 원리에 대한 학습자의 수행 활동을 구체화할 수 있는 참조점이다. 단계별 활동의 경우, '신문 텍스트의 선정'과 '신문 텍스트의 내용을 이해하고, 틀을 분석하며, 궁극적으로 신문 텍스트의 의도성을 인식하는' 과정이 상호 연계되어야 함을 확인할 수 있다.

이때 타당한 어휘 사용 교육의 실제를 탐구할 때는 신문 텍스트에 사용된 어휘의 타당성을 국어과 교수-학습 모형(model)의 구인에 따라 적용해야 한다. 최지현 외(2007: 30)에 따르면, 국어과 교수-학습 모형은 국어과 내용을 학습하기에 적합한 전략과 그 작동 단계를 정형화한 도식이다. 틀 의미론을 기반으로 한 타당한 어휘 사용 교육은 틀 분석 과정을 따르면서 교수학적 변환을 거쳐 학습자의 활동이 명시된 교수-학습 단계와 관련된 구체적인 활동이 제시되어야 한다.

지금까지의 논의를 바탕으로 신문 텍스트의 어휘 타당성 탐구 실제

....

7   19세기 영국의 경제학자 이름을 딴 '제본의 역설(Jevon's paradox)'은 "자원 사용의 효율성을 증가시키는 기술의 발전은 그 자원의 소비 속도를 줄이는 대신 늘리는 경향이 강하다."라고 지적했다. 리바운드 효과(rebound effect)라고 지칭되는 제본의 역설은 대중의 인식을 형성하는 틀 분석의 중요성을 암시하고 있다(Alcott, 2005).

〈교수-학습 단계〉	〈교수-학습 활동〉
① 신문 텍스트 이해 및 표제의 주요 단어 찾기	**인도네시아 바다악어, 타이어에 목 낀 채 1년여 '끙끙'** (『연합뉴스』, 2018.1.12.) (전략) 주민들은 시내 다리 아래를 헤엄치는 악어를 배경 삼아 셀카(셀프카메라의 줄임말)를 찍는 등 타이어에 목이 낀 악어를 지역 명물로 취급하는 분위기다. (하략)
↓	
② 주요 단어가 촉발하는 다양한 틀을 떠올리기	① 기사를 읽고, 표제의 주요 단어를 찾아보자. — '바다악어', '타이어', '끙끙' 등
↕	② 이 중 '끙끙'이 불러일으키는 다양한 생각과 느낌을 적어 보자. — 아픔, 버거움, 힘듦 등 ('고통'의 틀)
③ 문맥을 고려하여 틀 요소와 윤곽 부여 확인하기	③ '고통'의 느낌을 구성하는 요소를 찾고 어떤 요소가 두드러지는지 생각해 보자. — 생명, 몸, 아픔, 지속성 등 / 생명과 지속성
↓	④ 표제에서 '바다악어'를 어떤 존재로 보는지 생각해 보자. — 고통을 받고 있는 감정이 있는 생명체로 봄.
④ 틀의 의미를 바탕으로 표제의 의도성 파악하기	⑤ 본문의 '명물'이라는 단어와 표제의 틀을 비교해 보자. — '상품'의 틀에 의한 '생명성' 소거(erasure).
↕	⑥ 기사를 통해 세계에 대한 상반된 인식을 토의해 보자. — 바다악어를 생명체로 보는 관점과 사물로 보는 관점의 차이 등
⑤ 본문(및 전문)과 비교하여 텍스트의 의도 탐색하기	
↓	
⑥ 신문 텍스트에 반영된 세계의 가치와 이념 인식하기	

[그림 3] 신문 텍스트에 사용된 어휘 타당성 탐구의 실제 예

에 대하여, 환경 분야에서 인간과 동물의 관계를 인식할 수 있는 신문 텍스트를 대상으로 교수-학습 단계와 각 활동을 구안하면 위 [그림 3]과 같다.

[그림 3]은 신문 텍스트에 사용된 어휘 타당성을 탐구할 수 있는 실제의 한 예시이다. 교수-학습 단계는 틀 의미론의 어휘 의미 탐구 원리([그림 2])와 틀 분석의 사례([표 2])를 바탕으로 학습자의 수행 과정이 명

확하게 드러나도록 제시하였다. 이때 신문 텍스트의 특성을 반영하여 '표제'와 '본문'의 관계성을 탐구하는 과정을 나타내고자 하였다.

그 결과 활동의 첫 단계는 학습자가 '① 신문 텍스트를 이해하고 표제의 주요 단어를 찾는 것'으로 설정하였다. 여기서 '주요 단어'는 앞서 설명한 방아쇠 단어를 말하는데, 신문 텍스트의 표제는 그러한 방아쇠 단어가 핵심적으로 노출되어 있다(신명선, 2005: 365).[8] 다음 단계는 틀 분석의 과정과 마찬가지로 해당 단어에 대한 틀을 떠올리고(②), 문맥을 고려하여 틀 요소와 윤곽 부여를 확인하는(③) 상호 연계적 과정이다. 이때 일련의 탐구 과정은 '표제'가 지닌 의도성을 파악하는 것(④)으로, 이러한 표제의 의도가 본문에서 발현되는 양상을 파악하는 활동(⑤)이 상호 연계된다. 이를 바탕으로 '표제와 본문의 관련성을 파악하고 해당 단어가 배태한 세계의 가치와 이념을 인식하는 단계(⑥)'로 나아간다.

〔그림 3〕에서는 이들 교수-학습 단계에 대응되도록 교수-학습 활동과 각 활동에 대한 예시 답안을 제시하였다. 신문 텍스트는 표제와 본문이 서로 다른 틀을 형성하며, '바다악어의 생명성'과 '바다악어의 사물화'를 강조하도록 구성하였다. 구체적으로 표제에서는 '끙끙'이라는 단어를 활용하여 '고통의 틀'을 떠올리게 하여 바다악어를 '감정이 있는 생명체'로 인식하도록 유도한다. 반면 본문에서는 '명물'이라는 단어를 사용하여 '상품'의 틀을 상기시켜 '생명성이 소거된 사물'로 바다악어를 인식하게 한다. 이러한 '단어─틀 분석─의도성 인식'의 과정을 통해 학습자는 생

....

8   이를 신문 텍스트의 구조로 말하면 '역피라미드 스타일'이라고 한다(유선영, 2001). 표제와 전문 혹은 본문의 앞부분을 통해 필요한 정보를 쉽게 발췌할 수 있다는 것이 전통적인 신문 텍스트의 장점이기도 하다. 다만 역피라미드 스타일에 의해 신문 텍스트가 독자에 의해 온전히 읽히지 않는 단점이 존재하므로, 이를 극복하고자 하는 방안의 연구도 이루어지고 있다.

명체를 바라보는 관점에 대한 가치를 깨닫게 된다. 이때 동료 학습자와의 토의를 통해 이 가치를 풍부하게 생각해 보는 것도 매우 효과적일 것이다. 아울러 틀 인식의 결과를 기반으로 세계에 대한 '비판하기' 활동을 연계시키는 지점까지 나아갈 수 있을 것이다.

5. 정리와 전망

이 장에서는 틀 의미론의 어휘 교육적 적용 방안을 논의하였다. 틀 의미론의 어휘 의미 탐구 원리에 대하여 '의미와 틀의 동기화', '방아쇠 단어와 촉발된 틀', '틀 요소와 윤곽 부여', '틀에 따른 의도성 인식'의 과정으로 정리하였다. 그리고 타당한 어휘 사용 교육의 내용 범주가 '어휘의 체계 이해', '어휘 사용의 적절성 적용', '사용된 어휘의 타당성 인식'임을 확인하고 틀 의미론을 전이하였다. 그 결과 틀 의미론 기반의 타당한 어휘 사용 교육의 내용 구성 방향으로, '틀 기반 어휘의 의미와 의미 관계 탐구', '틀 요소의 윤곽 부여 활용 어휘 의미의 전경과 배경 탐구', '어휘 틀의 의도 파악과 어휘에 배태된 세계의 가치와 이념 탐구'를 설정하였다. 그런 다음 신문 텍스트에 사용된 어휘의 타당성을 탐구하는 교수-학습 단계와 그에 따른 학습자 수행 활동을 구안하였다. 이를 통해 학습자가 신문 텍스트의 내용을 이해하며 방아쇠 단어를 찾고 틀을 분석하여 신문 텍스트의 의도성을 인식하는 어휘 교육 내용의 실제성을 확인하였다.

향후 틀 의미론과 어휘 교육의 접점에 대한 연구는 어휘 교육 내용의 상세화 차원에서 틀 의미론을 기반으로 한 타당한 어휘 사용 교육의 내용 요소를 구체적으로 마련해 나가야 한다. 세부적인 교육 내용 요소를 마련하는 일은 학문적, 사회적, 교육적 요구를 고려한 교육학적 숙의를 거쳐야

하는 지난한 작업일 것이다. 언어 타당성의 관점에 해당하는 어휘 교육의 내용 요소를 지속적으로 마련하여 학습자의 비판적 사고력 함양을 위한 교육 내용 구성에 집중해야 하리라 본다.

틀 의미론은 비판적 언어 교육 연구의 관점에서 활발히 논의되고 있는 국어교육적 울타리를 굳건히 형성하는 기반이 될 것이다. 비판적 담화 분석, 비판적 언어 인식 등을 비롯한, '모어 화자들이 언어 행위에 대한 타당성과 공평성을 판단하는 능력(김은성, 2013: 146)'을 지향하는 국어교육 연구는 이 장의 논의와 동궤를 형성한다. 더 나아가 타당한 어휘 사용을 넘어 창의적 어휘 사용으로 이어지는 후속 연구도 진행해야 할 것이다. 틀에 대한 분석의 관점을 생성의 관점으로 전환하면, 틀짓기를 통해 창의적 어휘 사용 양상도 확인 가능할 것이다. 학습자의 경험적 개념과 어휘 사용 관계에 대한 국어교육적 연구와 실천이 활성화되길 기대한다.

3

개념적 은유와 타당한 어휘 사용
교육의 내용화*

1. 개념적 은유와 타당한 어휘 사용 교육

개념적 은유(conceptual metaphor)는 특정 사물을 다른 사물의 관점에서 이해하고 경험하는 사고의 형태를 나타내며, 이러한 사고 방식의 결과물이 언어적으로 표현된 것을 의미한다(Lakoff & Johnson, 1980: 5). 여기에서 '개념'은 인간의 '경험'을 통해 형성되며, 이 '경험'은 개인적이면서도 '사회문화' 속에서 공유되는 것이다. 따라서 개념적 은유는 '언어의 의미가 사회문화적 맥락에 따른 각 개인의 신체적 경험을 기반으로 형성된다(임지룡, 2006: 9)'는 인지언어학을 학문적 근간으로 삼고 있다.

개념적 은유는 '은유의 개념화 과정'에 따라 표현되는데, 구체적으

....

* 2부 3장은 『우리말글』 93집에 게재되었던 「타당한 어휘 사용 교육을 위한 개념적 은유 관련 교육 내용 연구」를 이 책에 맞게 수정 및 보완한 것이다.

로 '목표 영역(target domain)을 근원 영역(source domain)으로 사상(map-ping)'하는 사고의 방식을 활용한다(Lakoff & Johnson, 1980; 노양진·나익주 역, 1995: 25-33). 예를 들어 '사랑은 여행이다'라는 은유에서 '사랑'이라는 목표 영역이 '여행'이라는 근원 영역에 사상되고 있다. 여기에서 목표 영역은 근원 영역의 특성에 따라 '부각(highlight)과 은폐(hide)'의 속성을 지닌다. 곧 '사랑'을 '여행'으로 은유하면, 여행이 지닌 여러 특성 중 '끊임없는 여정과 같은 설렘'이 부각되고, 사랑의 다른 속성은 은폐된다(Lakoff, 1993: 7-8). 이때 부각과 은폐는 은유 표현자의 '선택(selection)'에 의해 이루어지는데, 그러한 선택은 표현자의 경험적 총체인 '게슈탈트(Gestalt)'에 기반을 둔다. 이에 은유 표현자의 '의도(intention)'에 따라 드러내고자 하는 세계가 표상되는 결과를 가져온다. 신선경(2006: 141)이 언급한 것처럼, 은유의 개념화 과정은 은유 표현자가 세계를 해석하는 방식을 드러내는 일종의 논증 방법이라고 할 수 있다.

개념적 은유를 어휘 교육에서 주목할 수 있는 이유는, 은유 표현에서 사용된 어휘에 세계의 중층적 의미가 함축되어 있으며, 어휘 교육에서 어휘에 표상된 세계를 인식하는 교육인 '타당한 어휘 사용 교육'이 존재하기 때문이다. 구본관 외(2014: 88-89)에서는 언어에 대한 '정확성, 적절성, 타당성'의 관점(Ivanič, 1990: 126)에 따라, 어휘 교육의 범주를 '정확한 어휘 사용, 적절한 어휘 사용, 타당한 어휘 사용'으로 제시한 바 있다.[1] 여기서 타당한 어휘 사용은 어휘 속에 사회문화의 모습이 어떻게 반영되는지를

....

1   Ivanič(1990: 126)와 관련된 김은성(2013: 145)의 다음 진술은 이 연구의 필요성을 국어교육 차원에서 설명해 준다. "우리의 국어교육은 가깝게는 '정확한' 언어를, 조금 멀게는 '적절한' 언어를 매우 정교하고 세밀하게 다루어 왔지만, 더 멀리 있는 그래서 전체 체계의 틀 안에서 또 다른 차원의 조망을 가능하게 하는 '타당한' 언어에 대해서는 앞선 두 가지에 비해서 충분히 다루지 못했다."

탐구하여 어휘를 통해 언어 인식력을 기르는 비판적 국어 능력의 함양을 지향한다. 그러나 어휘 교육의 학문 담론과 교육과정 담론(교육부, 2015, 2022; 신명선, 2011; 김규훈, 2019a; 신명선, 2020 등)에서 확인할 수 있듯이, 아직 타당한 어휘 사용에 대한 교육적 설계가 구체화되어 있지 않다.[2]

개념적 은유는 타당한 어휘 사용 교육의 기반이 된다. 그것은 '은유의 개념화 과정'을 '학습자의 은유 표현에 대한 탐구 과정'으로 대치하면, 개념적 은유 기반의 타당한 어휘 사용 교육을 설계할 수 있다. 곧 학습자가 텍스트에 사용된 은유 표현의 목표와 근원 사이의 사상 관계를 이해하고, 부각되거나 은폐된 측면을 파악하여, 표현자의 의도를 합리적으로 추론하는 어휘 교육을 구성해 나갈 수 있다.

따라서 이 장에서는 어휘 교육과 개념적 은유의 접점을 확인하고, 이를 통해 어떻게 타당한 어휘 사용의 교육 내용을 구성할 수 있는지를 탐색하려 한다. 이를 위해서는 우선 어휘 교육의 전반적 내용을 살펴보고, 그 중에서도 타당한 어휘 사용과 연관된 교육 내용을 주목해 볼 것이다. 그런 다음 개념적 은유의 관점을 활용하여 어휘 교육에 어떻게 적용할 수 있는지를 논의하고자 한다. 국어교육과 연관된 다른 학문 분야에서도 개념적 은유가 어떻게 논의되고 있는지 확인하고, 어휘 교육에 이를 활용할

....

2   국어교육에서 개념적 은유에 대한 선행 연구는 일상어에서 인지 과정으로서의 중요성, 수사학적 차원의 은유를 비판하는 차원의 타당성 등에 관한 논의로 나타나고 있다. 정혜승(2005)은 은유의 기능을 '일반화, 가치 판단, 명료화, 텍스트 구조화'로 제시하며, 은유가 국어교육에서 비판적 사고력과 이해력, 상위언어적 능력을 함양하는 데 활용할 수 있다고 하였다. 임지룡(2006)은 은유의 본질이 인간의 보편적 인지 도구라고 하면서 인지언어학 관점에서 은유 교육 내용을 적극 규명해야 한다고 하였다. 신선경(2009), 제민경·구본관(2014)에서는 각각 과학 현상과 경제 현상에 대한 은유 양상을 파악하면서, 은유가 담화 생산자의 사고가 반영되어 담화를 구성하는 힘이 있음을 논의하였다. 한편 원자경(2012), 이지선(2015), 방은수(2017), 박신영(2018) 등은 문학 교육에서 수사학적 차원의 은유를 비판하고 은유의 개념화 과정을 중시하고 있다.

수 있는 지점을 찾아볼 것이다. 끝으로 개념적 은유를 기반으로 타당한 어휘 사용 교육의 내용을 어떻게 구성할 수 있는지를 제안하고, 은유 타당성을 탐구하는 활동을 예시하여 교육적 설계의 가능성을 확인해 보고자 한다.

2. 타당한 어휘 사용 관련 교육 내용 검토

'타당한' 어휘 사용 교육은 어휘 교육의 내용 유형으로서 '정확하고' '적절한' 어휘 사용 교육을 포함하는 개념이다. 이들 어휘 교육의 내용 체계는 어휘를 고정된 체계가 아니라 언중에 의해 사용되는 사회문화적 반영체로서 바라보는 전제를 갖고 있다(구본관 외, 2014).

타당한 어휘 사용 교육과 개념적 은유의 관련성을 파악하기 위해서는 국어교육에서 타당한 어휘 사용 교육의 내용을 확인해 보아야 한다. 이때 어휘 교육 내용은 국어교육에서 모든 영역에서 존재하기 때문에 국어과의 모든 과목을 확인해 볼 필요가 있다. 여기에서는 2015 교육과정과 2022 교육과정을 모두 검토하여, 타당한 어휘 사용 교육과 관련된 성취 기준을 확인하고 관련 내용을 파악해 보기로 한다. 먼저 2015 교육과정에서의 타당한 어휘 사용 교육 관련 내용을 다음 〔표 1〕과 같이 살펴보도록 하자.

〔표 1〕은 2015 교육과정에 수록된 타당한 어휘 사용 교육과 관련된 내용이다. 이들 가운데 어휘 교육을 직접적으로 언급한 성취 기준은 '국어(문법)'와 '언어와 매체' 과목이다. 그런데 다른 성취 기준에서도 타당한 어휘 사용에 관한 내용이 간접적으로 제시되어 있다. '국어(읽기)', '국어(듣기·말하기)', '독서', 그리고 '실용 국어' 과목에서 관련 내용을 찾아볼

〔표 1〕 타당한 어휘 사용과 관련된 교육 내용(2015 교육과정)

과목	성취 기준	어휘 사용의 타당성과 관련된 진술 내용
국어 (읽기)	[9국02-06] 동일한 화제를 다룬 여러 글을 읽으며 관점과 형식의 차이를 파악한다.	(성취 기준 해설 일부) 하나의 글을 읽으면서 유사한 주제나 글감을 더 찾아 읽음으로써 자신이 읽은 글이 관점이나 형식 면에서 어떤 특성을 가지고 있는지 깊이 있게 이해할 수도 있다(45쪽).
	[9국02-07] 매체에 드러난 다양한 표현 방법과 의도를 평가하며 읽는다. ([10국02-02]와 계열성)	(교수·학습 방법 및 유의 사항 일부) 표현 방법이란 어휘나 문장 표현뿐 아니라 도표, 그림, 사진 등과 같은 시각 자료, 동영상 자료의 표현 방법을 모두 포함한다(46쪽).
국어 (듣기·말하기)	[10국01-06] 언어 공동체의 담화 관습을 성찰하고 바람직한 의사소통 문화 발전에 기여하는 태도를 지닌다.	(교수·학습 방법 및 유의 사항 일부) 언어 공동체가 관습적으로 사용하는 표현에 대하여 성찰하도록 할 때에는 고전이나 속담, 각종 매체에 반영된 담화 자료, 자신이 직접 참여한 담화 자료 등을 비판적으로 살피고 의견을 나누어 보도록 한다(58-59쪽).
국어 (문법)	[9국04-05] 어휘의 체계와 양상을 탐구하고 활용한다.	(성취 기준 해설 일부) 이처럼 체계나 양상에 따라 어휘의 유형을 탐구하고 이를 바탕으로 하여 담화 상황에 맞는 어휘를 적절하게 사용하도록 한다(51쪽).
독서	[12독서02-03] 글에 드러난 관점이나 내용, 글에 쓰인 표현 방법, 필자의 숨겨진 의도나 사회·문화적 이념 등을 비판하며 읽는다.	(교수·학습 방법 및 유의 사항) 글을 비판적으로 읽을 때에는 글이 작성된 맥락에 의해 글의 내용이나 형식, 표현 방법, 자료 등에 강조나 과장, 축소나 생략, 편집이나 왜곡 등이 있을 수 있음을 인식하고 다양한 글을 종합적으로 읽는 가운데 비판적 독해 능력이 신장될 수 있도록 한다(97쪽).
언어와 매체	[12언매02-04] 단어의 의미 관계를 탐구하고 적절한 어휘 사용에 활용한다.	(교수·학습 방법 및 유의 사항) 단어의 의미 관계를 탐구하고 적절한 어휘 사용에 활용하기를 지도할 때에는 유의 관계나 반의 관계 등이 실제 담화 자료에서 어떻게 사용되는지를 알고 이를 국어 생활에 활용할 수 있게 한다(113쪽).
실용 국어	[12실국01-01] 의사소통 맥락에 적합한 어휘를 사용한다.	(교수·학습 방법 및 유의 사항) 개별 어휘는 사전적으로 여러 의미를 가질 뿐 아니라 맥락에 따라 그 의미나 가치가 달라진다는 점을 인식하도록 지도한다. 비하나 차별 같은 부정적인 효과를 낳는 어휘도 있음을 비판적으로 인식하도록 하여 인성 교육과 연계할 수도 있다(142쪽).

수 있다.

어휘 교육 내용이 '직접적으로' 언급된 국어(문법)의 [9국04-05]는 어휘의 체계와 양상을 파악하는 내용 요소이다. 어휘의 체계는 어종에 따른 것으로 고유어, 한자어, 외래어의 분류를 가리키고, 어휘의 양상은 지역 방언과 사회 방언 등 방언학 기반의 다양한 어휘의 쓰임을 말한다.[3] [9국04-05]는 위 〔표 1〕의 성취 기준 해설에서 알 수 있듯이 어휘의 체계와 양상을 '정확히' 이해하고, 특히 어휘의 양상에 따라 '적절히' 어휘를 사용하는 교육 내용이 중심을 이룬다. 이 성취 기준과 계열성을 지닌 [12언매02-04]의 경우 '단어의 의미 관계'와 관련된 교육 내용 요소가 중심을 이룬다. 곧 단어의 의미 관계를 이해하고 '적절한 어휘 사용'에 활용하는 교수-학습이 강조되어 있다.

한편 실용 국어 과목의 [12실국01-01]에서도 어휘 사용에 관한 교육 내용이 제시되어 있는데, 실생활의 의사소통 맥락에서 어휘를 '적절하게' 사용하는 것을 중시한다. 이때 〔표 1〕의 교수·학습 방법 및 유의 사항에서 '비하나 차별 같은 부정적인 어휘 사용'을 비판적으로 인식하도록 한다는 점이 강조되어 있는데, 이는 타당한 어휘 사용 교육과 일정한 관련을 맺고 있다. 다만 실용 국어의 과목 특성상 비하나 차별의 부정적 어휘 사용을 교정하여 바람직한 인성을 함양하는 것을 지향하여, 타당한 어휘 사용 교육의 지향점과 일치하지는 않는다.

....

3   국어과 교육과정상 어휘의 체계와 양상은 김광해(1993)를 학문적 기반으로 두고 있으나, 김광해(1993)의 내용이 온전히 반영되지 못한 상태이다. 구본관 외(2014: 276)에서는 2007 개정 국어과 교육과정의 어휘 관련 내용 또한 어휘 체계, 어휘의 위상적 양상, 어휘의 화용적 양상 내용이 모두 들어가 있지는 않지만 대체적으로 반영되고 있다고 한 바 있다. 관행적으로 수록해 온 어휘의 체계와 양상에 대한 교육과정 내용이 학문적으로 정합적인지 검토해야 한다.

정리하면, 어휘 교육이 직접적으로 언급된 성취 기준에서는 타당한 어휘 사용에 관한 교육 내용이 실재하고 있다고 보기 어렵다. 다만 정확하고 적절한 어휘 사용을 기반으로 타당한 어휘 사용이 이루어진다는 점에서 어휘 사용의 정확성과 적절성은 현행 어휘 교육 내용에서 강조되고 있다고 볼 수 있다.

어휘 교육 내용이 '간접적으로' 제시되어 있는 읽기와 독서, 듣기·말하기의 관련 내용에서 타당한 어휘 사용 교육을 확인해 보기로 한다. 국어(읽기)의 [9국02-06]은 동일한 화제를 다루었지만 다르게 작성된 글에서 관점 및 형식의 차이를 파악하는 것이다. 여기서 '글의 형식'은 '텍스트 구조, 문단 구성, 어휘 사용' 등을 아우르는 의미이다(Kintsch, et al., 1998: 123). 여기서 어휘 사용에 대한 차이가 다른 글의 형식을 만들고 이에 따라 텍스트의 의미가 달라진다는 점에서 타당한 어휘 사용 교육과 관련을 맺는다. '어휘 사용의 맥락적 이유'와 관련된다는 점에서 더욱 그러하다.

[9국02-07]은 매체 텍스트에서 '표현 방법과 의도'를 탐구하는 성취 기준으로, 〔표 1〕의 교수·학습 방법 및 유의 사항에서 언급되어 있듯이 '어휘'의 표현 방법을 교수-학습한다. 매체 텍스트 생산자가 어떤 어휘를 선택하는지에 따라 표현 방법이 다르게 나타난다는 점이 이 성취 기준과 관련이 있다. 이때 이 성취 기준은 〔표 1〕에서 명시해 두었듯이, [10국02-02]와 계열성을 지니면서 교육 내용이 확장 및 심화된다. 그만큼 텍스트의 표현 방법과 의도를 탐구하는 학습을 읽기에서 강조하고 있으며, 타당한 어휘 사용 교육은 '표현 의도'와 특히 밀접한 관련을 이룬다.

[12독서02-03]은 텍스트의 '관점, 표현, 의도' 등을 바탕에 두면서, '사회문화적 이념'을 읽기의 핵심 내용으로 설정한다. 이를 통하여 '비판적 읽기'라고 할 수 있는데, 비판적 읽기는 〔표 1〕의 교수·학습 방법 및 유의 사항에 언급되어 있듯이, '형식, 표현 방법, 자료 등에 강조나 과장,

축소나 생략, 편집이나 왜곡' 등을 판단하는 학습 활동과 관련이 있다. 이들 활동에서 기본적인 언어 단위가 바로 '어휘'이다. 박수자(2006: 182)에서 언급하였듯이, 텍스트를 이해하는 것은 텍스트를 구성하는 어휘에서부터 출발하기 때문이다. 따라서 비판적 읽기는 어휘 이해를 바탕에 두는데, 텍스트에 제시된 어휘가 왜 쓰였는지, 필자의 어떤 의도가 있지는 않은지, 해당 어휘로 인해 구성되는 사회문화적 이념은 무엇인지 등을 파악하는 데 교수-학습의 초점이 놓인다.

한편 듣기·말하기 영역의 성취 기준인 [10국01-06]의 경우, 타당한 어휘 사용 교육과 직접적인 관련성은 떨어지지만, 〔표 1〕의 교수-학습 및 유의 사항에서 '담화 자료를 비판적으로 살피는' 부분이 일정 부분 관련을 이룬다. 다만 [10국01-06]의 교수-학습 주안점이 '담화 관습'을 파악하는 것에 놓여 있는바, 담화 자료에서 어휘 사용만을 주목하는 성취 기준이라고 보기는 어렵다.

다음으로 2022 교육과정에서 타당한 어휘 사용 교육에 관련된 내용 요소를 다음 〔표 2〕에서 확인해 보기로 한다.

〔표 2〕는 2022 교육과정에서 타당한 어휘 사용과 관련된 교육 내용을 찾아본 것이다. 앞선 〔표 1〕의 2015 교육과정과는 달리 2022 교육과정에서는 중등학교 이후 성취 기준에서 타당한 어휘 사용과 관련된 교육 내용을 모두 문법 영역에서 확인할 수 있다. 읽기나 독서 등에서 존재하던 비판적 독해 관련된 내용이 2022 교육과정에서 축소된 것으로 보인다.

〔표 2〕에서 타당한 어휘 사용과 관련된 교육 내용은 2015 교육과정과 마찬가지로 직접적인 성취 기준으로는 제시되지 않았다. '간접적으로' 해석 가능한 성취 기준이 존재하는데, 〔표 2〕의 '국어(문법)'에서 '다양한 집단·사회의 언어에 대한 언어적 관용'을, '공통국어1(문법)'과 '화법과 언어(문법)'에서는 모두 '표현 의도, 적절한 어휘 선택' 등을 꼽을 수 있다.

〔표 2〕 타당한 어휘 사용과 관련된 교육 내용(2022 교육과정)

과목	성취 기준	타당한 어휘 사용 교육 관련 내용 요소
국어 (문법)	[9국04-07] 세대·분야·매체에 따른 어휘 양상과 쓰임을 분석하고 다양한 집단과 사회의 언어에 관용적 태도를 보인다.	• 세대·분야·매체에 따른 언어 • 어휘의 양상과 쓰임 • 다양한 집단·사회의 언어에 대한 언어적 관용
공통 국어1 (문법)	[10공국1-04-03] 다양한 분야의 글과 담화에 나타난 문법 요소 및 어휘의 표현 효과를 평가하고 적절한 표현을 생성한다.	• 화제에 대한 필자의 태도나 입장이 드러나는 어휘 • 글이나 담화의 맥락·종류·분야에 따른 어휘 선택과 효과 • 이러한 어휘를 활용하여 글이나 담화에 적절한 표현을 생성
화법과 언어 (문법)	[12화언01-05] 담화의 맥락에 적절한 어휘와 문법 요소를 선택하여 화자의 태도를 드러낸다.	• 화자의 의도·청자의 특성·담화의 목적 등에 적절한 어휘 선택 • 학습자가 담화 맥락을 고려하여 직접 담화를 구성하며 자신의 태도를 드러내는 어휘를 선택적으로 활용

특히 표현 의도를 탐구하는 어휘와 관련하여 어휘 사용의 타당성 탐구가 실현 가능하다는 점을 확인해 볼 수 있다. 그럼에도 해당 성취 기준들은 모두 '적절한 어휘 사용'을 중심에 두고 있다는 점도 타당한 어휘 사용 교육의 입장에서는 한계를 지니는 사실이라고 하겠다.

지금까지 살펴보았듯이, 2015 교육과정 및 2022 교육과정의 어휘 교육 내용에서 타당한 어휘 사용은 성취 기준에 명시되어 있지 않다. 모든 과목과 하위 영역에서 특히 적절한 어휘 사용을 중심으로 관련 교육 내용이 제시되어 있는데, 이 가운데 '표현 의도 탐구'의 경우, 타당한 어휘 사용으로 확장될 수 있는 여지를 충분히 지니고 있다. 다만 이마저도 2015 교육과정에서 읽기 및 독서에서 명기된 비판적 읽기와 어휘 선택의 교육 내용이 2022 교육과정에서는 어휘 선택 부분이 명시되지 않은 채 존재하고 있다는 점은 아쉽다고 하겠다.

국어교육에서 타당한 어휘 사용 교육 내용은 범영역적으로 구성되어 나가야 한다. 어휘 사용의 적절성에 그치지 않고, 어휘 사용의 타당성을 명시적으로 탐구하는 교육 내용이 성취 기준으로 명확히 설정되어야 하는 것이다. 이를 통해 읽기 영역을 비롯한 다른 국어 활동 영역에서 어휘 사용이 강조되는 도구적 활동으로 발전시킬 수 있다. 일례로 읽기 영역에서는 신명선(2020: 269)이 강조한 것처럼 '비판적 읽기' 활동의 세부 활동으로서 어휘 사용의 타당성 탐구 활동이 안정적으로 추가되게 하여, 비판적 읽기 능력의 향상을 꾀할 수 있다.

보다 구체적으로 신명선(2020: 269-274)은 어휘 사용의 타당성 탐구 활동에 대하여 '어휘 개념화 파악 활동', '어휘 비교 활동', '어휘 바꾸기 활동'으로 구분하였다. 어휘 개념화 파악 활동은 사태에 대한 해석의 방향이 개념화의 방향을 결정하고, 개념화의 결과가 어휘 선택으로 이어진다는 어휘 사용 전략에 기반한다(신명선, 2009: 20). 어휘 비교 활동은 동일 사태를 다룬 여러 텍스트에서 어휘 선택의 차이와 표현 의도의 차이를 비교하는 활동을 말한다. 어휘 바꾸기 활동은 글쓴이의 관점이나 태도, 표현 의도 등을 비판적으로 인식하여 텍스트의 어휘를 맥락에 따라 다른 어휘로 교체하는 것이다. 일련의 활동은 타당한 어휘 사용 교육의 내용을 구성할 수 있는 하나의 참조점이 될 수 있다.

이때 어휘 개념화 파악 활동은 사용된 어휘를 언중의 개념화 과정에 대한 반영체로 바라본다는 점에서, 타당한 어휘 사용 교육의 내용 구성에서 가장 중요한 위상을 지닌다. 이때 텍스트에 표현된 어휘의 개념화 양상이 무엇인지에 따라 해당 어휘 사용이 지닌 의도나 관점 등을 비교할 수 있는 방법론이 달라진다는 점 또한 유념해야 한다. 곧 개념화(conceptualization)가 인지언어학을 전제한다는 점에서 틀짓기(framing), 개념적 은유(conceptual metaphor), 평가 이론(appraisal theory) 등을 타당한 어휘 사용 교육으로 재개념화하여 타당한 어휘 사용 교육을 위한 방법론을 마련해 나갈 필요가 있다.

3. 개념적 은유 관련 논의와 어휘 교육에의 적용 방향

개념적 은유를 타당한 어휘 사용 교육의 내용을 구성하는 방법론으로 활용하기 위해서는, 개념적 은유가 어떻게 어휘 교육에 적용되고 있는지 확인해야 한다. 이는 이전 논의를 참고하여, 개념적 은유가 어휘 교육, 특히 타당한 어휘 사용 교육에 어떻게 적용될 수 있는지에 대한 방안을 고민하는 작업이다. 이러한 방안을 더 폭넓은 관점에서 다루기 위해, 국어교육과 그 인접 영역인 국어학에서 진행된 은유 및 비유에 관한 어휘 교육 연구를 확인해 보기로 한다.

국어교육에서 은유는 전통적인 수사학의 관점에서 문학 영역에서 다루어 오다가 2000년대 중반부터 일상어를 대상으로 한 일종의 사고 과정으로 간주하고 있다.[4] 수사학적 은유에서 개념적 은유로 국어교육적 연구의 지평이 확장되고 있는 것이다. 이와 관련하여 정혜승(2005: 182)에서는 은유가 장식적이고 부수적인 기능만 담당하는 표현 방법에 불과하다는 관점으로부터 은유가 인간의 언어와 사고에 지대한 영향을 미치는 인지적 기능을 수행하며, 언어생활에서 보편적이고 일상적으로 나타나는 현상이라는 관점의 변화가 있음을 지적한 바 있다. 임지룡(2013: 28)은 일상 언

....

4   비유는 제3차 교육과정에서 처음 나타나며 현행 개정 교육과정에 이르기까지 그 시각에 큰 변화가 없다. 비유의 종류를 직유, 은유, 의인, 활유, 대유, 풍유, 우유의 일곱 가지로 제시하고 있으며, 비유를 문학 중심의 수사적 차원에서 효과적인 표현 기법의 일환으로 간주하고 있다. 이것은 비유에 대한 전통적 관점과 맥이 닿아 있다고 하겠다(임지룡, 2013: 24-25).

어가 비유로 가득 차 있다고 하며 개념적 은유가 인지 전략으로서 의미를 지닌다고 하였다. 이처럼 인지언어학에서는 비유 표현을 문학의 수사적이거나 일탈된 표현이 아니라 개념적 현상이며 인간의 신체적 경험에 기반을 둔 자연스러운 현상으로 바라보고 있다.

그러나 이러한 개념적 은유를 국어교육에서 실질적으로 활용하는 논의, 즉 국어교육의 세부 교육 내용을 구성하거나 교수-학습 방법을 설계하는 논의를 찾아보기는 쉽지 않다. 김규훈(2019: 25)에서는 신문 기사문에서 사용된 개념적 은유를 분석하여 사용된 어휘의 타당성을 탐구할 수 있는 가능성을 보여주었지만, 개념적 은유와 어휘 교육의 내용적 접점이나 어휘 교육에서 개념적 은유의 활용 가능성을 실재화하지 못한 한계가 있다.

다만 한 가지 주목할 점은 개념적 은유 대신 문법적 은유(grammatical metaphor)의 국어교육적 연구가 비교적 활발히 이루어지고 있다는 사실이다. 소지영·주세형(2017)은 자연 과학의 의미화 방식으로 문법적 은유를 주목하여 초·중등학교의 과학 교과서를 분석하여, 과학 지식을 구성하고 습득하는 매개체로 언어의 역할을 서술하였다. 조진수(2018)는 수학 문장제 텍스트를 이해하는 단계를 분석하였는데, 일상적 표현을 문법적 은유로 변환하는 단계, 문법적 은유를 수식으로 변환하는 단계가 있음을 확인하였다. 장려란(2018)은 다소 개괄적이지만 체계기능언어학을 바탕으로 문법적 은유의 유형과 특징을 살펴보고, 학술 담론의 텍스트에서 그 실현 양상을 확인하였다. 이들 연구는 문법적 은유를 사고의 표현 과정으로 파악하고자 하였다는 의의를 지니는데, 대체로 문법적 은유의 대표적 유형인 '명사화(nominalization)'를 주목하고 있다.

이때 김상태(2020: 130)는 할리데이(Halliday, M.A.K.)가 어휘적 은유를 보완하는 개념으로 문법적 은유를 처음 도입했던 것처럼, 어휘적 은유와 문법적 은유의 관련성에 대한 연구가 확충되어야 함을 언급하였다. 김상태(2020)의 지적은 문법적 은유에 대한 국어교육적 논의는 의의가 있음에도, 정작 문법적 은유와 연계되는 개념적 은유의 국어교육적 논의는 충분하지 않다는 사실을 말한다.

한편 어휘와 개념적 은유의 연계성은 국어교육의 인접 학문인 국어학에서 확인할 수 있다. 이들 논의는 개념적 은유의 사상 관계(mapping)에 주목하여 유사성을 기반으로 어휘의 확장 및 해석이 가능하다는 연구와 이를 기반으로 개념적 은유의 데이터베이스를 구축하기 위해 어휘 코퍼스(corpus)를 활용하는 연구 등으로 확인된다. 이들은 공통적으로 개념적 은유의 작용에서 어휘가 지니는 의미적 특성을 규명한 것이라고 할 수 있다.

이와 관련하여 최경봉(2000: 216)은 언어의 은유적 속성과 언어의 생성 및 해석 원리가 어떻게 연결될 수 있는지에 대한 연구가 구체적으로 진행되지 않았다고 한 바 있다. 단어의 의미 구성, 다의성, 의미 확장 등 어휘의 의미 양상은 개념적 은유를 기반으로 논의될 수 있다고 하였다(최경봉, 2000: 218). 이와 유사한 맥락에서 이정식 외(2000: 569-570)는 기존의 어휘와 그 어휘의 다의 파생 과정을 통해 감당하기 어려운 새로운 의미가 생겨났는데, 어휘 파생에 개입한 힘이 바로 '은유'라고 하였다. 어휘의 생성과 확장에 개념적 은유가 작동하고 있음을 강조한 것이다.

특히 최경봉(2002: 292-293)에서는 다수의 은유 연구가 은유 표현의 생성과 해석 과정에서 개념망(concept network)이 일정한 역할을 하고 있음을 보여주었음에도, 개념망의 언어적 실재에 대한 심도 있는 논의가 이루어지지 않았다고 하였다. 이를 극복하고자 최경봉(2002: 293)에서는 매체어(source domain)의 개념망이 목표어(target domain)에 투사되는 것을 가능케 하는 요인을 매개어(bridge term)의 공유로 보며, 매개어가 은유 표현의 생성과 해석 절차를 형식화하는 문제와 밀접히 관련된다고 하였다. 개념적 은유의 사상 관계에 작용하는 인지 과정의 형식적 표현으로서 어휘가 기본 단위로 작용한다는 사실을 보여준 것이다.

같은 맥락에서 도원영 외(2018: 58)는 은유 표현을 집적한 대규모 데이터베이스를 구축하는 일이 필요하다고 보고, 기존의 말뭉치 사전(코퍼스)을 활용하여 은유 데이터베이스를 구축하는 방향을 제시하였다. 은유 데이터베이스는 한 집단이나 사회 내 빈번히 쓰이는 은유 표현을 바탕으로 그 집단이나 사회에 소속된 언중의 의식이나 이념성을 엿볼 수 있다는 점에서 코퍼스 연구로서 의의를 지닌다. 이러한 사실은 은유의 사상 관계를 나타내는 어휘를 명시적으로 파악하려 한다는 점에서 어휘 사용에 관한 연구와 일정 부분 관련된다. 곧 근원 영역의 어휘를 검색하고, 목표 영역의 어휘를 검색한 다음, 두 어휘 사이의 표지를 파악하는 과정으로 코퍼스 기반의 은유 표현 데이터베이스를 구축한 것이다(도원영 외, 2018: 67).[5] 어휘 사용이 은유 개념화 과정의 세부 단계와 연결된다는 점을 명시하여, 다양한 텍스트 자료에서 은유 표현을 체계화하고자 한 것이다.

국어학에서 이루어진 은유 관련 논의를 종합해 보면, 개념적 은유의 사상 관계 및 의미 작용에서 작동하는 어휘의 양상을 밝히려 하고 있다. 국어학은 어휘 사용보다는 어휘 자체의 의미적 특성에 주목하는 학문 분

....

5   은유 표현의 데이터베이스 구축 절차(도원영 외, 2018: 67)는 아래 표와 같다.

	단계	적용 코퍼스
1	근원 영역 어휘 검색	〈표준〉, 〈고려대〉, 관용어·속담 사전, 신어 자료집
2	목표 영역 어휘 검색	
3	근원 영역과 목표 영역에서 온 어휘 요소를 포함한 문장 검색	세종, 물결21, 구어코퍼스, 문학작품 코퍼스
4	'은유 표지'를 기반으로 한 은유 검색	
5	매뉴얼 검색	SNS 언어 자료

야의 성격을 전제하고 있다. 이러한 성격을 고려할 때, 국어학의 연구를 국어교육의 어휘 사용 교육으로 직접 전이하기는 어렵겠지만, 어휘 코퍼스 등과 같이 '사용된 어휘의 흔적'을 적극적으로 개념적 은유와 연계하는 것은 국어교육에 의의가 있다.

이와 관련하여 국어학에서 논의된 개념적 은유의 사상 관계에 대한 어휘적 특성은 어휘의 결합 양상에 대한 정보만 주는 것이 아니라, 유사성을 왜 공유했는지에 대한 은유 사용자의 의도가 깔려 있음을 주목할 수 있다. 예컨대 '국회의원 후보 경선에서 낙마(落馬)'라는 표현에서 '낙마'라는 근원 영역은 '직이나 역할에서 물러나다'라는 목표 영역과 사상되는데, 이 사상 관계에서 선택된 '낙마'라는 어휘는 자의적인 것이 아니라 신체화된 것이다. 곧 '낙마'가 말에서 떨어지는 행위의 의미로서 이는 예로부터 과거에 합격하여 말을 타고 관직에 오르는 것과 그 반대로 관직에서 물러나는 것이 말에서 내려온다는 역사·문화적 틀을 지니고 있다.

국어교육에서 주목할 부분은 바로 "왜 '낙마'라는 어휘를 사용했는가?"라는 문제의식이며, 이를 학습자가 사회문화적 관점에서 바라보도록 유도하는 어휘 교육이 필요하다. 이것이 바로 타당한 어휘 사용 교육의 필요성이자 교육적 지향점에 해당한다고 볼 수 있다.

지금까지의 논의한 국어교육 및 국어학의 개념적 은유에 관한 연구 담론을 바탕으로, 어휘 교육에 적용할 수 있는 방향을 제시하면 다음 [그림 1]과 같다.

[그림 1]에서 개념적 은유와 어휘 교육에의 활용 양상은 향후 활발히 논의되어야 함은 물론이거니와, 사회문화적 관점에서 어휘의 가치와 이념을 탐구할 수 있는 방향으로 개념적 은유 관련 어휘 교육이 설계되어야 한다. 이는 [그림 1]에서 확인할 수 있듯이, 국어교육에서 논의된 문법적 은유에 관한 연구와 연계하여 개념적 은유가 지닌 표현의 의도성을 강조

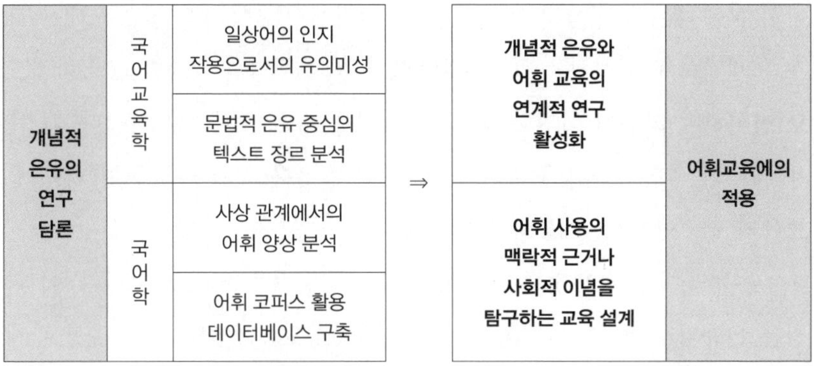

[그림 1] 개념적 은유 연구와 어휘 교육에의 적용 방향

하는 일이자, 국어학에서 논의된 개념적 은유의 사상 관계를 어휘 사용의 차원에서 적용하는 일이다.

결국 은유 표현에서 '사용된 어휘를 통해 세상을 읽을 수 있는' 어휘 사용 교육이 개념적 은유를 어휘 교육에서 활용할 수 있는 방안이다.[6] 이러한 교육 방안이 타당한 어휘 사용 교육의 실현 양상이라는 점을 직시할 때, 개념적 은유는 타당한 어휘 사용 교육의 내용 요소 가운데 하나로 설정되어야 할 것이다.

4. 개념적 은유 기반 어휘 사용의 타당성 교육 내용 체계와 실제

이제 개념적 은유를 기반으로 어휘 사용의 타당성을 탐구할 수 있는

....

6   향후 어휘 코퍼스 논의는 빅데이터 연구와 결합하여 사용된 어휘의 경향성, 특히 이념성이나 정치성을 파악하는 차원에서 적극 활용될 가능성이 크다.

어휘 교육 내용을 구성해 보고자 한다. 여기에서는 구체적인 교육 내용 요소를 세밀하게 제시하는 대신, 개념적 은유의 개념화 과정을 교수학적으로 변환하여 타당한 어휘 사용 교육의 내용 체계를 제안할 것이다. 이 내용 체계의 적합성을 검증하기 위해, 개념적 은유 기반 타당한 어휘 사용 교육의 교수-학습을 제안해 보기로 한다.

은유의 개념화 과정은 개념적 은유가 작동하는 원리를 말한다. 이 과정은 은유의 목표 영역과 근원 영역을 파악하고, 두 영역 간의 사상 관계를 탐구하는 것을 의미한다. 은유의 개념화 과정을 명시적으로 살펴볼 수 있는 이유는 이 과정이 머릿속에서만 추상적으로 이루어지는 것이 아니라, 두 영역의 결합 과정에서 관여하는 은유 표현자, 그리고 은유 표현이 실행되는 배경인 사회문화적 맥락이 적극적으로 작동하기 때문이다. La-koff & Johnson(1999)에서 언급한 것처럼 개념적 은유는 신체화된 의미(embodied meaning)를 형성하는데, 이는 은유 표현이 언중의 사회문화적 경험에 녹아 들어 있다는 사실을 전제한다.[7]

은유의 개념화 과정은 은유 표현의 생성과 해석을 과정적으로 논의한 연구에서 확인할 수 있다. Reddy(1979)는 도관 은유(conduit meta-phor)를 제시하여 언어를 인간 사고의 통로로 은유적으로 해석하였다. 이는 의사소통 상황에서 화자와 청자 사이에 보이지 않는 통로를 통해 메시지가 전달되고 생성된다는 사실을 개념적 은유로 설명한 것이다. 도관 은유는 일상 언어의 의미화 과정이 은유적 언어로 빈번히 실행된다는 점을

....

7   Goatly(1997: 138)에서는 은유가 일상 의사소통 상황에서 설명, 논증과 추론, 정서의 표현, 텍스트 구조화, 의미 재개념화 등의 기능을 한다고 하였다. Sullivan(2006: 388-340)은 은유의 근원 영역은 일상생활에서 경험에 의해 형성되는 틀(frame)로 구성된다고 하였다. 이처럼 개념적 은유는 언중의 경험과 그 경험을 촉발하는 사회문화적 맥락과 긴밀한 관련을 지닌다.

보여준 은유 표현의 기본 원리에 해당한다. Lakoff(1993)는 Reddy(1979)를 기반으로 언어에서 빈번히 나타나는 은유 표현의 구조를 목록화한 바 있다.

Müller(2008)는 개념적 은유에 대한 연구를 종합하여 은유의 생성과 소멸 과정을 단계로 정리했다. 은유가 의식 속에서 잠재되어 있다가 깨어나는 생성 메커니즘을 명시적으로 제시하고자 한 것이다. 이 단계는 '은유 표현의 명제화 → 사상 관계 명제화 → 부각과 은폐의 인지 요소 파악 → 은유 표현의 사회적 의미 이해'로 나타나며, 다수의 개인이 사용하는 은유 표현 및 그 사상 관계를 명제로 구성해야 한다는 점을 강조하였다.

Larson(2011)도 이와 유사한 은유의 개념화 과정을 살필 수 있는데, 특히 환경 분야에 집중하여 심각한 환경 문제가 은유 표현으로 개념화되는 과정을 들여다보았다. 일례로 Larson(2011: 75)에서는 자연을 설명할 때 빈번히 등장하는 표현 중 하나인 '생존을 위한 위대한 전투(the great battle for survival)'라는 표현에서 '자연은 전쟁이다'라는 은유를 주목하여 은유 표현의 개념화 과정을 설명하고 있다. 이를 개념화 과정에 따라 다음 〔표 3〕과 같이 살펴볼 수 있다.

〔표 3〕에서 볼 수 있듯이, Larson(2011)에서는 '은유 표현 확인, 사상 관계 이해, 근원 영역에서 부각과 은폐 파악, 표현 의도 추론'을 바탕으로 '의도성의 사회적 인식'의 과정으로 은유 표현을 분석하였다. 이들 단계는 은유 표현이라는 언어적 차원에서부터 표현 의도 추론 및 의도성의 사회성 인식이라는 인지-사회적 차원으로 확장된다.

구체적으로 먼저 '생존을 위한 위대한 전투'라는 언어 표현에서 '자연은 전쟁이다'라는 은유를 확인한다. 그런 다음 '자연은 전쟁이다'라는 은유가 자연의 이치인 '생존 원리'를 '투쟁과 경쟁'의 사고로 사상하고(mapping) 있음을 이해한다. 그 과정에서 '전쟁' 은유는 자연의 '적자생존' 특

[표 3] 은유 표현의 개념화 과정(Larson, 2011)

은유 표현 확인	사상 관계 이해	부각과 은폐 요인 파악	표현 의도 추론	의도성의 사회적 인식
"생존을 위한 위대한 전투" "자연은 전쟁이다" 은유	자연에서 동식물의 '생존 원리'를 전쟁과 같은 '투쟁과 경쟁'으로 사고	'전쟁'은 자연의 적자생존 현상을 부각, 자연의 상생과 협력의 속성은 은폐	은유 표현자는 경쟁을 자연의 본질로 인식 (다윈의 진화론 경쟁 관점 기반)	인간 사회 또한 경쟁에 기초한 인간의 이기심이 작용한다는 인식을 강화할 우려

성을 부각하고 또 다른 자연의 본질인 상생과 협력의 가치는 은폐한다는 사실을 파악한다. 결국 '생존을 위한 위대한 전투'라는 표현의 생산자는 자연의 본질을 경쟁으로 인식하고 있다는 의도성을 지니고 있음을 파악하여, 궁극적으로 이러한 의도성이 우리 사회에도 팽배하다는 사회적 인식에 도달할 수 있다. 이를 바탕에 두면 은유의 개념화 과정은 아래와 같이 정리된다.

㉮ 언어적 표현에서 개념적 은유 이해: 언어 표현의 인지적 이해
㉯ 개념적 은유의 사상 관계 파악: 인지적 유사성의 어휘 사용 양상 파악
㉰ 사상 관계에서 부각과 은폐 요소 탐색: 근원 영역의 인지적 특성 이해
㉱ 은유 표현의 사회문화적 의미 탐구: 은유 표현의 의도와 이념성 탐구

은유의 개념화 과정은 언어 표현을 인지적으로 이해하는 첫 번째 ㉮ 단계에서 출발하여, 개념적 은유의 속성에 따라 사상 관계를 파악하고 부각과 은폐의 요소를 탐구하는 ㉯, ㉰ 단계를 거쳐서, 마지막으로 은유 표현이 표상하는 세계를 이해하는 ㉱ 단계로 나아간다. 여기서 개념적 은유의 사상 관계는 인지적 유사성이 어휘 사용으로 드러난다는 점에서 어휘 교육과 적극적으로 연결된다. 은유 표현이 표상하는 의미를 탐구한다는

은유의 개념화 과정	⇔	어휘 사용 중심의 어휘 교육 내용 범주	⇒	타당한 어휘 사용 교육의 내용 체계
[은유 표현 확인] 은유 표현을 구성하는 목표 영역과 근원 영역 확인		[정확성] 어휘 양상에 따른 어휘의 특징 이해, 단어 및 단어 관계의 의미 파악		• 텍스트에 제시된 언어 표현에 나타난 개념적 은유의 구조와 기본 의미 이해
[사상 관계 분석] 목표 영역과 근원 영역의 관계적 의미 분석	⇔	[적절성] 의사소통 상황에 적절한 어휘 사용, 어휘 사용의 맥락적 의미 이해	⇒	• 은유 표현의 목표 영역과 근원 영역을 표상하는 어휘의 경험적 의미 파악
[의도성 인식] 사상 관계를 통한 은유 표현의 사회적 의미 탐구		[타당성] 어휘의 사용된 의미를 통한 의도성, 효용성, 사회문화성 이해		• 목표 영역을 사상하는 근원 영역의 어휘가 지닌 의도성과 사회문화성 탐구

〔그림 2〕 개념적 은유 기반 타당한 어휘 사용 교육의 내용 구성 방향

은유의 개념화 과정에 대한 도달점은 어휘를 통해 세계를 이해한다는 타당한 어휘 사용의 교육과 일치한다.

이러한 맥락에서 은유의 개념화 과정은 타당한 어휘 사용 교육의 내용 체계를 수립하는 데 중요한 역할을 할 수 있다. 이는 어휘 사용의 정확성, 적절성, 그리고 타당성을 탐구하는 교육 내용으로, 위에서 살펴본 은유의 개념화 과정을 대응시킬 수 있다. 곧 ㉮ 단계는 언어 표현에서 은유의 구조를 파악하는 것으로 정확성의 차원, ㉯와 ㉰ 단계는 은유 표현의 사상 관계에 따른 어휘의 관계적 의미를 파악하는 것으로 적절성의 차원, 그리고 ㉱ 단계는 은유 표현을 통해 의도와 사회적 의미를 파악하는 것으로 타당성의 차원으로 연결된다. 이를 바탕으로 개념적 은유 기반 타당한 어휘 사용 교육의 내용 구성 방향을 제시하면 위 〔그림 2〕와 같다.

〔그림 2〕는 개념적 은유를 기반으로 타당한 어휘 사용 교육의 내용을 구성하는 방향을 제시한 것이다. 은유의 개념화 과정을 어휘 교육의 내용 체계에 대응하여, 타당한 어휘 사용 교육의 내용 구성 방향을 제시하였다.

은유 표현을 확인하고, 사상 관계를 분석하여, 은유 표현의 의도성을 인식하는 은유의 개념화 과정과 정확성, 적절성, 타당성에 따른 어휘 교육 내용이 상호 조응하며, 이를 토대로 텍스트에서 은유 표현의 구조를 파악하고 그 사상 관계를 이해하며 궁극적으로 은유 표현이 어떠한 세계의 모습을 담고 있는지를 탐구하는 교육 내용으로 체계화된다.

〔그림 2〕에 제시된 세 범주는 교육 내용 대강화의 관점에서 체계의 방향성을 제시한 것이므로, 추후 상세한 교육 내용 요소를 마련해 나가야 한다. 이때 중요한 것은 위 세 범주는 어휘 사용의 측면을 담지한 만큼 학습자의 수행적 활동의 형식으로 교육 내용을 구성해야 한다는 사실이다. 이와 관련하여 〔그림 2〕의 내용 구성 방향에 따른 타당한 어휘 사용의 학습 활동을 제안해 보기로 한다. 신문 텍스트를 대상으로 학습 활동의 단계 및 텍스트와 단계별 학습 활동의 예를 제시하면 다음 〔그림 3〕과 같다.[8]

〔그림 3〕은 뉴스의 사회 및 경제 분야에서 빈번히 등장하는 '전쟁 은유' 및 '날씨 은유'가 나타나는 텍스트를 선정하여, 학습자가 해당 은유 표현에 쓰인 어휘를 통해 세계를 인식하는 학습 활동을 구안한 것이다. 단계별 학습 활동에서 제시된 발문에서 나타나듯이, 학습자가 신문 텍스트의 중심 어휘를 능동적으로 찾고, 은유 표현을 파악하여 개념적 은유의 사상 관계를 이해하고, 자신의 어휘 사용 경험 및 사회문화적 맥락을 바탕으로 왜 그러한 은유 표현이 사용되었는지를 탐구하는 활동이 수행된다. 위 신문 텍스트의 경우, '경제는 전쟁이다' 내지 '경제는 날씨다'라는 은유는 부

………

8   신문 텍스트는 은유 표현 연구를 위한 대상 텍스트로 빈번히 활용된다. 김해연(2016)은 선거 담화에 동원된 비유 표현을 개념적 은유의 사상 관계로 파악하였고, 임혜원(2018)은 가상 화폐에 관한 기사에서 은유 표현을 분석적으로 탐구하였다. 이렇듯 은유 표현이 신문 텍스트 생산자의 의도를 이면적으로 담고 있는 훌륭한 표현 방식이라고 할 수 있다(임혜원, 2018: 3; 심지연, 2016: 114).

학습 활동의 단계	텍스트와 단계별 학습 활동의 예
① 신문 텍스트의 내용 이해와 중심 어휘 파악	**제주경제, 코로나19로 '직격탄'** **…새해에도 '흐림'** 지난해 제주경제는 사상 초유의 코로나19 사태로 '직격탄'을 맞았다. 관광산업의 피해는 가늠하기조차 어려울 정도이다. / 2021년 제주경제 전망도 어둡다. 코로나19 3차 대유행으로 불확실성이 가중되면서다. 관광산업도 당분간 침체를 벗어나지 못할 전망이다. (출처: 『뉴스1』, 2021.1.3.)
↓	
② 중심 어휘의 사용 맥락에 따른 은유 표현 정리	
↕	
③ 목표 영역과 근원 영역의 어휘 사용 근거 탐색	① 위 기사를 읽고 중심 내용과 관련된 어휘를 찾아보자. ② '직격탄'과 '흐림'의 어휘에 쓰인 비유적 의미를 말해 보자. ③ 위 '②'의 의미와 경제 현상의 관련성을 함께 생각해 보자.
↓	
④ 근원 영역에 관련된 경험적 배경지식 상기	④ '전쟁 은유'나 '날씨 은유'를 사용한 자신의 경험을 토대로 필자가 왜 해당 은유를 사용했는지 생각해 보자.
↕	
⑤ 은유 표현자의 표현 의도 추론	⑤ '경제는 전쟁', '경제는 날씨'에 숨어 있는 표현 의도를 추론해 보자.
↓	
⑥ 은유 표현을 통한 사회문화적 가치 인식	⑥ 위 텍스트의 은유 표현을 바탕으로 사회문화적 가치를 해석해 보자.

〔그림 3〕 신문 텍스트에 쓰인 은유 표현의 어휘 사용 타당성 탐구 활동

정적 현상을 보다 극적으로 표현하여 독자를 자극하고, 제주의 경제적 상황이 마치 전쟁으로 인한 파괴나 흐림의 날씨와 같이 상당히 침체되어 우울한 상태라는 의미가 배가된다.[9]

....

9   참고로 위 발문의 예시 답안을 제시하면 다음과 같다. "① '제주경제', '직격탄', '흐림', '피해', '어둡다', '침체' 등, ② '직격탄'은 전쟁의 의미, '흐림'은 날씨의 의미 등, ③ 경제 현상은 전쟁이나 날씨와 같이 대립적이고 변화 가능한 것, ④ 예) '나는 맑은 날보다 흐린 날을 훨씬 더 좋아해.', ⑤ 전쟁이나 날씨의 부정적 의미는 현상의 부정성을 극대화함, ⑥ 흐

〔그림 3〕의 학습 활동은 경제 분야의 대표적 은유가 나타난 신문 텍스트를 대상으로 구안하였다. 추후 텍스트 유형과 다양한 은유 표현을 교육적 실행으로 설계할 필요가 있다. 이를 위해서는 대규모 어휘 빅데이터를 활용하여 텍스트 유형과 은유 표현의 목록을 탐색하는 작업도 필요할 것이다. 타당한 어휘 사용 교육의 체계화를 위한 교육 내용의 자원과 실천의 활동을 모두 고려해 나가야 한다.

5. 정리와 전망

이 장에서는 타당한 어휘 사용 교육을 위한 개념적 은유 관련 교육 내용을 논의해 보았다. 이를 위해 먼저 국어과 교육과정에서 어휘 교육 내용을 조사하여 타당한 어휘 사용 교육의 현황을 분석하였다. 이후 국어교육 및 국어학 분야에서 논의된 개념적 은유의 경향을 살펴보고, 이를 기반으로 타당한 어휘 사용 교육을 위한 적용 방향을 고민하였다. 그리고 은유의 개념화 과정을 기반으로 한 은유의 형성 원리를 토대로 타당한 어휘 사용 교육의 내용 체계를 제안하였다. 이는 은유의 개념화 과정을 어휘 사용의 정확성, 적절성, 그리고 타당성이라는 범주에 대응시켜 향후 구체적인 교육 내용을 계획할 수 있는 방향을 제시한 것이다. 마지막으로 이러한 내용의 가능성을 확인하기 위해 어휘 사용의 타당성을 탐구하는 학습 활동을 구안해 보았다.

국어교육에서는 예전부터 개념적 은유에 주목해 왔지만, 어휘 교육에서 개념적 은유를 적극적으로 적용한 논의는 여전히 부족하며, 특히 타

....

림을 부정적으로 인식하는 경향, 전쟁과 같은 세상의 모습 등."

당한 어휘 사용으로 이어지는 논의는 아직 초기 단계에 머물러 있다. 개념적 은유는 타당한 어휘 사용 교육의 내용과 방법을 개발하는 데 유의미한 역할을 할 수 있다. 그러나 구체적인 내용 요소를 마련하려면 어휘 사용을 중심으로 한 어휘 교육의 내용에 대한 꾸준한 논의가 필요하다. 더불어 이번에 제안된 개념적 은유 기반 어휘 사용의 타당성 탐구 활동은 교육 현장에서의 효과를 확인하고 구현 가능성을 모색하기 위한 지속적인 논의 또한 요청된다. 특히 어휘 사용은 학습자의 일상 언어 사용과 직접적으로 관련되어 있으므로, 구상된 학습 활동이 교육 현장에서 어떻게 적용될 수 있는지에 대한 실질적인 논의가 이어져야 한다.

앞으로 어휘 사용 교육과 어휘 사용의 타당성 탐구에 대한 어휘 교육 연구가 활성화되기를 기대한다. 어휘가 언어 자산이고 지식이며 사고 능력이자 문화유산 그 자체라는 사실은(김광해, 1997: 8-12), 학습자가 어휘를 정확하고 적절히 사용하는 데 그치지 않고, 더 나아가 어휘를 통해 사태를 파악하고 사회문화 현상을 통찰할 수 있는 교육 내용이 체계화되어야 함을 의미한다. 이를 위해서는 타당한 어휘 사용을 포함하도록 어휘 교육의 내용 범주를 확장하고, 어휘 사용의 타당성을 국어 활동으로 실천할 수 있도록, 어휘 교육 근간의 통합적 교육 내용 요소를 마련해 나가야 할 것이다.

4

공공언어 교육으로서
타당한 어휘 사용 교육 방안[*]

1. 공공언어 교육으로서 어휘 타당성 탐구

공공언어(public language)는 공공의 장에서 해당 업무자가 공공의 구성원들을 대상으로 생성해 내는 일체의 구어와 문어를 말한다(민현식 외, 2010: 3).[1] 공공언어 교육은 공공언어의 사용 양상에 대한 국어교육적 접근으로, 공공 텍스트를 수용하고 생산하는 과정에 대한 교육을 가리킨

....

[*] 2부 4장은 『문법교육』 48호에 게재되었던 「공공언어 교육으로서 타당한 어휘 사용 교육의 방안」을 이 책에 맞게 수정 및 보완한 것이다.
[1] 공공언어는 언어의 공공성에 대한 의미역에 따라 좁은 의미와 넓은 의미로 구분된다. 민현식(2021: 10-11)에 따르면, 좁은 의미의 공공언어는 국가에서 공적 권력이나 권위를 배경으로 공공의 이름으로 생산하여 송수신하는 공공 문어와 공공 구어를 가리키며 더 좁게 보면 공공 문어만 가리킨다. 넓은 의미로는 공인이나 사인으로서의 개인이 생산하는 모든 구어와 문어로 된 개인 언어도 언어의 공공성 때문에 넓은 의미의 공공언어에 포괄할 수 있다고 하였다.

다. 민현식(2021: 34-41)은 공공언어 교육에 대하여 공공 문식성 교육, 국어 규범 교육, 국어 기능 교육, 국어 순화 교육, 언어 예절 및 언어 윤리 교육 등으로 발전할 수 있다고 하였다. 이처럼 공공언어 교육은 국어교육에서 중요한 위상을 지니고 있음에도 아직 구체적인 교육 범주나 세부적인 교육 내용에 대한 연구가 촉발되지 못하였다.

　이 장에서는 공공언어 교육의 세부 범주 가운데 하나로 '타당한 어휘 사용 교육'의 설정 가능성을 가늠해 보고자 한다. 타당한 어휘 사용 교육이란, 언어의 타당성 관점에 따른 어휘 사용 교육으로 "왜 우리 사회에서는 이러한 상황에서 이러한 어휘를 사용하라고 하는가?"라는 문제의식을 탐구하는 교육이다(신명선, 2011: 91). 곧 학습자가 어휘의 체계와 양상을 정확하게 알고 언어 사용역을 고려하여 적절하게 사용하는 것을 넘어, 세상에 존재하는 어휘의 쓰임에 대해 의문을 제기하고 타당한지를 따져보는 비판적 언어 인식의 어휘 교육인 것이다(김규훈, 2019a: 14-15).

　공공언어 교육의 한 범주로 타당한 어휘 사용 교육을 설정할 수 있는 이유는, 공공 업무의 폐쇄성으로 인해 공공언어가 대중에게 불필요한 의도나 편견을 가져다 줄 수 있기 때문이다. 예를 들어 '특정 어휘가 해당 공공 업무와 무관하지 않은가?', '특정 어휘가 대중에게 위계감을 주지는 않는가?', '특정 어휘가 인권의 관점에서 불평등한 의미를 전달하지는 않는가?'라는 문제의식을 공공언어 교육에서 다루어야 한다. 이것은 공공언어 교육의 어휘 영역에서 학습자가 공공 텍스트에 사용된 어휘의 타당성을 따지고 그 어휘를 통해 세계를 인식하는 교육이라고 할 수 있다.

　이 장에서는 공공언어에서 사용된 어휘를 '공공 어휘(public vocabulary)'로 명명하고, '공공 어휘 사용의 타당성 탐구'에 대한 교육 내용과 실제를 구안해 보고자 한다. 구체적으로 공공 어휘 사용의 타당성을 탐구하는 교육 내용을 구성하고, 공공 어휘 사용의 타당성 탐구를 실천하는 방안으로 법령 어휘를 대상으로 한 실제 학습 활동을 제안해 볼 것이다.

2. 공공언어 교육과 어휘 사용 교육의 접점

1) 공공언어 교육의 방향과 내용 요소

공공언어 교육은 국어교육에서 전혀 새로운 것이 아니라 기존의 교육 내용에서 관련 내용 요소를 찾아낼 수 있다. 어휘 사용이 텍스트 수용과 생산의 바탕을 이루듯이, 어휘 사용 교육도 공공언어 교육에서 공공 텍스트를 수용하고 생산하는 기초 지식으로서 위상을 가질 수 있는 것이다. 공공언어 교육에서 어휘 사용 범주를 설정하기 위하여, 공공언어 및 공공언어 교육에 대한 기존 논의를 확인해 보기로 한다.

2009년에 국립국어원이 공공언어사업단을 세운 이래로, '공공언어'라는 용어가 공식적으로 사용되면서 관련 연구가 활발하게 이루어졌다. 국어교육을 초점으로 두지 않는 한, 공공언어나 언어의 공공성에 관한 논의는 상당한 양의 논의가 존재한다.[2] 2022년 12월 3일, 국어문화원연합회가 주최한 '공공언어의 학제적 확대를 위한 대학 교육의 현황과 전망'을 주제로 한 학술대회가 개최되었고, 정희창(2023), 한은주(2023), 김지오(2023) 등 대학에서의 공공언어 교육의 필요성에 대한 다양한 측면을 다뤘다. 이들 논의에서는 대학에서 개설된 공공언어 강좌를 사례로 들어 공공언어 교육의 필요성을 강조하는 경우(정희창, 2023)부터, 대학생을

....

2   공공언어의 현황이나 순화 등과 관련한 기존의 논의는 민현식(2021: 2-3)에 언급되어 있는 학문 분야별 논의를 참고할 수 있다.

공공언어 생산자로 인식시키고 이를 함양시키는 교육의 중요성을 강조한 경우(한은주, 2023)까지 다양한 관점에서의 논의가 이루어졌다. 김지오(2023)는 공공언어가 가져야 할 조건을 기준으로 대학생 칼럼에서 나타난 문제점을 분석하여, 대학에서의 공공언어 교육의 필요성을 논의하였다.

하지만 국어교육의 안에서 공공언어에 관한 연구를 살펴보면, 해당 주제에 대한 연구가 상당히 한정적임을 알 수 있다. 신명선 외(2016), 이삼형 외(2019), 그리고 민현식(2021, 2023) 등의 정도만 확인 가능하다. 신명선 외(2016)는 보도 자료 이해도 조사를 통해 국어교육에서 공공언어를 주요 텍스트로 채택해야 한다고 하였고, 이삼형 외(2019)는 공공성이 언어 활동의 장에 구체적이고 실질적인 맥락을 제공하여 국어교육의 현실적인 구현에 기여해야 한다고 하였다. 민현식(2021)은 기존 국어교육 내용에 공공언어 교육 자료를 통합해야 한다는 점을 강조하였고, 민현식(2023)은 공공언어 정책과 교육 간의 불일치를 지적하고 이를 극복하기 위한 7가지 방안을 제시했다. 이들 연구의 공통점은 분명하다. 학교에서 공공언어 교육이 이루어지지 않는 것은 문제로 인식되며, 이에 대한 대응책으로 공공언어 교육이 필요하다는 입장이다. 그러나 아직 구체적인 교육 방안에 대한 논의가 개진되지는 못하였다.

따라서 공공언어 교육의 내용 범주를 설정하고 세부 교육 내용을 구체적으로 마련해 나가야 한다. 이를 위해 민현식(2021, 2023)에서 제안된 공공언어 교육의 방향을 바탕으로 내용 요소를 추출해 보고자 한다. 특히 민현식(2021: 31-41)에 제시된 공공언어 교육의 방향에서 주요 내용 요소를 다음 〔표 1〕과 같이 정리해 보기로 한다.

먼저 공공 문식성 교육은 공공언어를 말하고 듣고 읽고 쓸 수 있는 능력을 기르는 교육으로, 학습자들에게 공공언어를 인식시키고, 공공언어의 다양한 모습을 이해하게 하는 데 목표가 놓인다. 국어 규범 교육에서는

[표 1] 공공언어 교육의 방향과 주요 내용 요소

방향	실체	내용 요소
공공 문식성 교육	공공언어를 말하고 듣고 읽고 쓸 수 있는 능력을 기르는 교육	• 공공언어 인식 • 공공기관의 언어 이해 • 난해 한자어 교육
국어 규범 교육	헌법, 법률, 어문 규범(표기법 규정), 국어사전, 교과서 등에 사용된 언어 교육. 특히 국어사전의 규범 준수 및 사전 활용 차원의 교육	• 어문 규범 제정 과정 이해 • 어문 규범 원리 이해 • 어문 규범 위반 사례 수집 • 국어사전 활용 교육
국어 기능 교육	독서, 화법, 작문 교육에서 공공언어 자료의 비판적 활용 교육	• 공공언어에 대한 비판적 수용(정치 언어 문제점 비판 등)
국어 순화 교육	공공언어 자료에 쓰인 난해 한자어 및 난해 외국어 실태 파악과 순화 방안 모색 교육	• 전문용어의 순화 • 혐오·차별 표현 개선 • 공정 언어(PC)의 방향성
언어 예절 언어 윤리 교육	언어의 공적 책임성과 윤리성 관점에서 언어의 공공성을 강조하는 언어 예절 및 언어 윤리 교육	• 경청의 태도 • 호칭어와 지칭어의 사용 • 언어 예절 및 언어 교양

국어사전도 공공언어의 하나이므로 국어사전의 규범 준수 및 사전 활용 교육이 제시되었으며, 어문 규범에 대한 교육 내용이 여기에 수렴된다. 국어 기능 교육은 의사소통 기능 가운데 비판적 수용(critical acceptance)에 집중한다. 정치 언어의 이념성을 이용하는 문제를 비판하는 것처럼 공공언어를 비판적으로 수용하는 것이 주요 내용이다. 국어 순화 교육은 난해 한자어와 난해 외국어의 순화를 목적으로 두되, 공정 언어 곧 정치적 올바름(political correctness, PC)에 대한 교육 내용도 중시한다.[3] 언어 예절이

....

3   정치적 올바름(PC)은 하나의 사회 운동으로서 특히 사회적 소수자에 대해 차별적인 표현이나 편견의 어휘를 사용하지 말자는 정치적 운동이다. 공공언어 교육은 정치적 올바름의 언어 사용에서 개입된 이념의 문제 등을 비판적으로 보는 데 초점이 놓여 있다.

나 언어 윤리 교육은 넓은 의미의 공공언어 교육으로 공적 상황에서의 언어 예절에 대한 태도와 언어 사용을 포괄한다.

이때 2022 교육과정에서는 〔표 1〕과 관련된 성취 기준을 찾아볼 수 있다. 〈화법과 언어〉에서 [12화언-01-07]은 "다양한 유형의 담화와 매체를 대상으로 언어의 공공성을 이해하고 평가한다."라는 성취 기준은 공공언어 교육과 직접 관련된다. 그런데 "현대 사회의 급변하는 언어 환경에서 공적 담화와 매체를 대상으로 언어의 공공성을 이해하고 평가할 수 있는 능력을 기르기 위해 설정하였다(교육부, 2022: 114)."라는 성취 기준 해설은 〔표 1〕의 공공언어 교육의 내용 요소를 모두 담아내고 있지는 못하다. 왜 매체에 주목하는지, 공적 담화를 무엇으로 정의하는지 등 교육과정 상세화의 후속 논의가 수반되어야 한다. 공공언어 교육의 내용 범주를 체계적으로 마련하는 작업이 이러한 맥락에서 필수적이다.

2) 공공언어 교육에서 어휘 사용 범주 설정

공공언어 교육에서 어휘 사용이 핵심이라는 것은 위에서 논의한 공공언어 교육의 방향과 실체에서 '어휘 사용'에 대한 측면이 중요한 위상을 차지하고 있기 때문이다. 이들은 〔표 1〕의 공공 문식성 교육을 비롯해 국어 기능 교육과 국어 순화 교육에서 다루는 주된 대상이 공공언어 텍스트에 사용된 어휘이기 때문이다.

구체적으로 공공언어를 인식하고 공공기관의 언어를 이해하는 것은 해당 분야의 어휘 체계와 양상을 정확히 파악하는 데에 관련되어 있다. 호칭어나 지칭어 사용, 공공 문식성 등은 공공 어휘의 적절한 사용을 기반에 둔다. 특히 난해한 한자어나 어려운 외국어 사용이 부적절하다는 사실을 확인하고, 이를 단순하게 표현하는 것 또한 어휘 사용의 적절성에서 중요한 과제이다. 또한 혐오와 차별을 비롯한 국어를 단순하게 표현하고 공정 언어에 사용된 어휘의 이념적 측면을 비판적으로 이해하는 것은 어휘 사용의 타당성과 관련하여 밀접한 관련이 있다. 이러한 접근은 국어 기능 교육에서 비판적 수용의 측면이 강조되는 것과도 관련이 있다.

일련의 관련성은 어휘 교육을 언어 사용의 관점에서 바라보는 논의에 바탕을 둔다. 어휘 사용 교육은 어휘 능력을 상징 능력과 지시 능력으로 대별한 신명선(2004: 286)의 논의에서 비롯된다. Richards & Og-den(1959: 36)을 원용하여 상징 능력은 어휘의 형식과 내용 사이의 관계를 탐구하는 능력으로, 지시 능력은 어휘의 내용과 세계와의 관계를 탐구하는 능력으로 보고, 전자를 '정확성' 중심으로, 후자를 '적절성' 중심으로 보았다. 이때 구본관 외(2014: 87)에서는 어휘 교육 내용 유형화의 틀을 제시하며 정확성과 적절성에 모두 결부되어 '타당성'을 설정할 수 있다고 하였다. 여기서 타당성은 비판적 관점의 언어 연구 전통을 바탕으로 언어가 이 사회에 부여한 세계에 대한 비판적 연구로서 어휘에 담긴 가치와 이데올로기 비판, 국어 순화 및 국어 발전의 방향 등을 탐구하는 교육 내용에 해당한다(구본관 외, 2014: 89).

정리하면, 정확한 어휘 사용은 구조주의적 관점에서 언어의 가장 기본적 특징인 상징성에 주목하여 어휘의 체계를 이해하는 것이다. 적절한 어휘 사용은 기능주의적 관점에서 인간 의사소통의 상황에서 말하고 듣고 읽고 쓰는 상황에서 어휘를 수용하고 생산하는 것이다. 타당한 어휘 사용은 비판적 관점에서 언어가 사회에 부여한 혹은 언어에 의해 부여받은 사회의 모습을 탐구하는 것이다.

어휘 사용 교육의 세 영역을 바탕으로 공공언어 교육과 어휘 사용의 관련성을 다음 [표 2]와 같이 보다 구체적으로 제시해 보기로 한다. 앞선 [표 1]에서 추출한 내용 요소에서 대상 공공언어를 어휘 사용의 세 영역

[표 2] 공공언어 교육에서 어휘 사용 교육의 범주

범주	대상 공공언어	공공 어휘 사용 교육의 범주
정확한 어휘 사용	• 공공기관의 언어 • 공공언어의 인식	• 공공 텍스트에 사용된 어휘의 이해 • 공공 어휘 사용의 언어 의식 고양
적절한 어휘 사용	• 난해 한자어 및 외국어 • 호칭어와 지칭어	• 공공 상황 맥락을 고려한 어휘 사용 • 공공 텍스트에 사용된 어휘의 적절성 탐구
타당한 어휘 사용	• 혐오·차별 표현 • 공정 언어의 이념성	• 공공 어휘에 반영된 어휘의 사회문화성 탐구 • 공공 어휘가 배태하는 사회의 이념성 탐구

에 맞게 대입하여, 공공언어 교육에서의 어휘 사용 교육 방향을 수립할 수 있다.

정확한 어휘 사용은 어휘의 체계를 파악하고 이해하는 교육 내용을 중심으로 하기 때문에, 공공 텍스트에 사용된 어휘를 이해하는 교육이 가능하다. 공문서나 공공 업무의 발화와 같은 공공 텍스트에서 어떤 어종이 자주 등장하고, 어떤 어휘의 양상이 나타나는지를 파악할 수 있다. 이러한 어휘의 체계나 양상에 대한 이해는 더 나아가 공공언어 사용에서 어휘가 중요하다는 사실을 자각할 수 있는 국어 의식 강화의 교육으로도 확장될 수 있다.[4]

적절한 어휘 사용은 텍스트의 소통 맥락에 맞게 어휘가 사용되었는지를 알고, 어휘를 맥락에 맞게 적절하게 사용할 줄 아는 능력을 기르기 위한 교육 내용이다. 따라서 공공 상황의 맥락을 고려하여 어휘를 사용하거나, 공공 텍스트에 사용된 어휘가 적절한지를 탐구하는 교육이 필요하

....

4   신명선(2004: 288)에서는 상징 능력의 발달이 언어 의식 고양, 즉 태도 교육에 도움이 될 수 있다고 한 바 있다. 단어들의 형식과 내용 사이의 합리적 고리를 찾으려 노력하고 단어의 정교함 및 체계화를 추구하기 위해서는 우리말에 대한 지식과 애정이 필요하다고 하였다.

다. 특히 공공 텍스트에 사용된 어휘와 관련하여 난해한 한자어나 외국어 문제를 파악하고 이를 단순화하는 활동이나, 사회적 관계에서 적절한 호칭어와 지칭어를 사용하는 문제는 공공 텍스트를 이해하고 생산하는 과정에서 필수적인 어휘 선택의 적절성과 밀접한 관련이 있다.

타당한 어휘 사용은 어휘와 사회의 관계를 기반으로 하여, 공공 텍스트에 사용된 어휘가 사회의 어떤 모습을 반영하고, 해당 어휘가 어떠한 사회적 이념을 형성하는지를 탐구하는 교육 내용이다. 따라서 사회적 불평등을 조장하는 혐오와 차별 문제, 공정 언어의 이념성에 대한 비판적 인식 등은 공공 어휘 사용의 타당성을 탐구하는 주제로 적합하다. 이에 일상생활에서 암묵적으로, 관행적으로 사용된 어휘가 어떠한 의도성을 가지고 있는지 여부를 확인하고, 특정한 사회적 가치나 이념을 어떻게 반영하는지를 탐구하는 것을 목표로 삼는다.

3. 공공 어휘의 타당성 탐구를 위한 교육 방안

1) 타당한 어휘 사용 교육의 내용 마련

공공 어휘 사용의 범주 가운데, 타당한 공공 어휘 사용 교육의 내용을 구성해 보도록 하자. 그 내용은 공공 어휘가 쓰인 텍스트에서 해당 어휘의 쓰임이 어떠한 타당성을 지니는지 학습자가 탐구하는 것을 목표한다.

타당한 어휘 사용 교육의 내용은 아직까지 명확하게 교육과정에서 제시되지 않았다. 국어과의 교육과정에서는 어휘 교육이 정확한 어휘 사용에 대한 중요성을 꾸준히 강조해 왔지만, 2009 교육과정부터는 실제 텍스트가 주목받게 되면서 적절한 어휘 사용에 더욱 초점을 맞추고 있다. 최근 개정된 2022 교육과정에서는 어휘 사용의 관점이 성취 기준에서 명확하게 제시되었으나, 이 내용 또한 그동안의 교육과정과 유사하게 정확성과 적절성을 중시하고 있다.

그런데 2022 교육과정의 어휘 교육 내용 가운데에는 어휘 사용의 타당성을 해석해 낼 수 있는 성취 기준들을 찾아볼 수 있다. 해당 성취 기준들은 [10공국1-04-03]과 [12화언01-05]를 대표적으로 들 수 있다. [10공국1-04-03]은 '다양한 분야의 글과 담화에 나타난 문법 요소 및 어휘의 표현 효과를 평가하고 적절한 표현을 생성한다'인데, 여기에서는 '어휘 선택과 표현 효과'가 어휘 사용의 타당성과 관련된다. [12화언01-05]는 '담화의 맥락에 적절한 어휘와 문법 요소를 선택하여 화자의 태도를 드러낸다'인데, 여기에서는 '화자의 의도나 담화의 목적에 적절한 어휘 선택'이 어휘 사용의 타당성과 관련된다.

이들 두 성취 기준에서 어휘 사용의 타당성과 관련된 내용 요소는, 선택된 어휘가 필자의 의도가 내포되어 있으며, 결과적으로 텍스트에 사용된 어휘는 필자의 선택과 밀접하게 연관되어 있다는 사실에 기인한다. 곧 수용자로서의 학습자가 텍스트의 수용과 생산 과정에서 특정 어휘가 사용되는 이유에 의문을 제기하고, 이를 통해 텍스트 생산자의 의도를 탐구할 수 있다면, 이들 성취 기준은 타당한 어휘 사용 교육으로 충분히 실현 가능하다.

따라서 '화자(필자)의 태도', '화자(필자)의 의도'와 같이 어휘를 선택한 주체의 의식을 살피고자 하고, 어휘 사용자의 의식에 영향을 주는 사회문화적 특성을 포함한다면, 타당한 어휘 사용 교육의 내용을 마련할 수 있다. 예컨대 '화제에 대한 필자의 태도나 입장을 드러내는 어휘'를 찾는 데 그치지 않고, "왜 화자는 그 어휘를 선택하여 해당 화제를 부각했는가?"를 고민해 본다면, 텍스트에 선택된 어휘가 배태하고 있는 가치, 이념 등 사회문화적 특성을 탐구하는, 타당한 어휘 사용 교육의 실현이 가능해진다. 어휘와 사회의 관계를 기반으로 상호성을 지닌다는 점을 강조하는 지점에 어휘 사용의 타당성 탐구의 초점이 놓여 있다.

어휘 사용의 타당성 탐구의 내용 범주와 관련하여 김규훈(2019: 14-15)은 어휘 선택(vocabulary choice), 어휘 선택에 따른 표현 의도(expressive intentions), 어휘 사용자의 표현 의도가 야기하는 사회문화적 가치(sociocultural value)를 파악하며 궁극적으로는 어휘를 통해 세계를 바라볼 줄 아는 인식의 힘(power of awareness)을 중요 내용 범주로 설정한 바 있다. 이때 신명선(2020: 274)에서는 어휘 사용의 타당성 탐구를 위한 활동으로 '어휘 개념화 파악', '어휘 비교', '어휘 바꾸기' 단계를 제안한 바 있다. 여기서 어휘 개념화 파악과 어휘 비교는 텍스트에 쓰인 특정 어휘가 '왜?' 사용되었는지를 파악하는 데 초점이 놓여 있으며, 그 어휘를 다른 어휘로 바꾸어 봄으로써 화자나 필자의 의도가 어떻게 달라지는지를 탐구하는 차원과도 연결된다고 할 수 있다.[5]

이를 바탕으로 어휘 사용의 타당성 탐구 내용을 학습자의 수행적 활동과 관련하여 제시하면 다음 [표 3]과 같다.

위 [표 3]은 타당한 어휘 사용 교육의 내용과 그에 따른 수행적 활동의 방향을 제시한 것이다. '어휘 선택 이유, 어휘 선택과 텍스트 소통, 어

·········

5 일례로 아래와 같은 신문 텍스트에서 지목된 어휘의 개념화 양상을 파악하고, 어휘를 비교해 보며 자신의 어휘로 바꾸어 보는 활동이 가능함을 제안한 바 있다(신명선, 2020: 274)

> 4당, A의원 사퇴·제명 요구…OO당 내부서도 쓴소리 [JTBC] 2019-06-01
> -중략- [기자] 문제의 발언은 어제 OO당 연찬회에서 나왔습니다. -중략 김혁철 대미 특별대표를 처형했다는 의혹을 꺼낸 뒤 문 대통령을 비난했습니다. -중략- 결국 B 대표가 "송구하다"며 사과했고, -중략- A 의원을 제명하라는 주장까지 나왔습니다. 그러나 A 의원은 페이스북에 자신의 발언 동영상 전체를 올리고, "악의를 가지고 왜곡하려는 사람이 아니라면 큰 문제가 없다고 판단할 것"이라며 반박했습니다.

〔표 3〕 타당한 어휘 사용 교육의 내용과 수행적 활동 방향

내용 범주	내용 요소	수행적 활동의 물음
어휘 선택 이유	개념화 파악	텍스트에 왜 그러한 어휘가 사용되었는가?
어휘 선택과 텍스트 소통	표현 의도	텍스트 생산자가 그 어휘를 선택하여 어떠한 의도를 나타내려 했는가?
	표현 효과	텍스트 생산자가 선택한 어휘에 의해 어떠한 의미가 구성되었는가?
어휘와 사회문화의 상호성	언중의 인식	텍스트에 사용된 어휘가 드러내는 언중의 틀(frame)은 무엇인가?
	사회문화적 가치와 이념	텍스트에 사용된 어휘가 배태하는 사회문화적 가치나 이념은 무엇인가?

휘와 사회문화의 상호성'이라는 내용 범주를 제시하고, 범주별로 내용 요
소와 수행적 활동의 방향을 제시하였다.

'어휘 선택 이유' 범주에서는 텍스트에 사용된 어휘의 개념화를 파악
하는 것으로 "왜 그 어휘가 사용되었는가?"라는 이유를 찾는 데 주력한
다. '어휘 선택과 텍스트 소통' 범주에서는 어휘 선택의 이유를 토대로 추
론할 수 있는 표현 의도와 표현 효과를 파악한다. 즉 텍스트 생산자가 그
어휘를 선택하게 된 의도성이 있지는 않은지, 결과적으로 그 어휘를 선택
하여 구성된 의미가 무엇인지를 파악한다. '어휘와 사회문화의 상호성'은
궁극적으로 선택된 어휘와 구성된 텍스트의 의미를 바탕으로 언중의 인
식이 어떻게 드러나는지, 사회문화적 가치나 이념이 어떻게 반영되었는지
를 탐구한다. 이때 특정 어휘가 배태하는 인식의 문제는 언중의 사회인지
적 경향성을 바탕으로 드러난다.

2) 공공 어휘의 타당성 탐구 내용과 활동 구안

공공 어휘(public vocabulary)는 언중이 사용하는 공적 언어가 아니라 특히 공공기관에서 음성이나 문자 및 매체에 의해 사용되는 어휘를 가리킨다. 공공 어휘는 일차적으로 '공문서'에 사용된 어휘를 지칭하며, 공공기관 근무자들의 '발화'에서 나타나는 공공 어휘도 포함한다.[6]

공문서는 공공 어휘가 사용된 대표적인 텍스트로, 다양한 기관의 공공언어에 따라 세부적인 범주로 나뉜다. 각 기관에서 생산되는 모든 공공언어를 수집한 후 공통된 텍스트 범주를 추출한 결과, '법률문, 보도 자료, 공고문, 기사문, 식사문, 안내문' 등의 유형으로 구분되었다(민현식 외, 2010: 28-38). 이러한 세부적인 텍스트 유형에서는 공공 어휘 사용이 특징적인 형태로 나타난다. 예를 들어 법률문에서는 법령 용어가 특징적으로 사용되며, 식사문에서는 기관장이 주로 사용하는 인사말의 의례적인 용어가 특징적으로 나타날 것이다.

그렇다면 이들 텍스트에서 주로 나타나는 공공 어휘의 양상은 무엇일까? 우선 공공 어휘의 양상도 어휘의 양상에 대한 논의에 수렴되므로, 김광해(1993)에 따른 어휘 변이의 유무에 따라 구분되는데 '방언, 은어, 세대어, 속어 및 관용어, 전문어(직업어, 집단어), 신어, 유행어' 등이 이에 해당한다. 이들 어휘 양상 가운데 공공언어가 높은 관련성을 지니는 것을

....

6   물론 공공기관 근무자들이 사용하는 공공 어휘는 대부분 공문서에서 쓰인 어휘와 다르지는 않을 것이다. 다만 그러한 어휘 외에 공공기관의 근무 환경에서 특정하게 발화되는 어휘도 존재한다고 볼 수 있다. 가령 교육청에서 사용하는 공문서 가운데 '학교 경영 계획서'라는 공문서에서 '교육전문직종'이라는 어휘는, 실제 근무자들이 '전문직' 내지 '관급'라는 어휘로 사용하기도 한다. 유의 관계에 있는 어휘이겠지만, 문서에 기재된 어휘뿐만 아니라 발화된 어휘도 공공 어휘에 포함할 필요가 있다.

확인한다면, 공공 어휘 사용의 교육과 관련성을 높일 수 있다.

구체적으로 공공 어휘의 양상을 살피기 위해서는 공공언어의 실태를 조사 분석한 연구를 참고할 수 있다. 이들 연구에서는 공공언어를 지칭하면서도 실상 공공 어휘를 대상으로 조사한 경우가 많았다. 서현정(2023: 117-133)에서는 차별적 표현 및 권위적 표현 목록을 각각 제시하고 그에 대응하는 순화어를 제시하였다.[7] 예를 들어 '간호원'을 '간호사'로, '결손 가족'을 '한부모가족'으로, '노숙자'를 '노숙인'으로 '미혼'을 '비혼'으로 순화하였다. 권위적 표현을 순화어로 대치한 것으로는, '감찰'을 '감사/조사'로, '계도'를 '알림/안내'로, '주무관청'을 '담당관청'으로, '치하하다'를 '말하다'로 순화하였다. 정미령(2023: 233)의 경우, 공공언어 상용 용어를 순화할 때 기존 어휘와 순화어가 불일치하는 문제를 지적하였다. 검토 대상으로 "공공언어 감수 전문가 양성을 위한 지침서(2020)"를 설정하였는데, 해당 문건에서는 순화, 표준화된 300개의 어휘를 제시하고 있다. 예를 들어 '가건물'을 '임시 건물'로, '가계약'을 '임시 계약'으로, '견책'을 '주의'로, '계류되다'를 '묶여 있다'로, '모멘텀'을 '국면 전환'으로, '아카이브'를 '자료 저장소' 등으로 순화하였다(국립국어원, 2020: 214-230).

일련의 어휘 목록을 공공 어휘의 양상으로 살펴보면, 대부분이 '전문어(직업 및 집단)'에 속하며 해당 분야에서 은비성을 지닌 '은어'로 구성되어 있음을 알 수 있다. 이 중에는 '신어'의 특성을 지닌 어휘도 확인할 수 있으며, 해당 분야에서 관습적으로 사용되는 '관용어'도 나타나고 있다. 여기서 주목해야 할 부분은 주로 '전문어(직업 및 집단)'인데, 이는 해당 전

....

7   서현정(2023)에서는 기존의 차별 및 권위 언어 표현에 대한 연구를 바탕으로 공문서 평가 기준에 해당하는 표현을 선별하였다. 기존 연구로 성차별적 언어 표현 사례(안상수 외, 2007), 지역·인종·민족 차별 표현 사례(박재현 외, 2009), 서울시 국어 바르게 쓰기 위원회, 서울시 성평등 언어 사전 등을 참고하고 있다.

문어가 그 분야의 직업 특성에 깊게 녹아들어 특정한 의도나 가치를 자주 드러내는 경향이 많기 때문이다.

예를 들어 "왜 '계도(啓導)'라는 어휘를 썼을까?"라는 의문을 어휘 사용의 타당성 탐구의 물음으로 던질 수 있다. '계도'는 '남을 깨치어 이끌어 줌'이라는 뜻으로, '틀 요소'를 보면 '권위자, 대상자, 가르침, 이끎' 등으로 계도를 당하는 사람이 계도를 하는 사람과 불평등한 위상을 갖게 된다. 일반적으로 법령과 관련하여 어떤 제도가 시행되기 전의 '계도 기간'이라는 말도, 실상은 국민을 권력관계에서 낮은 대상으로 평가하고 있다고 볼 여지도 있다. 이런 점에서 '계도'를 '안내'로 순화하는 것은 일견 타당하다고 볼 수 있다. 이와 같이 '계도'라는 한 단어가 갖는 사회적 가치와 대중의 인식을 파악할 수 있는데, 해당 분야의 전문어에서 그러한 경향이 내재되어 있다고 할 수 있다.

따라서 전문어와 같은 해당 사회적 분야의 특징이 크게 반영된 어휘는 그 사용의 타당성을 탐구할 수 있는 대상 자료임을 알 수 있다. 같은 맥락에서 전문어를 이루는 주요 어종인 한자어나 외국어 등을 순화하는 것 역시 결과적인 순화가 중요한 것이 아니라, '왜 그렇게 순화해야 하는가?'라는 물음에 대한 근거를 탐구할 수 있도록 교수-학습해야 한다. 어휘 사용의 타당성 탐구가 필요한 수행적 이유가 바로 여기에 놓여 있다고도 볼 수 있다.

지금까지 살펴본 공공 어휘가 사용된 대상 텍스트와 공공 어휘 사용의 양상을, 타당한 어휘 사용과 관련된 교육과정적 내용에 대입하여, 공공 어휘 사용의 타당성 탐구 내용을 설계하는 방안을 제안하면 다음 〔그림 1〕과 같다.

〔그림 1〕은 공공 어휘 사용의 타당성 탐구 내용을 설계하는 방안이다. 대상 텍스트 및 하위 범주를 명시하고, 사용된 어휘의 양상을 제시하

대상 텍스트	공문서, 공공기관 근무자의 발화
텍스트 하위 범주	법률문, 보도 자료, 공고문, 기사문, 식사문, 안내문 등
사용된 어휘 양상	전문어, 은어, 신어, 관용어 등

⇓

탐구 단계	어휘의 개념화 양상	어휘 선택과 표현 의도와 표현 효과	어휘로부터 구성된 언중의 틀짓기 경향	어휘 사용에 반영된 가치와 이념
전문어 적용	공문서에 쓰인 전문어의 개념화	전문어가 구성하는 의미와 의도성	전문어에 대해 언중이 인식하는 인지적 경향성	전문어가 드러낸 사회문화적 가치와 이념

(그림 1) 공공 어휘 사용의 타당성 탐구 내용 설계

였다. 그리고 공문서와 전문어가 우선 교육 대상임을 명시하였다.

이를 어휘 사용의 타당성 탐구 내용에 적용하여, 공문서와 전문어를 염두에 두고 탐구 내용을 단계화하고 그에 따른 전문어 탐구의 예를 제시해 보았다. 학습자 활동을 가정하여 설명해 보면, 학습자는 공문서에 쓰인 전문어가 어떠한 개념화 양상을 보이는지 탐구하고, 그 전문어가 어떠한 의미를 구성하는지, 의미 구성의 과정에서 어떠한 의도성이 보이지는 않는지 탐구하도록 한다. 이를 바탕으로 해당 전문어가 언중의 특정한 틀을 반영하고 있지는 않은지, 그래서 특정한 가치나 이념을 사회문화적으로 드러내고 있지는 않은지 인식할 수 있는 장을 열어 준다.

이와 같은 공공 어휘 사용의 타당성 탐구 내용에 대한 실행 가능성을 엿보기 위하여, 다음 (표 4)와 같은 학습 활동을 제안해 보고자 한다. 이 활동은 '보도 자료'를 대상 텍스트로, '법령 어휘'를 대상 전문어로 설정하고 위 (그림 1)의 공공 어휘의 타당성 탐구 단계에 따라 구성한 것이다.[8]

(표 4)는 '층간소음 사건'을 주제로 한 보도 자료에 쓰인 법령 어휘의

〔표 4〕 보도 자료에 사용된 법령 어휘의 타당성 탐구 활동의 예

텍스트	**층간소음 때문에 윗집 방화하려던 60대 경찰에 붙잡혀** 층간소음 갈등을 겪어온 60대 남성이 윗집에 불을 지르려다 경찰에 **검거**됐다. 17일 청주흥덕경찰서는 A(60)씨를 현주건조물방화예비 **혐의**로 **입건**했다고 밝혔다. 경찰에 따르면 A씨는 전날 오후 4시 48분께 윗집에 사는 B(42여)씨의 집을 방화할 목적으로 흉기와 휘발유를 들고 갔다. A씨는 범행 전 스스로 경찰에 신고를 해 아파트 주차장에서 현행범으로 **체포**됐다. A씨는 평소 "윗집과 층간소음으로 자주 다퉜다"고 주장하는 것으로 알려졌다. 경찰은 A씨에 대한 **구속** 영장을 신청할 예정이다. <div style="text-align:right">(『중부매일』, 2023.3.17., 필자 밑줄)</div>

활동
발문
	① 윗글에서 밑줄 친 어휘의 뜻과 사용 분야의 특징을 정리해 보자.
	② 윗글에서 밑줄 친 어휘가 사용된 의도와 효과를 파악해 보자.
	  ① '붙잡혀', '검거', '체포'라는 단어를 달리 사용한 이유를 말해 보자.
	  ② '혐의'의 의미를 중심으로 '입건', '구속'의 사용 효과를 말해 보자.
	③ 윗글에서 밑줄 친 어휘가 보여주는 사회문화적 모습을 그려 보자.
	  ① '검거'와 '체포', '입건', '구속' 각 단어에 대한 언중의 인식을 이야기해 보자.
	  ② '①'을 바탕으로 법령 어휘 사용에 숨은 사회문화적 특징을 설명해 보자.

타당성을 탐구하는 활동이다. 활동 발문은 법령 어휘의 개념화를 파악하고, 그 표현 의도와 효과를 탐구하며, 어휘에 대한 언중의 인식과 사회문화적 의미를 생각하는 단계로 구성하였다. 발문에 대한 예시 답을 중심으로 이 활동을 설명해 보기로 한다.

먼저 ①에서 밑줄 친 어휘의 뜻을 이해하고, 이들 어휘가 법령 어휘임

---

8   법령은 민현식 외(2010: 28)에서 공공언어의 논외로 두고 있다. 사법부에서 생산하는 법령은 국민을 대상으로 하는 일반 행정 문서와 달리 사용역이 한정적이고, 문서의 양식이나 문장 및 어휘가 판이하기 때문에, 일차적으로 대민의 목적을 띠는 일반 공공언어와는 층위가 다르다고 지적하였다. 법령의 사용역을 고려할 때 일견 타당하지만, 중요한 것은 '법령 어휘'가 일상의 도처에서 널리 사용되고 있다는 사실을 간과해서는 안 된다. 우리가 매체를 통해 흔히 접하는 '내사', '체포', '입건', '송치', '기소', '구속', '불구속', '참고인', '피고인' 등의 어휘는 대표적인 법령 어휘에 해당한다. 이들 어휘는 보도 자료에서 널리 사용되어 모든 국민이 접하게 된다. 이런 점에서 법령 용어도 공공 어휘 교육에서는 중요하게 다루어야 하며, 특히 그 어휘들이 내포한 의미를 중심으로 어휘 사용의 타당성을 탐구해 보아야 한다.

을 인지하며 그 특징을 정리한다. 어휘의 의미를 파악할 때에는 사전을 참고하여 정확한 뜻을 확인한다. 법령 어휘의 특징은 법률과 명령의 전문어가 가지는 폐쇄성과 위계성을 이해하는 것이 중요하다. 이는 ②에서 사용된 표현의 의도와 효과를 분석하면서, 법령 어휘의 폐쇄성으로 인해 이를 일상에서 적절하게 사용하는 경우가 적다는 점을 인식하고, 위계성이 지닌 의미를 세밀하게 파악하기 어렵다는 점을 알게끔 유도할 수 있기 때문이다.

즉 ②-①의 경우, '체포'와 '검거'는 모두 '붙잡히다'라는 행위를 의미상으로 공유하지만, 사실 '체포'는 '구속, 구금, 구인'의 상태를, '검거'는 '일시적 억류'의 상태를 의미한다는 점에서 '검거'와 의미적 차이를 지닌다. 더욱이 '체포'는 반드시 '범죄 혐의자'를 대상으로 하지만, '검거'는 사법과 관련된 모든 사람을 대상으로 한다(전용선, 2010: 165).[9] 이러한 점에서 위 텍스트에서 쓰인 '검거'는 '체포'라고 사용하는 것이 보다 정확하다. ②-②와 관련하여, '입건'은 '범죄의 혐의 사실이 인정된다'는 것으로, '사건이 성립된다'는 의미이다. 이렇게 보면 위 텍스트에서 사건의 동작주는 '현주건조물예비방화'라는 죄가 확정되지는 않았지만, 그러한 혐의로 볼 수 있는 사실적 행위를 하였다는 것이다. 한편 '구속'의 경우 '법원이나 판사가 피의자를 강제로 일정한 장소에 잡아 가두는 것'으로 보통 구속이 되면 피의자의 죄가 인정될 여지가 크다는 것이다. '입건'은 혐의 사실,

....

9   전용선(2010)은 '체포'와 '검거'라는 단어가 일반인들이나 언론뿐만 아니라 법률문에서도 동일한 의미로 혼용하고 있음을 지적하고 있다. 이로 인해 법조문의 해석이나 일반인이 사건 관련 내용을 오독할 수 있다고 하였다. 이와 유사하게 손영조(2017)에서는 '수사 지휘'라는 용어에 대한 문제를 제기하고 있다. 법률 용어 상당수가 일본식 용어를 그대로 사용하고 있으며, '지휘'라는 용어는 상명하복의 수직적 의사 결정 구조를 내포하고 있다는 점을 지적하고 있다(손영조, 2017: 53).

'구속'은 범죄 사실의 틀이 작동한다.

③에서는 본격적으로 "왜?"라는 질문을 학습자가 고민할 수 있는 장이 열린다. ③-①과 같이 표제에서 '붙잡혀'를 사용하였지만, '체포'를 써서 '경찰'이라는 행위의 주체, '구인'이라는 연행의 틀 요소가 작동하여, 일반 어휘가 아닌 법령 어휘를 통해 힘의 논리를 텍스트에 투영하였음을 탐구하도록 유도할 수 있다. 또한 '입건'이라고 하면 사건이 인정된다는 것임에도 그 대상자를 이미 범죄자로 생각하는 경향이 강하다는 사실을 바탕으로, '구속'과 '입건'에 대한 대중의 인식 경향성 차이를 비교하도록 할 수 있다.[10]

이를 바탕으로 ③-②를 통해 현대 사회에서 사건을 바라보는 시선을 돌아보고, 법률과 명령이 사회를 작동하게 하는 매우 강한 힘을 지니고 있음을 인식하게 할 수 있다. 동시에 일상에서 법령 어휘가 오남용되어 잘못된 틀(frame)을 형성하고 있음을 탐구하게 하여, 학습자가 주체적으로 다양한 사건을 해석하는 태도가 중요함을 강조할 수 있다. 이는 우리가 매일 마주하는 법령 어휘에서 어휘 사용이 비추는 세상의 의미를 읽어내는 기회를, 민주 시민 사회를 살아가는 국어 학습자들에게 제공해 주는 의의를 지닌다고 하겠다.

....

10 '입건'은 보도 자료에서 자주 등장하는데, 범죄가 성립되었다는 식으로 오해되는 경우가 매우 많다. 앞서 설명하였듯이 '입건'은 범죄 혐의로 볼 수 있는 사실이 인정되었다는 것이지, 그 사실이 '소명'되어서 '처분'을 받은 것이 아니다. 이렇게 보면 '입건'은 '사건이 성립되어 조사가 진행된다'라는 의미로 '사건 조사'라고 표현하는 것이 덜 위계적이다. '입건'과 같은 어휘의 사용역에 대한 민감성을 학습자가 함양하게 하는 것, 이것이 타당한 공공 어휘 사용 교육의 도달점이어야 한다고 본다.

4. 정리와 전망

지금까지는 공공언어 교육에서 타당한 어휘 사용 교육의 방안을 살펴보았다. 이를 위해 먼저 공공언어 교육에서 어휘 사용 범주를 설정하고, 어휘 사용 교육의 영역에 따라 정확하고 적절하며 타당한 어휘 사용을 공공언어 교육에서 범주화하였다. 그런 다음 타당한 어휘 사용 교육의 내용을 구성하여 공공언어 교육의 적용 방향을 설정하였다. 타당한 어휘 사용 교육은 어휘의 개념화를 이해하고 어휘 선택에 나타난 표현 의도와 효과를 탐구하며, 어휘에 반영된 사회문화적 특성을 인식하는 내용으로 구성할 수 있음을 확인하였다. 끝으로 공공 어휘의 타당성을 탐구하기 위한 교육 내용을 설계하였다. 특히 주로 공문서에 나타난 전문어의 사용에 대한 타당성을 탐구할 수 있음을 확인하고, 이를 바탕으로 보도 자료에 사용된 법령 어휘의 타당성을 조사하는 활동을 제안하였다.

공공언어 교육에서 타당한 어휘 사용 교육은 국어교육적 실재화를 위한 중요한 교육 영역이 될 수 있다. 특히 어휘 사용 교육에서는 내용의 확장이 필요한데, 이를 공공 어휘의 타당성 탐구 내용과 활동으로 구체화함으로써 의미 있는 발전을 이룰 수 있다. 다만 2022 교육과정에서 아직 타당한 어휘 사용 교육이 충분히 제시되지 않았다는 점에서 일정한 한계를 지닌다. 또한 공공 어휘가 사용된 다양한 분야의 공문서의 어휘 사용 양상을 타당성 탐구의 관점에서 논증해 나가야 한다. 이를 위해 다음 두 가지 과제에 대한 지속적인 고민이 필요하다.

첫째, 공공언어 교육의 하위 내용 영역을 체계화해야 한다. 국어교육에서 존재하는 공공언어 교육적 내용 요소를 추출하여, 공공언어 교육의 내용 범주를 설정해야 한다. 이는 공공언어 교육이 국어교육의 새로운 연구 영역으로 자리매김하는 일이며, 학습자의 공공 언어 사용 역량 함양을 위해서도 필수적인 제반 작업이라고 하겠다.

둘째, 공공언어 교육의 한 내용 영역으로 비판적 관점의 국어교육을 적극 수용해야 한다. 그간 난해 한자어나 외국어 등을 순화하는 차원에 머물렀던 공공언어 교육은, 그저 어려운 말을 쉬운 말로 고쳐 쓰는 교육이 아니라, '왜?'라는 이유를 탐구하는 교육이어야 한다. 국어교육에서 비판적 관점은 그저 잘못된 것을 지적하는 것이 아니라, 왜 그런지를 따져서 현상이 지닌 본질을 꿰뚫어 보는 것인바, 소위 비판적 관점의 공공언어 교육은 학습자들이 비판적 사고력을 기르는 데 중핵적 역할을 담당할 수 있을 것이다.

비판적 언어 인식과
국어 의식 교육

1

언어 인식 기반 국어 의식의
교육 내용 구성*

1. 국어 의식의 교육 내용 체계화 필요성

국어교육에서 '국어 의식'은 태도와 관련된 교육 내용 요소의 위상을 지닌다. 구체적으로 '국어 의식'은 문법 영역에서 '국어에 대한 태도'의 내용 체계 안에 제시되어 있다. '국어에 대한 태도' 교육은 '국어 의식', '국어 사랑', '국어 가치', '국어 사용의 민감성' 등 학습자가 국어를 사용할 때 필요한 정의적 교육 내용을 포괄한다. 이 가운데 '국어 의식'은 '언어 인식(language awareness; LA)'과 밀접한 관련이 있는 개념으로 국어를 대상화하여 탐구하고 조사하는 일련의 행위를 말한다(김은성, 2018: 18).[1]

....

* 3부 1장은 『우리말글』 83집에 게재되었던 「문법교육에서 '국어 의식'의 교육 내용 체계화 방안」을 이 책에 맞게 수정 및 보완한 것이다.

1 국어 의식과 언어 인식이 동궤의 개념이라는 지적은 꾸준히 논의되어 왔으며, 국어교육학계에서도 공론화되어 있다. "국어 의식이 의도하고 있는 교육 내용의 실체는 '언어 인식'

그런데 언어 인식과 밀접한 관련을 맺고 온 국어 의식은 정작 교육 내용 요소가 명료하게 교육과정에 제시되어 있다고 보기 어렵다. 일례로 교육부(2015: 9)에 제시된 '국어에 대한 태도'는 "국어의 가치를 인식하고 국어를 바르게 사용할 때 국어 능력이 효과적으로 향상된다."라는 명제를 중시하고 있는데, 이때 '국어의 가치를 인식'하는 것이 무엇인지, '국어를 바르게 사용'하는 것이 무엇인지 등 교육 내용 요소를 파악하기가 쉽지 않다.

이 장에서는 국어 의식 교육 내용의 불명확성이 무엇보다 국어 의식 교육의 내용 체계 부족에서 기인했다고 본다.[2] 국어 의식이 언어 인식과 밀접한 관련이 있다고 하면서도, 정작 국어 의식의 교육 내용은 언어 인식이 담고 있는 관점과 교육적 적용 가능성을 모두 반영하고 있지 못하기 때문이다. 이로 인해 국어 의식이 그저 문법교육에서 정의적인 사고 영역의 교육 내용으로 그 개념역이 축소되었다. 고춘화(2013: 177)에서 지적하였듯이, 국어 의식은 인지적이고 정의적인 사고력이 동시에 작용함은 물론이거니와, 실천성이 결여된 국어 의식은 그저 선언적이고 당위적인 교육 내용에 머물고 만다.

이를 극복하기 위해서는 그간 꾸준히 주목해 왔던 언어 인식과 국어 의식의 관련성을 면밀히 살피고, 언어 인식의 연구 성과를 바탕으로 국어

....

에 대한 고찰 속에서 더 분명해질 수 있을 듯하다(신명선, 2008: 371).", "국어 의식은 국어에 대한 인지적 접근과 정의적 접근이 통합되어야 한다는 관점이 반영된 것으로 그 주요한 참조점은 언어 인식이다(김은성, 2018: 18).", "문법교육에서 국어 의식은 언어 의식과 언어 인식의 개념과 함께 논의되어 왔다(김진희, 2018: 40)."

2 '국어 의식'이라는 용어는 종래의 '국어관'을 비롯한 국어에 대한 태도, 외국의 언어 인식 연구 담론 등이 결합된 다분히 복합적인 개념역을 지니고 있다. 이런 점에서 국어 의식에 대한 연구는 국어교육에서 '국어'라는 질료를 어떠한 '관점(perspectives)'으로 바라볼 것인지에 대한 근원적인 차원에서 적극적으로 지속적으로 연구되어야 한다.

의식의 교육 내용 체계를 확립해 볼 필요가 있다. 특히 국어 의식이 기존 언어 인식의 연구 범주 가운데 기능적 차원에만 주목하였고, 비판적 차원에 상대적으로 소홀했다는 점에 주목하여, 언어 인식의 면면을 살피면서 비판적 언어 인식을 보다 적극적으로 국어 의식의 내용 체계로 설정해 볼 것이다.

2. 국어 의식에 관한 개념적 논의와 문제점

국어 의식과 언어 인식의 관련성을 파악하기에 앞서, 국어 의식에 관한 교육 내용과 연구 담론을 점검해 보도록 한다. 국어 의식은 국어과 교육과정(2015 및 2022)에서 그 개념이나 교육 내용이 명료하게 제시되어 있지 않다. 그래서 국어 의식에 관련된 진술을 찾아서 국어 의식이 무엇인지 추정할 수 있다. 먼저 2015 교육과정의 중학교 1-3학년군의 국어과 교육 목표를 살펴보면 아래와 같다.

> 목적, 맥락, 주제, 유형 등을 고려한 다양한 국어 활동을 바탕으로 하여, 국어 교과의 기본 지식과 교과 역량을 갖추고, <u>자신의 국어 활동과 공동체의 국어 문화를 비판적으로 성찰하고 개선하는 태도</u>를 기른다(교육부, 2015: 41, 필자 밑줄).

위에서 밑줄 친 부분은 '태도'와 관련된 진술이다. '성찰', '개선' 등의 핵심어가 제시되어 있어서, 학습자로 하여금 자신의 국어 활동을 돌아보고 더 나아가 공동체의 국어 문화를 돌아보도록 유도한다. 국어 의식이 국어를 사용하는 주체가 대상으로서의 국어를 인식하도록 유도한다는 것과

[표 1] 2015 교육과정 문법 영역의 핵심 개념과 일반화된 지식

핵심 개념	국어의 본질	국어 구조의 탐구와 활용: 음운, 단어, 문장, 담화	국어 규범과 국어생활: 발음과 표기, 어휘 사용, 문장·담화의 사용	국어에 대한 태도: 국어 사랑, 국어 의식
일반화된 지식	국어는 사고와 의사소통의 수단이 되는 기호 체계로서, 언어의 보편성을 바탕으로 하여 고유한 국어 문화를 형성하며 발전한다.	국어는 음운, 단어, 문장, 담화로 구성되며 이들에 대한 탐구를 통해 국어 지식을 얻고 이를 언어생활에 활용할 수 있다.	발음·표기, 어휘, 문장·담화 등 국어 규범에 대한 이해를 통해 국어 능력을 기르고 바른 국어 생활을 할 수 있다.	국어의 가치를 인식하고 국어를 바르게 사용할 때 국어 능력이 효과적으로 신장된다.

동궤를 형성한다(김진희, 2018: 41). 이렇게 볼 때, 국어 의식은 학습자가 국어 활동을 수행하는 과정에서 수반되는 '정의적 영역(affective domain)'에 해당한다.

이를 반영하듯 국어 의식은 문법 영역에서 '국어에 대한 태도'의 세부 내용 요소 가운데 하나로 제시되어 있다. 위 [표 1]은 2015 교육과정에서 문법 영역의 핵심 개념과 일반화된 지식인데, 여기에서는 '국어에 대한 태도'라는 핵심 개념 속에 '국어 의식'이 하나의 내용 요소로 자리 잡고 있음을 확인할 수 있다.

[표 1]에서 '국어에 대한 태도'의 핵심 개념은 일반화된 지식에서 볼 수 있듯이 '국어의 가치를 인식'하는 차원과 '국어를 바르게 사용'하는 차원으로 구분되어 있다. 문제는 국어의 가치 인식이나 국어의 바른 사용이 국어 의식과 어떻게 연관되는지 파악하기 어렵다는 것이다. 국어 의식과 밀접한 언어 인식의 개념을 볼 때, 국어 의식은 이들 가운데 '국어의 가치 인식'과 관련이 있다고 볼 여지는 있다. 그것은 언어 인식이 대상으로서의 언어를 객관화하여 거기에서 깨달음을 얻는 것(김은성, 2005a: 440)이기 때

문이다. 그런데 국어 의식이 '국어의 바른 사용'과는 관련성이 없다고 단언할 수 없다.[3]

이는 (표 1)의 핵심 개념이 구체화된 학년(군)별 내용에서도 유사하게 나타난다. '글자·낱말·문자에 대한 흥미(초등학교 1-2학년군), 한글의 소중함 인식(초등학교 3-4학년군), 바른 국어 사용(초등학교 5-6학년군), 통일 시대의 국어에 대한 관심(중학교 1-3학년군), 국어 사랑과 국어 발전 의식 (고등학교 1학년)' 등의 학년(군)별 내용에서도 국어 의식이나 국어의 가치를 인식하는 것이 명료하게 나타나지는 않았다. 국어의 가치를 인식하는 차원은 '흥미, 인식, 관심, 의식' 정도의 개념어로 제시되어 있다. 이들 개념어를 모두 국어 의식으로 포괄할 수 있는지, 과연 국어 의식의 개념역이 어디까지인지 등 파악하기 쉽지 않다.

2022 교육과정에서는 2015 교육과정에서 나타난 이와 같은 개념화 차원의 문제는 극복되었다. '국어 의식'은 2022 교육과정의 문법 영역에서 내용 체계 가운데 하나인 '가치·태도' 범주에서 명시되어 있다. 2022 교육과정 문법 영역의 가치·태도 범주를 다음 (표 2)와 같이 살펴보기로 하자.

(표 2)의 '핵심 아이디어'를 보면, '국어 의식'이라는 용어가 제시되어 있다. 핵심 아이디어는 문법 영역의 태도를 명제적으로 제시한 것인데, 문법 영역은 학습자가 일상생활에서 국어 현상과 국어 문제를 '탐구'하고 '성찰'하는 과정을 바탕으로 삼아, 태도와 관련하여 '언어 주체로서의 정체성'과 '국어 의식'을 형성하는 것을 목표로 삼는다.

....

3 　국어교육에서 태도는 활동 과정에서 생성되고, 잠재적 동인이며, 신념 체계와 결부되어 있다(박인기, 2012: 85). 이렇게 보면 국어의 가치를 인식하는 것과 바른 국어를 사용하는 것은 관련성을 지니고 있다고 볼 수 있다.

〔표 2〕 2022 교육과정의 국어 과목 문법 영역의 가치·태도 범주의 내용 체계

핵심 아이디어	• 국어 사용자는 일상생활에서 국어 현상과 국어 문제를 탐구하고 성찰하면서 언어 주체로서의 정체성과 국어 의식을 형성한다.			
범주	내용 요소			
	초등학교			중학교
	1~2학년	3~4학년	5~6학년	1~3학년
가치·태도	• 한글에 대한 호기심	• 국어의 소중함 인식	• 국어 생활에 대한 민감성 • 집단·사회의 언어와 나의 언어의 관계 인식	• 다양한 집단· 사회의 언어에 대한 언어적 관용 • 언어로 구성되는 세계와 자아 인식

  2022 교육과정에서 '국어 의식'이 분명히 제시되어 있다는 점은 긍정적이다. 문법 영역의 가치·태도 범주에서 지향해야 하는 지점이 국어 의식의 함양이라는 사실 또한 타당해 보인다. 2015 교육과정에서 '국어 사랑'과 '국어 의식'이라는 이분법적으로 나열된 '국어에 대한 태도' 관련 핵심 개념이 '국어 의식'으로 명료화된 것이다. 학습자가 문법 학습을 통해 함양할 수 있는 태도로서 국어 의식의 개념이 성립된 것이다.

  그러나 위 〔표 2〕의 학년별 내용 요소를 볼 때, 국어 의식이 어떤 내용 요소를 포괄하는지 파악하기는 쉽지 않다. '호기심, 인식, 민감성, 언어적 관용' 중에서 국어 의식과 가장 관련이 있어 보이는 것은 '인식'이라고 할 수 있다. 그렇다면 문법교육의 가치·태도 범주에서 궁극적으로 도달해야 하는 목표로서 국어 의식이 인식으로만 좁혀진다는 것은 타당하지 않다. 여전히 국어 의식의 교육 내용 요소에 대한 고민이 필요하다고 할 수 있다.

  이러한 점에서 문법교육에서 논의된 국어 의식에 관한 논의들은 대체로 국어 의식의 개념적 탐색에 집중되어 온 경향이 있다. 이때 국어 의

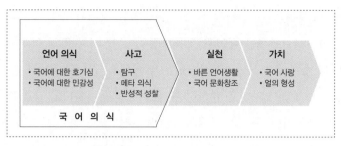

[그림 1] 국어 의식의 교육적 역할(고춘화, 2013: 176)

식의 개념을 지근거리에 놓인 언어 인식과의 관련성에서 찾고자 하였다. 김은성(2005b: 324)은 언어 인식을 언어에 대한 명시적인 지식 그리고 언어를 배우고 가르치고 구사할 때의 의식적인 지각과 감수성(ALA, 1996; 원진숙, 2013: 116 재인용)으로 정의되는 언어 교육의 접근법 또는 관점이라고 하였다. 영국에서 주도한 새로운 언어 교육 접근법으로 인정되는 언어 인식이 국어에 대한 태도의 개념 설정에 영향을 미친 것이다(김은성, 2018: 12). 그런데 언어 인식은 국어에 대한 태도보다 개념역이 훨씬 큰 언어 교육의 접근법 또는 관점이다. 이렇게 보면 언어 인식은 국어에 대한 태도 개념 설정에 영향을 준 것은 맞지만 오직 문법교육의 태도에서만 다루는 것도 온당하지 않다.

고춘화(2013)에서는 국어 의식을 정의적 요소뿐만 아니라 인지적 요소가 결합된 상태로 개념화하였다. 위 [그림 1]에서 국어 의식의 교육적 역할에 대한 도식을 통해 이들 개념화 양상을 확인할 수 있다.

[그림 1]에서 볼 수 있듯이, 국어 의식은 언어 의식과 사고를 포함하는 개념이다. 고춘화(2013: 176)에서는 국어 의식이 특정 지식의 고정된 형식이 아니라 모국어 화자가 국어에 대해 가지는 심리적 태도와 가치 판단이라고 하였다. 곧 국어 의식은 1차적 층위에서 화자가 국어에 대해 가지는 생각과 태도의 정의적 요소를, 2차적 층위에서는 국어에 대한 민감

성을 가지고 판단하는 인지적 요소를 포괄하는 것이라고 한 것이다. 이때 김진희(2018: 41)에서는 국어과 교육과정의 국어 사랑 및 국어 의식 개념에는 '실천성'이 존재하며, 그 실천성은 국어를 탐구하고 국어를 인식하여 국어 사용 주체로서 자신을 인식하는 것이 바탕을 이룬다고 강조하였다.

이와 관련하여 국어 의식에 실천성을 더하고자 하는 문법교육적 논의는 정지현(2013)에서 확인할 수 있다. 정지현(2013: 414)에서는 존 듀이(John Dewey)의 교육 관점을 토대로 국어 의식은 국어 인식의 속성을 갖고 있음을 언급한다. 듀이가 '의식과 경험'의 통합성을 강조한 것을 생각해 본다면, 국어 의식이 실천성을 가져야 한다는 점에서 국어 인식과 같다는 논지는 타당하다.[4] 이렇게 보면 현재 정의적인 영역을 중심에 두는 국어 의식의 교육 내용은 언어 인식이 지닌 실천성을 개념적으로 확보해야 한다.

일련의 논의를 정리하면, 국어 의식의 교육은 다음 두 가지의 강조점을 바탕으로 구체적인 교육 내용 요소를 마련해 나가야 함을 짐작할 수 있다.

첫째, 문법교육에서 국어 의식의 교육 내용은 인지적, 정의적 측면뿐만 아니라 실천적 측면을 반드시 포함해야 한다.
둘째, 국어 의식에 관한 문법교육 내용은 언어 인식의 연구 담론을 바탕으로 교육적 실천을 강구할 수 있는 방안을 제시해야 한다.

....
4   그럼에도 이 논의는 국어 의식과 국어 인식을 별개의 대상으로 상정하고 있다는 점에서 한계가 보인다. 듀이가 총체성을 전제하여 부분의 통합을 중시한 것은 이론과 실제를 이원론적으로 보는 것을 경계하고자 함이다(Dewey, 1916; 이홍우 역, 2007).

3. 언어 인식과 국어 의식의 관련성 탐색

국어 의식은 국어 교육과 관련된 논의에서 확인한 것처럼 좁은 개념 역을 갖지 않는다. 따라서 정의적인 영역 중심으로 제시된 국어 의식은 재 개념화가 필요하다. 이를 위해 국어 의식과 밀접한 관계에 놓인 언어 인식을 다시금 조명할 필요가 있다. 특히 언어 인식이 지닌 실천성에 대한 논점을 주목하면서, 특히 비판적 언어 인식(CLA)의 개념 요소를 보다 적극적으로 국어 의식의 개념화에 적용할 필요가 있다. 그것은 비판적 언어 인식이 언어를 사회적 실천의 맥락에서 적극적으로 해석하여, 언어 속에 내재된 힘의 관계와 가치의 문제를 탐구하는 데 중점을 두기 때문이다(Fair-clough, 2014: 6). 이러한 주장은 국어 의식과 관련된 가치 문제를 구체적으로 드러내기 위한 시작점을 제시하는 데 의의가 있다.

보다 구체적으로 Bolitho, et al.(2003)에서 논의된 언어 인식에 관한 교육적 대담을 살펴보고자 한다. 그 대담에서 언어 인식의 '관점'과 '교육적 설계'를 요약해 제시하면 다음 [표 2]와 같다.[5]

우선, '관점'과 관련하여 언어 인식은 단순한 부분적 능력이 아니라, 총체적인 사고력으로서의 통찰력이나 내면화를 포함한 사고의 전반을 나타내는 지향점으로 이해된다. 특히 학습자가 경험을 통해 언어 사용의 '실제'를 깨닫는 것을 강조하는데, 이는 단순히 인지적 사고나 정의적 사고뿐만 아니라 체화된(embodied) 능력으로 해석될 수 있다. 이러한 관점은 비판적 언어 인식에서 언어와 세계 간의 관계를 경험의 대상으로 제시하며,

....

5   Bolitho, et al.(2003)은 언어 인식 교육을 주창한 학자들인 Rod Bolitho, Ronald Carter, Rebecca Hughes, Roz Ivanić, Hitomi Masuhara, Brian Tomlinson 등의 전문가 대담 형식의 연구 담론으로, 언어 인식과 비판적 언어 인식의 개념, 교육적 적용, 실천 사례 등을 확인할 수 있다.

〔표 2〕 언어 인식의 관점과 교육적 설계(Bolitho, et al., 2003)

LA & CLA		주요 내용
관점		• 언어 인식(LA)은 모어 화자가 사용된 언어에 의도적 주의를 기울임으로써 발달되는 정신적 자질(mental attribute). 즉 언어의 실재(realities)에 대한 자발적이고 점진적인 내면화(realization). • 비판적 언어 인식(CLA)은 언어 인식과 같은 접근법을 지니면서 특히 언어와 사회적 맥락(language & social context) 사이의 관계에 초점. 즉 비판적 언어 인식에서 '인식하다'는 언어가 세계를 어떻게 표상하는지, 즉 힘의 관계(power relations)를 언어가 어떻게 반영하고 구성하는지를 탐구.
교육적 설계	방향	• 텍스트 인식(text awareness), 사용으로서의 언어(language in use)에 대한 강조, 그리고 사회·문화적 매개체로서 언어(language as a social and cultural medium)와 같은 맥락을 강조하는 방향. • 언어와 문화의 관계는 분리 불가능한 것(indistinguishable), 언어에 대한 중립적 기술도 할 수 없는 것, 텍스트를 총체적으로 탐구하는 방향.
	요소	• 텍스트의 내용 이해, 정서적 상응, 텍스트에 사용된 특정 언어 표현 양상의 탐구, 어휘와 문법 선택(choosing)에 따른 맥락 이해. • 텍스트(textual), 맥락(contextual), 사회-정치(socio-political), 태도(attitudinal) 요소의 통합적 적용.

'힘의 관계(power relations)'를 언어가 어떻게 표현하는지를 탐구하고자 한다. Clark & Ivanić(1999: 66)가 제시한 것처럼, 사회 속의 언어가 어떤 힘의 논리로 작용하는지에 대한 '근거(why)'를 찾고자 하는 것이다.

이를 바탕으로 언어 인식의 개념 구도를 다음 〔그림 2〕와 같이 제시 하고자 한다. 이는 모어 화자의 언어 사용과 언어 사용에서 내포된 사회문 화적 특성의 상관관계를 일정한 구도로 나타낸 것이다.

〔그림 2〕에서 확인할 수 있듯이, 〔표 2〕의 '관점'에 기반한 언어 인식 이 국어 의식으로 전이될 때 언어의 상황성과 사회문화성에 대한 실천성 이 강조된다. 이를 통해 국어 의식은 반드시 모어 화자가 국어를 사용하는 상황 속에서 함양할 수 있는 총체적 능력이며, 특히 자신의 국어 사용이 중립적이지 않다는 사실을 깨닫고 그 힘의 관계를 탐구하는 지점까지 포

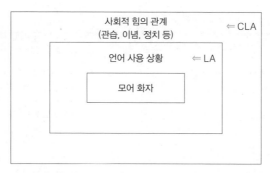

〔그림 2〕 언어 인식의 개념 구도

함할 수 있다.

다음으로, 〔표 2〕의 '교육적 설계'를 보면 언어 인식은 언어에 대한 원자적 접근, 즉 언어를 부분적 단위로 접근하는 것을 지양한다. 이러한 점에서 언어 인식 교육의 출발점은 텍스트 인식(text awareness)으로 보는데, 여기에 더해 비판적 언어 인식은 '사회문화적 매개체로서의 언어', '언어와 문화의 분리 불가능성', '언어에 대한 중립적 기술도 불가능한 것'의 진술과 관련을 맺는다. 곧 텍스트 인식은 '텍스트에 사용된 언어 양상 ⇄ 텍스트의 소통 상황 ⇄ 텍스트의 소통을 둘러싼 사회문화적 특징'의 총체적 이해를 추구한다(Fairclough, 2007: 9).

이때 주목할 만한 사실은 텍스트 중심의 언어 교육 설계가 이루어져야만 언어 인식의 정의적 요소에 대한 교수-학습이 가능하다는 것이다(Donmall, 1985). 이는 국어 의식이 단순히 국어에 대한 태도로만 존재하는 것이 아니라 문법 지식과 탐구 활동을 통해 위상을 지닐 수 있는 잠재력을 가지고 있다고 볼 수 있다. 더욱이 국어에 대한 정의적 교육은 점진적으로 모어 화자의 국어적 성향을 형성하여, 인격 형성이나 자아 정체성 확립을 궁극적으로 지향한다. 이러한 관점에서 문법을 부문별로 분리하여 가르치는 것이 아니라 텍스트를 중심으로 문법, 어휘, 사용, 사회문화 등

〔표 3〕 언어 인식의 국어 의식 전이 방향

사고 범주	언어 인식의 교육적 설계 요소	국어 의식으로의 전이 방향
인지적	텍스트에 사용된 언어 이해 [language in use]	• 텍스트의 내용 이해 • 텍스트에 사용된 언어 탐구
정의적	텍스트의 언어 사용에 대한 정서적 상응 [affective interaction]	• 텍스트에 대한 정서적 반응 • 텍스트의 관점에 대한 태도
심동적	텍스트에 사용된 언어와 사회(힘)의 관계 탐구 [socio-political factors]	• 텍스트와 세계의 관계 탐구 • 텍스트의 사회문화적 가치 인식

을 통합적으로 접근하고, 그 과정에서 자연스럽게 소통되는 언어가 사회 속에서 공유된다는 지향점을 국어 의식 교육에서 추구할 수 있다.

이와 같은 언어 인식의 교육적 설계 방향성은 앞의 〔표 2〕에서 확인할 수 있듯이 '텍스트 이해 ⇄ 언어 사용 양상 포착 ⇄ 개인적 반응 형성 ⇄ 사회-정치적 요인 탐구 ⇄ 정신적 표상(내면화)'의 순환 과정으로 드러난다. 이들 과정에 대하여 Bolitho et al.(2003: 256)은 언어 인식 교육은 언어 양상에 대한 의미 혹은 통사적 특징을 탐구하는 것만큼이나 '텍스트, 맥락, 사회-정치, 그리고 태도 요인'을 학습의 중심에 둔다고 하였다. 언어 인식은 모국어 학습자가 자신이 사용하는 언어의 맥락을 사용함으로써 이해하고, 언어 사용의 과정에서 그 이면에 깔린 사회문화적 근거를 탐구하는 내용을 교육적 설계의 핵심 요소로 삼고 있다고 볼 수 있다.

여기서 국어교육의 사고 범주(이삼형 외, 2007: 168)[6]를 참고하여, 언어 인식의 국어 의식 전이 방향을 위 〔표 3〕과 같이 설정하고자 한다.

....

6   이삼형 외(2007: 167-170)에서는 Bloom(1956)의 사고력 범주를 바탕으로 국어의 특수성을 반영하여 '국어적 사고력' 범주를 제시한 바 있다. 국어적 사고력은 국어 지식, 국어 문화, 국어 사용 전략에 대응하여 '인지적 사고, 정의적 사고, 상위인지'로 구분된다.

〔표 3〕은 언어 인식을 기반으로 한 국어 의식의 교육 내용을 인지적, 정의적, 그리고 실천적(심동적) 차원에서 범주화하였다. 이것은 국어 의식이 문법교육에서의 태도에 관련된 내용뿐만 아니라, 인지적이고 정의적인 영역에서도 작용한다는 것을 나타낸다. 특히 〔표 3〕에서 제시된 심동적 사고의 설계 요소와 전이 방향을 고려할 때, 국어 의식 교육은 '국어-사회-힘'의 관계를 탐구하는 내용이 포함되어야 한다는 필요성을 강조한다.

4. 언어 인식 기반 국어 의식 교육 내용의 범주와 요소

지금까지 살펴본 국어 의식으로 전이된 언어 인식의 교육적 설계 요소를 바탕으로, 국어 의식 교육의 내용 범주와 요소를 마련해 보기로 한다. 이를 위해 2015 교육과정과 2022 교육과정에서 국어 의식이 언급된 핵심 개념(아이디어)을 아래와 같이 상기해 보도록 하자.

- 2015 교육과정: 국어에 대한 태도 – 국어 의식
- 2022 교육과정: 국어 사용자는 일상생활에서 국어 현상과 국어 문제를 탐구하고 성찰하면서 언어 주체로서의 정체성과 국어 의식을 형성한다.

위에서 볼 수 있듯이, 국어 의식은 2015 교육과정에서 '국어에 대한 태도'라는 핵심 개념에서 존재하였는데, 2022 교육과정에서는 이 명제가 구체화되어 있음을 확인할 수 있다. 특히 2022 교육과정에서는 일상생활에서의 실천성이 강조된 것으로 볼 수 있으며, 국어 의식을 정체성과 함께

국어 사용자가 함양해야 할 목표로 간주하고 있다.

언어 인식을 국어 의식에 전이하는 방향도 2022 교육과정의 지향점과 유사하다. 곧 정의적 영역의 교육 내용을 중심에 두면서 인지적 영역과 실천적 영역이 상보적으로 작용하는 교육 내용을 구성해야 하는 것이다. 예를 들면, '탐구'하고 '성찰'하는 것은 문제를 '이해'하고 적극적으로 그 문제를 '개선'하려는 것이 수반된다. 곧 국어 사용자가 함양해야 하는 국어 의식은 타당한 국어를 사용하도록 '실천'하는 관계에서 비롯된다.

여기서 '실천'한다는 것은 그러한 국어 생활이나 국어 현상에 대하여 무작정 그렇게 하라는 지시가 아니라 '왜(why)' 그러한지에 대한 이유를 탐구하는 교육 내용에 대한 구성과 직접적으로 관련된다(Clark & Ivanić, 1999: 66 참고). 그것은 자신의 국어 생활이든 다양한 국어 현상이든 사회적으로 생동하는 국어에 대한 정당성이 확보될 때, 비로소 실천의 본질적 의미에 부합하기 때문이다. 이에 따라 학습자는 국어가 사회문화적 현상을 어떠한 방식으로 표상하고 있는지에 대하여 비판적으로 사고하는 지점으로 나아갈 수 있다. 국어 의식의 교육 내용에서 다루지 않고 있던 '힘의 관계'를 교육 내용으로 구성할 수 있다는 것이다.

일련의 논의를 바탕으로 삼아, 언어 인식 기반의 국어 의식 교육 내용을 다음 〔표 4〕와 같이 정리해 보고자 한다.

〔표 4〕는 이전에 논의한 언어 인식을 기반으로 한 국어 의식 교육 내용 범주를 설정하고 구체적인 내용 요소를 제안한 것이다. 2015 교육과정의 문법 영역 성취 기준에 있는 국어 의식 내용 범주에서 정의적 교육 내용이 중심을 이루는 부분에, 인지적이고 실천적인 교육 내용을 보완적으로 제안하였다. 이러한 내용 범주는 이전에 언급한 것처럼, 하나는 사회적 차원을 다루고 다른 하나는 개인적 차원을 다루는 것으로 볼 수 있다.

구체적으로 '국어 현상에 대한 관심'은 주로 사회적 측면을 다루는

〔표 4〕 언어 인식 기반 국어 의식의 교육 내용 범주와 요소 제안

교육 내용 범주	교육 내용 요소		
	인지	정의	실천
국어 현상에 대한 관심	다양한 국어 현상(통일, 다문화, 생태 환경 등)의 이해	다양한 국어 현상에 대한 민감성, 관심과 탐구의 태도	다양한 국어 현상에 담긴 사회적 힘의 관계 인식
국어 생활의 성찰과 개선	일상 의사소통(말버릇, 국어 윤리 등)의 맥락 이해	자신의 일상 의사소통 습관에 대한 반성하려는 태도	일상 의사소통의 과정에서 내포된 표현의 의도 인식

내용 범주로 볼 수 있다. 이는 한국 사회에서 현재 눈에 띄는 국어 현상을 중심으로 교육을 진행하는 것이다. 이에 따라 다양한 국어 현상을 이해하고, 해당 현상에 대한 민감성(sensitivity)을 기르고 탐구하는 태도를 갖추는 내용 요소를 설계할 수 있다. 더 나아가, 이러한 국어 현상을 단순히 표면적으로 인식하는 것이 아니라, 그 이면에 숨겨진 의미와 관계를 파악하는 실천적인 능력을 갖추도록 교육 내용을 구성할 수 있다. 예를 들어, '다문화'라는 용어가 단순한 표면적인 의미를 넘어서 어떠한 '차별'의 인식을 내포하고 있는지에 대한 사회적인 고민을 유도하는 교육 내용을 마련할 수도 있다.[7]

'국어 생활의 성찰과 개선'은 주로 개인적인 측면을 다루는 내용 범주로서, 학습자 자신의 일상 의사소통 현상을 중심으로 교육이 이루어질 수 있다. 여기에는 '청소년 언어'로 묶이는 학습자의 일상 국어 생활이 포

....

7　Pang(2001)은 '다문화'라는 단어는 혼종의 의미가 강하므로 '상호문화'라는 단어를 써서 다름을 평등의 관점에서 바라보아야 함을 논의한 바 있다. 시사적으로는 다음과 같은 신문 텍스트의 표제어에서 '다문화'라는 단어에 대한 비판적 인식도 나타나고 있다. "혼혈아·다문화는 배타적 용어(『국민일보』, 2019.10.9.)", "'다문화'라는 용어의 그늘(『재외동포신문』, 2019.9.24.)"

함된다. 따라서 교육 내용을 구성할 때는 일상 의사소통의 맥락을 이해하고, 학습자가 자신의 의사소통 습관을 반성하려는 태도를 갖추며, 의사소통의 과정에서 발생하는 표현의 의도를 인식하는 내용 요소를 설정할 수 있다. 특히 표현의 의도는 상대방의 말을 들을 때나 자신이 말을 할 때, 그리고 선택한 어휘나 비언어적 표현 방식에 따라 의사소통의 품질이 크게 영향을 받는다는 점을 고려하여 중요한 교육 내용이라고 볼 수 있다. 예를 들어, '-거든요'와 같은 종결 표현을 빈번하게 사용할 경우, 상대방에게 '버릇이 없다'는 인식을 줄 수 있음을 메타적으로 인식하는 교육 내용이 이와 관련된다고 하겠다.[8]

끝으로 〔표 3〕과 같은 국어 의식 교육 내용에 더하여, 국어와 사회의 관계, 국어에 배태된 사회적 힘의 관계를 탐구하는 새로운 교육 내용을 마련하는 일은 앞으로도 꾸준히 고민해 나가야 한다. 이는 사회의 힘에 대한 대표적인 예에 해당하는 권력과 이념의 문제에 관한 교육 내용을 마련하는 작업이다. 예를 들어 아래와 같은 교육 내용의 범주와 요소 또한 충분히 설정해 볼 만하다.

- 범주: 국어와 국어 생활에 대한 비판적 인식
- 요소: 정치 담화의 틀짓기(framing) 현상 탐구, 학습자의 국어 주체성 (subjectivity) 형성 등

....

8   '-잖아(요), -거든(요)'의 경우 오현아·강효경(2015)에서 인성 교육과 관련하여 논의된 바 있다. 다음과 같은 진술은 여기서 말하는 표현의 의도와 관련이 있다고 하겠다. "'-잖아 (요)'와 '-거든(요)' 모두 평서문 종결 어미로 기본적인 '-아/어(요)'나 '해(요)'와는 다른 의미 기능을 실현한다는 점에서 구어 상황에서 이러한 형태의 사용이 청자에게 화자가 의 도하지 않은 언어 효과를 불러일으킬 수 있다(오현아·강효경, 2015: 90)."

국어 의식의 교육 내용 범주와 내용 요소는 주로 언어 인식, 특히 비판적 언어 인식의 지향을 적극적으로 수용하여 구성 가능하다. 예를 들어, 동일한 사건이라도 다르게 표현되는 정치 담화가 그 사건을 왜곡하는 양상을 탐구하고, 이를 인식하여 학습자 자신의 정치적 성향을 갖추는 것은 국어 의식 교육의 중요한 목표 중 하나일 수 있다. 다음과 같은 두 신문 텍스트에 대한 인식 활동은 미래의 '적극적인' 국어 의식 교육의 내용을 구성하기 위한 실마리를 제시한다고 하겠다.

㉮	[표제] 광화문 '조국 규탄 100만' vs 여의도 '조국 수호 3000명' 맞불집회 [본문 첫 문단] 공휴일이자 한글날인 9일 서울 광화문과 여의도 일대에서 조국 법무부 장관 찬반 집회가 잇따라 열리고 있다. (『세계일보』, 2019.10.9.)
㉯	[표제] 한글날 '둘로 갈라진' 집회… 광화문 '조국 퇴진' vs 여의도 '조국 수호' [본문 첫 문단] 한글날인 9일은 지난 3일 개천절에 이어 보수 진영의 '조국 퇴진' 대규모 집회가 열렸다. 이와 함께 여의도에서는 진보 진영의 '조국 수호' 맞불집회가 열려 둘로 갈라진 '광장 정치'가 연출됐다. (『이투데이』, 2019.10.9.)

위의 ㉮와 ㉯가 표상하는 사회 현상이 동일하지 않음을 학습자가 능동적으로 분석하여 자신의 주체성과 국어 의식을 형성하는 교육이 어쩌면 국어 의식 교육의 궁극적 지향점이라고 할 수 있다. 이는 학습자가 ㉮에서 표제에 제시된 숫자의 현저성(salience)[9]으로 인해 본문의 첫 문단에

....

9 현저성은 시각적 분석에서 본래 사용되는 개념이다. Kress & van Leeuwen(2006: 210)에서는 현저성을 '그 자체의 크기에서 비롯된 관심 요소, 전경 속 장소나 다른 요소들과 겹치는 부분, 색깔, 색조 값, 해상도와 각 특징들의 적절성 정도'로 설정한다. 이와 동일한 방식으로 텍스트에서는 언어적, 기호적 특징의 형태가 어우러져 특정 대상을 두드러지게 드러내는 현저성 유형이 존재한다. 현저성 유형은 초점화(focus), 생동성(vitality), 추상화 수준(levels of abstraction), 타동성(transitivity), 은유(metaphor) 등을 포함한 다양한 언어적 특징을 분석하여 삶의 영역을 생생하고 구체적으로 나타내는 것이다(Stibbe, 2015; 김규훈 외 역, 2018: 338).

나타나지 않는 모종의 의도성을 전달하고 있음을 인식하도록 유도하는 교수-학습이다. 그리고 ㉯에서 표제에 한글날과 '둘로 갈라진'이라는 문구가 갖는 의미를 파악하며 본문의 첫 문단에 선택된 어휘 '광장 정치'라는 단어가 만들어내는 현 시대의 정치적 분위기를 조망하게끔 이끄는 교수-학습이다. 이와 같이 국어 의식 교육은 주체적으로 국어 현상을 이해하고 국어 생활을 영위해 나가는 지점으로 나아가야 한다. 그렇게 해야만 언어 인식과의 관련성에서 개념화되어 온 국어 의식이 교육적 설계와 실천에서 그 본질적 의미를 회복할 수 있을 것이다.

5. 정리와 전망

이 장에서는 언어 인식을 전이하여 문법교육에서 국어 의식의 교육 내용 범주와 요소를 마련해 보았다. 이를 위해 먼저 국어 의식에 관한 연구 담론과 교육과정 담론을 확인하였다. 그런 다음 국어교육에서 국어 의식의 지향적 개념에 대해서 파악하고자 하였고, 이에 결부하여 언어 인식에 대한 기능적, 비판적 차원의 개념과 교육적 설계 방안을 국어 의식으로 전이하였다. 특히 비판적 언어 인식을 통해 국어 의식의 교육에서 힘의 관계에 대한 인식의 내용을 설정할 수 있음을 확인하였다. 이를 바탕으로 언어 인식 기반의 국어 의식 교육 내용에 대한 범주를 '사회적 차원: 국어 현상에 대한 관심'과 '개인적 차원: 국어 생활의 성찰과 개선'으로 설정하고 각각의 내용 요소를 제안해 보았다. 더 나아가 교육적으로 민감하지만 사회 속 권력과 이념의 문제를 적극 다룰 수 있는 국어 의식의 교육 내용과 실제를 제시해 보았다.

국어 의식과 관련된 언어 인식을 살피면서 국어 의식의 개념을 확장할 수 있는 방안을 모색하는 작업은 중요하다. 그러나 현재 국어교육에서 국어 의식의 본질이 명확하지 않아 언어 인식과 국어 의식 간의 정교한 연결점을 찾기 어려운 제약도 있다. 이러한 한계를 극복하기 위해서는 다음 두 가지의 과제를 국어 의식 교육 담론에서 지속적으로 다루어 나가야 할 것이다.

첫째, 국어교육에서 의사소통의 과정과 태도 관련 교육 내용을 통합적으로 다루는 논의가 필요하다. 국어 의식이 문법교육에서 국어에 대한 태도의 세부 내용 요소로 간주된다면, 국어 의식을 갖추기 위해서는 국어 활동의 과정에서 교수-학습되어야 한다. 국어 의식의 실천적 교육 내용은 학습자의 실제적인 경험을 전제로 하기 때문이다.

둘째, 국어 의식과 비판적 언어 인식을 사회문화적 맥락에 대한 유형화를 통해 정교한 구조로 통합하여 논의해야 한다. 비판적 언어 인식은 영국에서 일어난 교육 운동 중 하나로, 핵심 내용은 교실에서 언어의 구조가 아닌 사회 속 이데올로기적 언어를 교육하는 것이다. 이것은 언어 교육이 언어의 구조에 중점을 두는 것이 아니라 언어를 둘러싼 사회문화를 고려해야 한다는 사실을 시사한다. 국어 의식의 실천성을 강화하기 위해 국어교육에서 개념화된 맥락을 기반으로 사회문화적 맥락을 유형화하는 작업이 필요한 것이다.

2

국어 의식 관련 교육과정 내용의
비판적 고찰[*]

1. 국어 의식 교육 내용의 불명확성

국어 의식은 문법교육의 중심 내용 중 하나로, 국어에 대한 태도와 밀접한 관련이 있다. 문법 영역의 교육 내용은 주로 음운론, 형태론, 어휘론, 통사론, 화용론 등 국어 단위에 기반한 지식으로 구성되어 있는데, 국어 의식은 '정의적(affective) 교육 내용'으로서 의의를 지닌다. 고춘화(2013: 173)에 따르면, 국어 의식은 국어에 대한 호기심부터 국어에 대한 태도, 가치관, 그리고 언어의 형성에 이르기까지 다양한 정의적 측면을 포괄하는 문법 영역의 중요한 교육 내용 가운데 하나이다.

그러나 국어 의식에 대한 교육 내용은 아직까지 정립되지 않았다고

....

[*]   3부 2장은 『민족연구』 81호에 게재되었던 「문법교육에서 '국어 의식'의 개념적 체계화와 교육 내용의 비판적 고찰」을 이 책에 맞게 수정 및 보완한 것이다.

할 수 있다. 이는 국어 의식에 대한 체계적인 개념이 아직 확립되지 않았기 때문이다. 국어과 교육과정에서는 국어 의식을 국어에 대한 인식(2011, 2015 교육과정), 국어의 가치를 탐구하는 일(2022 교육과정) 등과 관련된 용어로 사용하고 있으며, 국어 의식이 명확하게 규명되지 못한 상태이다. 이는 국어 의식에 관한 그간의 논의에서도 드러나고 있는데, 김은성(2005), 신명선(2008), 원진숙(2013), 고춘화(2013), 김은성(2018), 김진희(2018), 김규훈(2019b) 등의 연구에서 개념화된 국어 의식을 교육과정에서 거의 그대로 적용하고 있다.[1] 국어교육에서 정의적 교육 내용의 대표적 영역이라고 할 수 있는 국어 의식 개념의 체계화는 반드시 필요하다.

국어 의식에 대한 개념적 체계화가 가능하다면, 국어 의식에 대한 교육 내용을 좀 더 세부적으로 마련해 나갈 수 있을 것이다. 이와 관련하여 김규훈(2019b)에서는 국어 의식의 교육 내용을 언어 인식을 기반으로 제안한 바 있다. 그것은 언어 인식과 그 하위 영역인 비판적 언어 인식을 바탕으로 학습자가 국어 자료에 쓰인 어휘, 문법, 표현 등에 관심을 갖고 이를 탐구하려 하고 특히 사회문화적 가치를 파악하는 태도를 강조하였다.[2] 그런데 언어 인식과 국어 의식을 연관시키는 논의가 일견 타당하다고 할

....

1   '국어 의식, 언어 인식, 언어 의식' 등은 관련된 논의로서 의미를 지닌다. 김은성(2005), 김은성(2018), 김진희(2018) 등은 국어 의식을 언어 인식과 관련지어 논의해 왔는데, 언어를 대상으로 탐구하고 조사하는 활동의 차원에서 개념화되어 있다. 원진숙(2013)은 NCLE(1985) 및 ALA(1996)를 바탕으로 언어 의식의 개념에 대하여 언어에 대한 의식과 언어 사용에 대한 의식을 말한다고 한 바 있다. 고춘화(2013)의 경우 국어 의식을 국어에 대한 호기심과 탐구, 국어 사용의 반성, 국어에 대한 태도와 가치관 및 얼까지 포괄하는 개념으로 보고 있다.

2   비판적 언어 인식은 언어 사용자가 언어와 사회의 관계를 인식하여 문제점을 발견하고 개선 방안을 찾는 언어 교육에 대한 관점이다(Fairclough et al. 2014). 특히 비판적 언어 인식은 사회 속의 언어가 어떠한 힘의 논리로 실천되었는지에 대한 근거(why)를 합리적으로 설명하는 데 집중한다(Clark & Ivanić 1999, 66).

지라도, 국어 의식이 결코 언어 인식으로만 이루어지는 것은 아니다. 국어 의식에는 국어 자료에 대한 태도적 측면도 있지만, '국어를 민족어와 관련하여 중요한 언어 의식 그 자체로 바라보는 관점', '국어의 얼을 중시하고 전승 및 계승하는 관점'을 담지하고 있기 때문이다. 이런 점에서 국어 의식의 온전한 개념을 설정하고, 국어과 교육과정에서 국어 의식이 어떻게 개념화되어 있는지를 파악하는 것은 중요하다.

따라서 이 장에서는 2022 교육과정에서 국어 의식과 관련된 교육 내용을 확인하고 비판적으로 고찰하는 목적을 설정한다. 곧 국어 의식의 개념을 토대로 부족한 내용 요소를 점검하고 타당한 내용 요소를 파악해 볼 것이다. 더 나아가 2022 교육과정에서 국어 의식이, 국어 의식 관련 연구에서 지적받아 왔던 교육 내용이 당위적으로 제시되어 있다는 항간의 비판에 대하여 이를 어떻게 극복할지에 대해서도 고민해 보고자 한다.

2. 국어 의식의 개념적 체계화

1) 국어 의식 관련 개념의 분석적 이해

국어 의식과 관련된 국어교육 논의로는 김은성(2005), 신명선(2008), 원진숙(2013), 고춘화(2013), 김진희(2018), 김규훈(2019b) 등을 찾아볼 수 있다. 이들 연구에서는 국어 의식, 언어 인식, 언어 의식 등이 정의되어 있는데, 이를 정리하면 다음 [표 1]과 같다.

[표 1]에서 볼 수 있듯이, 국어 의식 관련 논의는 '언어 인식, 언어 의식, 국어 의식' 등의 핵심어를 바탕으로 전개되어 왔다. 이들 각각에 대한 강조점을 아래와 같이 살펴보도록 한다.

[표 1] 국어 의식 관련 개념의 정의와 개념 요소의 추출

논의	국어 의식 및 언어 인식 정의	국어 의식의 개념 요소
김은성 (2005)	언어 인식은 언어를 인식하는 행위, 더 나아가 언어를 대상화하여 탐구하고 조사하는 행위이다(440쪽).	− 언어를 인식하는 행위 − 언어를 대상화 − 언어에 대한 탐구, 조사
신명선 (2008)	국어 의식이 맥락의 구성 요소로서 지식 및 탐구 영역과 서로 교호함을 고려하면 지식 탐구의 결과와 그 과정에 개입하고 있는 학습자의 지적 수준이나 태도 등이 교육 내용으로 포섭되고 있음을 알 수 있다(371쪽).	− 맥락의 구성 요소 − 지식 탐구의 결과와 그 과정에서 발현 − 학습자의 지적 수준, (국어에 대한) 태도
원진숙 (2013)	언어 의식은 언어의 본질과 언어가 인간의 삶에서 갖는 역할에 대한 민감성 및 의식적인 인식(NCLE, 1985) 내지 언어에 대한 명시적인 지식, 언어 학습, 언어 교수, 언어 사용에 대한 의식적인 지각 및 민감성(ALA, 1996)이다(116쪽).	− 삶에서 언어의 본질과 언어의 역할에 대한 민감성, 의식적 인식 − 언어 학습, 언어 교수, 언어 사용에 대한 의식적 지각, 민감성
고춘화 (2013)	국어 의식은 인간의 본질적 특성인 언어 자체, 국어에 대한 호기심과 탐구심, 개인의 국어 사용에 대한 반성적 고찰, 언어 메타 의식과 논리적 사고, 국어에 대한 태도와 가치관, 얼의 형성 층위를 내포한다(172-173쪽).	− 언어, 국어의 호기심과 탐구심 − 국어 사용에 대한 반성 − 언어 메타 의식 − 국어 가치관과 얼 형성
김진희 (2018)	국어 의식은 언어 의식 내지 언어 인식과 동일한 개념으로, 대상으로서의 언어에 대한 인식과 언어를 인식하는 주체로서 자신에 대한 인식을 포괄하는 개념이다(40-41쪽).	− 언어에 대한 인식 − 언어 인식 주체에 대한 인식
김규훈 (2019)	국어 의식 교육은 언어 인식뿐만 아니라 비판적 언어 인식(CLA)을 바탕으로 '국어 − 사회 − 힘'의 관계를 탐구하는 내용이어야 한다(13-14쪽).	− 언어 인식 − 비판적 언어 인식(CLA) − '국어 − 사회 − 힘'의 관계 탐구

국어 의식을 '언어 인식'의 차원에서 정의한 논의에는 김은성(2005), 김진희(2018), 김규훈(2019b) 등이 있다. 이들 논의는 위 [표 1]에서 추출한 개념 요소들을 기반으로 하여, 주로 '언어를 대상화'하여 '언어 사용 주체인 학습자가 인식하는 대상'이라는 점을 언어 인식의 개념에서 중시한

다. 쉽게 말해서, 학습자가 언어를 사용하거나 언어에 대해 탐구할 때, 자신이 사용하거나 탐구하는 언어를 인식한다는 것을 의미한다. 이에 언어 인식은 언어에 대한 조사나 탐구가 중요한 개념으로 등장한다(김은성, 2005). 한편 학습자의 언어 사용은 언어에 대한 탐구적 태도뿐만 아니라 학습자가 스스로 어떤 언어를 어떻게 사용하고 있는지에 대한 메타인지의 차원까지 포함한다. 김진희(2018)에서는 이를 '언어 인식 주체에 대한 인식'이라 언급한 바 있다. 김규훈(2019b)의 경우, 언어 인식 중에서 특히 비판적 언어 인식을 바탕으로 국어 의식의 교육 내용도 비판적 언어 인식의 차원에서 '사회적 힘의 관계'에 대한 '탐구'를 포함해야 함을 강조하였다.

'언어 의식'의 개념을 중심으로 국어 의식을 논의한 연구에는 원진숙(2013)이 있다. [표 1]에서 확인할 수 있듯이, 원진숙(2013)은 언어 의식을 NCLE(1985) 및 ALA(1996)를 기반으로 하여, 언어에 대한 민감성과 의식적 자각, 이를 기반으로 한 언어 교수, 언어 학습, 언어 사용에 대한 민감성 및 의식적 자각을 포괄적으로 다루고 있다.[3] 여기서 '민감성(sensitivity)'은 언어 사용자가 자신이 사용하는 언어에 대해 관심을 가지고 탐구하려는 태도를 나타내며, '의식적 자각'은 학습자가 자기가 사용하는 언어에 대해 깨닫는다는 개념을 의미한다. [표 1]에서 확인할 수 있듯이, 언어 의식은 언어 자체뿐만 아니라 교육적 측면의 언어 교수와 학습, 사회적 측면의 언어 사용까지를 포함하고 있다.

'국어 의식'의 위상을 강조하며 그 개념을 파악하려 한 논의들로 신

....

3   NCLE(1985)와 ALA(1996)는 언어 인식과 관련된 연구 단체를 가리킨다. 참고로 언어 인식
     (language awareness)은 영국의 언어 사용 운동으로 촉발되었는데, 자신의 언어 사용에 대
     한 성찰, 사회 속 언어에 대한 민감성 등 언어에 대한 태도와 관련된 교육 운동 및 교육 체
     제, 그리고 교육 내용과 방법을 포괄한다.

명선(2008), 고춘화(2013) 등을 들 수 있다. 신명선(2008)은 '맥락, 지식, 탐구' 등의 용어가 제시되었는데, 이는 당대 개정되었던 2007 교육과정에 관한 개념임을 짐작할 수 있다. 곧 2007 교육과정에서는 국어 의식이 '맥락'이라는 내용 체계 요소 가운데 하나이며, 이는 '국어 지식'이나 '국어 탐구'와 교호하도록 제시되었으므로, 국어 지식을 탐구하는 과정과 결과에서 발현하는 것이 국어 의식이라고 보았다. 당대 교육과정에서 국어 의식을 국어에 대한 태도 차원의 개념으로 본 것이다.

고춘화(2013)도 유사한 맥락에서 포괄적으로 국어 의식을 개념화하고 있다. '언어, 국어의 호기심과 탐구심', '국어 사용에 대한 반성', '언어 메타 의식과 논리적 사고', '국어에 대한 태도, 가치관과 얼의 형성' 등과 같은 요소는 각각 '언어 의식', '사고', '실천', '가치' 등으로 범주화되어 있다. 국어 의식은 언어 의식과 사고의 범주에 국한되며, 국어 의식을 바탕으로 바른 국어 생활을 하고 국어 문화를 창조하는 '실천' 차원과, 국어 사랑 및 얼을 형성하는 '가치' 차원으로 확장된다(고춘화 2013: 176). 따라서 국어 의식은 언어 의식과 사고를 중심으로 실천과 가치 차원까지 연계적으로 포함하는 개념이라고 할 수 있다.

2) 국어 의식의 개념 범주와 요소 설정

국어 의식은 논자마다 상이하게 개념화되어 오고 있지만, 대체로 언어 인식, 언어 의식 등의 차원과 관련되어 왔다. 국어 의식의 개념을 언어 인식과 연관시키고자 하는 시도는 이제 구체성을 지니고 있다. 국어 의식을 국어 사랑과 명확히 구분하려는 노력(김진희, 2018: 38) 및 언어 의식과 사고를 강조하는 관점(고춘화, 2013: 176) 등도 국어 의식을 보다 정교하게 개념화하고자 하는 노력이라고 할 수 있다.

그러나 본질적으로 국어 의식의 개념이 국어 사랑과 구분되거나 국어를 인식하는 실천과 구분될 수 있을지에 대한 의문이 제기되고 있다. "학습자가 자신이 사용하는 국어를 사랑하고, 국어를 규범에 맞게 사용하는 행위가 국어를 의식하지 않으면 가능한 일일까? 학습자가 국어가 정말 가치 있다고 생각하고 국어의 얼을 지키는 글을 쓰는 행위가 국어를 의식하지 않으면 가능한 일일까?" 이러한 점에서 국어 의식이 학습자의 국어 사용과 국어 문화 향유에 기반하고 있다는 사실을 부정하기 어렵다. 그러나 국어 의식에 대한 연구가 주로 언어 인식의 차원에서 이루어져 왔으며, 국어의 정신적인 차원과 같은 측면에 대한 논의가 아직 활성화되지 않은 것은 국어 의식 연구의 한계로 여겨질 수 있다.

국어 의식의 개념을 이해하기 위해서는 '국어'와 '의식'의 개념적 본질에 주목해야 한다. 국어교육에서 '국어'의 개념은 다양한 층위를 지닌다. 김창원 외(2015: 82)는 국어를 '사고, 소통, 문화'의 세 가지 차원에서 바라보고, 국어교육의 목표를 학습자의 고등 사고력 향상, 국어를 매개로 한 효과적인 소통 능력 구축, 그리고 국어 문화의 유산을 계승하고 창달하는 데 두었다. 2015 교육과정에서 국어를 이해하는 관점은 2022 교육과정에서도 유지되었으며, 국어를 사고와 소통, 그리고 문화의 측면에서 바라보는 것은 국어교육에서 당연한 것이면서도 상당히 중요한 측면이다. 다시 말해, 국어교육에서 '국어'는 그 자체로 하나의 '질료'이며, 학습자가 국어를 정확하고 적절하게 '사용'하는 도구이며, 동시에 한국 민족의 정체성을 담아 독특한 한국어의 '문화'를 체험하는 대상이라고 할 수 있다.

국어 의식의 '국어' 개념 또한 국어를 바라보는 '사고, 소통, 문화'의 측면과 연관된다. 국어 의식은 국어 자체에 대한 의식, 국어 사용 과정에서 수반되는 의식, 그리고 국어 문화를 보존하고 창달하는 의식으로 구분될 수 있다. 곧 국어 의식은 국어 자체를 민족 의식으로 바라보는 것이며,

국어 사용 과정에서는 학습자가 자신의 국어 사용을 인식하고 성찰하는 것이고, 국어 문화는 국어를 하나의 문화 현상으로 보아 보존해야 할 대상으로 보는 것을 포함한다. 이러한 세 가지 차원을 포괄하는 개념이 국어 의식인 것이다. 앞서 살펴본 〔표 1〕과 같은 국어 의식의 관련 개념은 이들 세 차원 가운데 하나로 수렴된다.

이러한 관점에서 국어 의식은 '인식(awareness)'이 아니라 '의식(consciousness)'의 차원에서 개념화되어야 한다. 이렇게 되면 국어 의식은 국어에 대한 의식뿐만 아니라 국어 사용의 과정에서 발현되는, 국어를 민족 문화와 얼의 관점에서 가치화하는 학습자의 정신적 태도 등을 아우르게 된다. Searle(2002: 39)은 '의식(consciousness)'은 '언어(language)'와의 관계에서 '질적 과정(qualitativeness)', '주체성(subjectivity)', '공동체(unity)' 세 가지 측면을 주요 개념 요소로 지니고 있으며, 이들 요소는 역동적으로 상호 작용한다는 것을 언급한 바 있다.

특히 Searle(2002)은 이들 세 측면에 대해 생물학적 차원의 인간 의식을 벗어나 인간의 고차원적 정신 능력 가운데 하나인 화행(speech act)의 현상을 화용론적 근거로 설명한다. 언어를 사용할 때 우리는 언어의 가치를 질적으로 인식하고, 언어를 사용하는 주체로서 행동하며, 언어 사용이 타인과 공동체에 어떤 영향을 끼칠지를 끊임없이 고려하고 있다는 것을 강조하는 것이다. 언어는 언어 사용자의 고차원적인 정신의 질적인 발현 과정이며, 언어 사용자가 언어 사용을 통해 자신의 주체성을 형성해 나가는 기반이다. 또한 언어 사용자가 언어적 공동체를 형성할 때 드러나는 가치나 태도는 상호성을 지닌다. 이러한 의식의 세 측면은 말의 힘을 나타내는 화행의 세 특징과 연계되며, 국어 의식의 범주와 상응한다고 볼 수 있다.

이를 바탕으로 볼 때, 국어 의식은 언어에 대한 인식, 비판적 인식, 주

〔표 2〕 국어 의식의 개념적 체계화

개념	범주	개념적 요소의 예
국어 의식은 국어에 대한 탐구, 국어 사용에 대한 인식, 국어 문화에 대한 가치의 태도이다.	국어에 대한 탐구적 태도	• 국어에 대한 호기심 • 국어에 대한 탐구와 앎
	국어 사용의 인식적 태도	• 국어 사용 모습의 이해와 성찰 • 국어와 사회문화의 관계 인식과 삶
	국어 문화의 가치적 태도	• 국어가 지닌 민족의식과 얼 • 문화 자원으로서 국어의 창달

체적이고 성찰적 언어 사용, 그리고 국어의 가치와 얼을 인식하는 차원을 범주적으로 지닌 개념이라고 할 수 있다. 국어 의식의 개념과 범주를 정리하면 위 〔표 2〕와 같다.

〔표 2〕와 같이, 국어 의식은 국어, 국어 사용, 국어 문화의 세 차원에서 나타나는 학습자의 국어 태도를 의미하는 말로서, 국어에 대한 탐구적 태도, 국어 사용의 인식적 태도, 국어 문화의 가치적 태도로 범주화된다.

국어에 대한 탐구적 태도는 학습자가 국어에 호기심을 갖고 국어를 탐구하여 앎을 추구하려는 태도이다. 학습자가 국어 현상에 대한 탐구를 수행할 때 수반되는 정의적 영역에 해당한다. 다양한 국어 현상을 탐구하려는 호기심, 국어 현상을 탐구하면서 갖는 문제의식, 그러한 문제의식을 해결하고자 하는 태도 등 국어 현상을 탐구할 때 함께 나타나는 의식적 노력을 의미한다.

국어 사용의 인식적 태도는 학습자가 국어 사용을 이해하고 성찰하는데, 이는 타인과 자신의 국어 사용 모습을 포괄한다. 자신의 국어 사용 모습에 대해 이해하고 성찰하는 것이 기본적인 인식의 태도이다. 또한 국어와 사회문화의 관계를 인식하고 국어가 삶을 반영함을 깨닫는 것도 국어 사용을 인식하는 태도에 해당한다. 이들은 국어 의식과 관련하여 중심적으로 논의되어 온 언어 인식 및 비판적 언어 인식 논의와 관련을 이룬다.

국어 문화의 가치적 태도는 국어가 지닌 민족의식을 파악하고 국어가 얼의 소산임을 깨닫는 것이다. 국어사에 관한 교육 내용은 해당 지식을 배우는 것도 있지만 당대 언중의 국어 생활 모습을 보고 느끼는 상태를 지향한다. 이것은 국어를 단위 지식이나 듣고 말하며 읽고 쓰는 기능적 도구로만 보는 데 그치지 않고 우리 문화 그 자체이자 문화를 전승하고 창조하는 중요한 자원임을 이해하는 차원으로 확장된다고 하겠다.

3. 국어 의식 관련 교육과정 성취 기준의 비판적 검토

지금까지 논의한 국어 의식의 개념을 바탕으로, 국어교육에서 국어 의식 관련 교육 내용을 살피고 이를 비판적으로 검토하기로 한다. 국어 의식 관련 교육 내용은 현행 2022 교육과정을 대상으로 삼되, 교육 내용 요소에 대한 해석은 이전 2015 교육과정 및 2011 교육과정을 참고한다.

1) 내용 체계: 명시된 국어 의식, 편중된 내용 제시

국어 의식은 국어과 교육과정에서 문법 영역을 중심으로 제시되고 있다. 2022 교육과정에서는 문법 영역을 중심으로 국어 의식과 관련된 내용이 어떻게 제시되는지 확인해 보기로 한다. 이를 위해 먼저 2022 교육과정에서 제시된 문법 영역의 내용 체계를 다음 [표 3]과 같이 살펴보고자 한다. 이때 국어 의식이 주로 문법 영역의 정의적 지식과 연관되어 있다는 사실을 고려하여 2022 교육과정의 가치·태도 범주에 주목하여 해당 내용을 확인해 볼 것이다.

〔표 3〕 2022 교육과정의 국어 과목 문법 영역의 가치·태도 범주의 내용 체계

핵심 아이디어	• 국어 사용자는 일상생활에서 국어 현상과 국어 문제를 탐구하고 성찰하면서 언어 주체로서의 정체성과 국어 의식을 형성한다.			
범주	내용 요소			
	초등학교			중학교
	1~2학년	3~4학년	5~6학년	1~3학년
가치·태도	• 한글에 대한 호기심	• 국어의 소중함 인식	• 국어 생활에 대한 민감성 • 집단·사회의 언어와 나의 언어의 관계 인식	• 다양한 집단·사회의 언어에 대한 언어적 관용 • 언어로 구성되는 세계와 자아 인식

위 〔표 3〕은 2022 교육과정의 국어 과목에서 문법 영역의 내용 체계 가운데 정의적 지식과 관련된 범주인 가치·태도에 대한 내용을 제시한 것이다.[4] 문법 영역에서는 '지식·이해' 범주에 '언어의 본질과 맥락', '언어 단위', '한글의 기초와 국어 규범'이 제시되었고, '과정·기능' 범주에 '국어의 분석과 활용', '국어 실천의 생활과 비판'이 제시되었으며, '가치·태도' 범주는 〔표 3〕과 같은 내용 요소가 제시되어 있다(교육부, 2022: 10).

〔표 3〕을 보면 '핵심 아이디어'에서 '국어 의식'이라는 용어가 기술되어 있음을 확인할 수 있다. 이를 볼 때, 문법 영역은 학습자가 일상생활에서 국어 현상과 국어 문제를 '탐구'하고 '성찰'하는 과정을 바탕으로 삼아, 태도와 관련하여 '언어 주체로서의 정체성'과 '국어 의식'을 형성하는 것을 목표로 삼는다. '언어적 정체성',[5] '국어 의식' 등이 문법 영역의 정의적

....

4   참고로 2022 교육과정의 내용 체계는 '핵심 아이디어'를 바탕으로 '범주'와 '내용 요소'로 구성되어 있고, '범주'는 '지식·이해', '과정·기능', '가치·태도'의 세 범주를 지니며, '내용 요소'는 학년군에 따라 핵심적인 내용 요소가 제시되어 있다.

5   정체성(identity)은 언어 사용과 관련된 개념이다. Giddens(1991: 54)는 사람들의 정체성은

교육에서 지향하는 핵심 개념이라고 볼 수 있다.

이와 같이 2022 교육과정에서 '국어 의식'이 적시되어 있다는 사실은 고무적이다. 특히 문법 영역에서 정의적 교육이 추구해야 할 바가 국어 의식이라고 명시된 것 또한 의미가 있다. 물론 이러한 변화가 일견 지난 2015 교육과정에서 '국어 사랑'과 '국어 의식'이라는 이분법적으로 나열된 '국어에 대한 태도' 관련 핵심 개념이 '언어적 정체성'과 '국어 의식'으로 대치된 인상도 있지만, 언어적 정체성이 국어 사랑과 같은 맥락이 아니라는 점에서 '국어 의식'이 국어에 대한 태도를 포괄하는 인상을 준다. 추후 2022 교육과정에 적시된 국어 의식에 대한 개념화 논의가 필요하겠지만, 학습자가 문법 영역의 정의적 교육을 통해 도달해야 할 목표로 국어 의식이 설정되어 있다고 볼 수 있다.

이러한 핵심 아이디어를 바탕으로 '가치·태도' 범주의 학년군별 내용 요소를 들여다보면, [표 3]에서 확인할 수 있듯이, '한글에 대한 호기심', '국어의 소중함 인식', '국어 생활에 대한 민감성', '집단·사회의 언어와 나의 언어의 관계 인식', '다양한 집단·사회의 언어에 대한 언어적 관용', '언어로 구성되는 세계와 자아 인식' 등의 내용 요소를 확인할 수 있다. 앞서 정립한 국어 의식의 개념 범주에 이들 내용 요소를 대응해 보면 아래와 같다.

....

행동에서 발견할 수 없고, 특별한 이야기를 지속시킬 수 있는 능력에서 발견해야 한다. 곧 자아 정체성의 형성 과정은 자기 서사의 성찰적 질서에 의해 형성된다(Giddens 1991: 224). Eisenstein(2011: 153)은 정체성은 자신의 존재를 경험하는 방식에 의해 변화하는데, 자신에 대한 과거 이야기와 세계에 대한 이야기의 관계를 바탕으로 구성된다. 이렇게 보면, 2022 교육과정에서 언어적 정체성을 강조한 것은 의미가 크다고 보며, 학습자가 국어 의식을 갖추고 있는 인격적 상태를 중시하고 있다.

- 국어에 대한 탐구적 태도: 한글에 대한 호기심, 국어 생활에 대한 민감성*
- 국어 사용의 인식적 태도: 집단·사회의 언어와 나의 언어의 관계 인식, 다양한 집단·사회의 언어에 대한 언어적 관용, 언어로 구성되는 세계와 자아 인식
- 국어 문화의 가치적 태도: 국어의 소중함 인식*

위와 같은 개념적 범주와 교육과정적 내용의 대응은 국어 의식과 관련된 논의에서 몇 가지 고민할 거리를 안겨준다.

국어 의식과 관련된 교육 내용은 여전히 '언어 인식'의 차원에 중점을 두고 있다. 앞서 살펴본 것처럼 국어 의식은 언어 인식과 밀접한 연관을 가지고 연구되어 왔는데, 이를 반영하듯 교육과정 내용 요소 중 상당수가 '인식'의 범주에서 강조되고 있다. '나(자아)'의 언어 사용과 '집단(타자)'의 언어 사용, 그리고 언어로 구성된 '세계'를 인식하는 내용은 모두 언어 인식의 영역에서 강조되어 왔다. 비판적 언어 인식(CLA)의 관점에서도, 언어로 이뤄진 세계를 인식하는 것이 인식 관련 내용에 대한 실천성을 확보할 수 있는 중요한 측면이라고 할 수 있다. 그런데 '민족의식'이나 '국어의 얼에 관한 가치·태도'와 관련된 국어 의식 교육 내용은 부족하다. 이는 국어의 문화적인 측면이 주로 '과정·기능' 범주에 집중되어 있어서, '국어의 역사에 대한 지식'을 탐구하는 교육으로만 한정되어 있기 때문이라고 볼 수 있다.

다음으로 국어 의식 관련 내용에서 '국어 생활에 대한 민감성*', '국어의 소중함 인식*' 등은 교육 내용의 실체가 다소 불분명하다. '민감성'은 생활 속 국어 현상을 민감하게 관찰하고 다양한 국어 원리를 탐구한다는 의미로도 볼 수 있고, 자신의 국어 생활을 돌아보고 성찰한다는 의미로도

볼 수 있기 때문이다. '국어의 소중함 인식'은 축자적 의미로만 보면 다분히 국어 문화의 가치적 태도 범주로서 '국어'에 대한 가치를 매기는 민족의식, 즉 얼에 대한 교육 내용인데, 여기에서도 '인식'이라는 수행 용어가 노출되어 있다. 이렇게 보면 '민감성', '인식' 등의 주요한 교육과정 용어가 무엇을 의미하는지 불분명하다고 할 수 있다.

2) 성취 기준: 선언적 국어 의식 내용, 부족한 가치적 태도 내용

이제 내용 체계의 요소가 실제 교육 내용으로 제시된 성취 기준을 검토해 보기로 한다. 내용 체계의 경우 문법 영역을 중심으로 국어 의식 관련 내용을 살펴보았다면, 성취 기준은 이 문법 영역을 포함하되 모든 국어교육의 하위 영역을 대상으로 확인해 볼 것이다. 그 이유는 문법이 국어활동의 기반이듯이, 국어 의식이 다른 국어 활동을 위한 기반으로 충분히자리 잡고 있을 수 있기 때문이다. 여기에서는 국어 의식의 개념적 요소가 명시적으로 드러난 성취 기준과 반대로 암묵적으로 사용된 성취 기준을 나누어서 살펴보기로 한다. 이를 다음 〔표 4〕와 같이 정리하기로 한다.

〔표 4〕는 2022 교육과정의 국어 의식 관련 성취 기준과 내용 요소를 분석한 것이다. 여기에서는 '가치·태도 범주의 내용 체계가 성취 기준으로 구체화된 양상에 대한 타당성 점검', '공통 교육과정을 계승한 공통국어 1, 2 과목에서의 국어 의식 실현 양상에 대한 점검', '국어 의식이 암묵적으로 내포된 국어과 하위 영역에서 국어 의식 관련 내용 요소의 적용 가능성 점검' 등으로 나누어 각 성취 기준을 점검해 보고자 한다.

첫째, 국어 의식이 명시된 성취 기준에서 국어 의식과 관련된 가치·태도 범주는 주로 지식·이해 범주와 결합된 내용으로 구체화되어 있다. 위 〔표 4〕의 [2국04-03], [4국04-05], [6국04-02], [6국04-06], [9국04-

〔표 4〕 2022 교육과정에서 국어 의식과 관련된 성취 기준과 내용 요소

영역		성취 기준
명시적	문법	[2국04-03] 문장과 문장 부호를 알맞게 쓰고 한글에 호기심을 가진다.
		[4국04-05] 언어가 의사소통과 관계 형성의 수단임을 이해하고 국어를 소중히 여기는 태도를 지닌다.
		[6국04-02] 표준어와 방언의 기능을 파악하고 언어 공동체와 국어 생활과의 관계를 이해한다.
		[6국04-06] 글과 담화에 쓰인 단어 및 문장, 띄어쓰기를 민감하게 살펴 바르게 고치는 태도를 지닌다.
		[9국04-07] 세대·분야·매체에 따른 어휘의 양상과 쓰임을 분석하고 다양한 집단과 사회의 언어에 관용적 태도를 지닌다.
		[9국04-08] 자신과 주변의 다양한 국어 실천 양상을 비판적으로 분석하여 언어와 자아 및 세계 사이의 관계를 인식한다.
		[10공국1-04-01] 언어 공동체가 다변화함에 따라 다양해진 언어 실천 양상을 분석하고 언어 주체로서 책임감을 가지며 국어 생활을 한다.
		[10공국2-04-01] 과거 및 현재의 국어 생활에 나타나는 국어의 변화를 이해하고 국어 문화 발전에 참여한다.
		[10공국2-04-02] 한글 맞춤법의 원리를 적용하여 국어 생활을 성찰하고 문제를 해결한다.
암묵적	듣·말	[9국01-10] 언어폭력의 문제점을 성찰하고, 서로를 존중하는 표현을 사용하여 말한다.
	읽기	[9국02-01] 읽기는 사회·문화적 맥락에서 의미를 구성하는 과정임을 이해하며 사회적 독서에 참여하고 사회적 독서 문화 형성에 기여한다.
	쓰기	[9국03-09] 언어 공동체의 구성원인 필자로서 자신에 대해 성찰하며, 윤리적 소통 문화를 형성하는 데에 기여한다.
	매체	[10공국2-06-02] 매체의 변화가 소통 문화에 끼치는 영향을 탐구한다.

07], [9국04-08] 등이 앞선 〔표 3〕에서 살핀 내용 체계가 실현된 성취 기준인데, 내용 요소 간의 관련성을 살펴보면 아래와 같다.

- 한글에 대한 호기심 – 문장과 문장 부호(한글의 기초와 국어 규범)
- 국어의 소중함 인식 – 의사소통과 관계 형성의 수단(언어의 본질과 맥락)
- 국어 생활의 민감성 – 단어와 문장의 정확한 표기와 사용(한글의 기초와 국어 규범)
- 집단·사회의 언어와 나의 언어의 관계 인식 – 지역에 따른 언어와 표준어(언어의 본질과 맥락)
- 다양한 집단·사회의 언어에 대한 언어적 관용 – 세대·분야·매체에 따른 언어(언어의 본질과 맥락)
- 언어로 구성되는 세계와 자아 인식 – 국어 문제를 발견하고 실천 양상 비판하기(국어 실천의 성찰과 비판)

위에서 확인할 수 있듯이, 국어 의식과 관련된 문법의 가치·태도에 대한 성취 기준은 하나를 제외하고 모두 '지식·이해' 범주와 결합되어 있다. 마지막 항목인 '언어로 구성되는 세계와 자아 인식'만이 '국어 실천의 성찰과 비판'에 해당하는 문법의 '과정·기능' 범주와 관련을 맺는다. 물론 문법이 국어에 대한 지식을 다루므로 명제적 지식 중심일 수밖에 없지만, '언어의 본질과 맥락'과 관련된 지식·이해의 내용 요소는 국어 의식의 교수-학습에서 효과적으로 실행될지 의문이 제기된다. 가령 '의사소통과 관계 형성의 수단'이라는 언어의 본질적 특성을 배우면서 '국어가 소중함을 인식'한다는 것은 그저 선언적으로만 국어 의식을 언급하는 차원에 그칠 우려가 크다.[6]

....

6   사실 '국어의 소중함 인식'은 '국어에 대한 문화적 태도'에 해당하지 않고, 2022 교육과정에서처럼 언어의 본질에 해당하는 내용이다. 이렇게 보면, 국어 의식 가운데 국어에 대한 문화적 태도 관련 교육 내용은 2022 교육과정의 공통 교육과정에서는 존재하지 않는다. 곧 국어사를 익히는 지식·이해 차원에서만 강조되어 있어, 국어 문화에 대한 의식 차원의

위의 마지막 항목인 언어로 구성되는 세계와 자아 인식은 국어 문제 발견과 실천 양상 비판이라는 수행 과정에서 작동될 가능성을 지닌다. 사실 이러한 결합은 언어 인식과 관련된 국어에 대한 인식적 태도의 국어 의식 교육 내용에서는 당연한 일이지만, 그간 교육과정적으로 작동되지 않았던 '비판적 언어 인식'이 적용될 수 있다는 점에서 긍정적이다.

둘째, 공통 교육과정을 계승한 공통 과목인 '공통국어 1, 2'에서 국어 의식 관련 성취 기준은 '언어 주체로서의 책임감[10공국1-04-01]', '국어 문화 발전에 참여[10공국2-04-1]', '국어생활 성찰[10공국2-04-02]'와 같은 내용 요소를 지닌다. 이들은 국어 의식의 범주에 비추어 볼 때, '국어에 대한 인식적 태도'와 '국어 문화의 가치적 태도'에 대한 내용으로 제시되어 있다. '언어 주체로서의 책임감'과 '국어생활 성찰'은 인식적 태도에, '국어문화 발전에 참여'는 가치적 태도에 해당하는 것이다.

'언어 주체로서의 책임감[10공국1-04-01]'은 [9국04-08]에 해당하는 언어로 구성되는 세계와 자아 인식이 계열적으로 확장된 성취 기준이다. 언어 실천 양상을 분석하고 책임감 있는 언어생활을 영위하는 내용인데, 여기에 '다변화된 언어 공동체'를 강조하고 있다. 다문화, 남북한, 지속 가능성 등 다양한 공동체에서의 언어 실천 양상을 실천하는 교육 내용을 구안할 수 있다. '국어생활 성찰[10공국2-04-02]'의 경우 '한글 맞춤법의 원리를 적용'한다는 내용과 연계되어 있는데, 이는 학습자 자신의 국어 생활에서 한글 맞춤법 등 정서법에 어긋난 국어 사용을 스스로 성찰하도록 유도하는 교육 내용과 관련이 있다. 이들은 모두 국어 의식의 범주 중 국어 사용의 인식적 태도에 대한 교육으로 실현될 가능성을 지닌다.

'국어 문화 발전에 참여[10공국2-04-01]'의 경우 국어 문화 발전에

....

교육은 교육 현장에서 실행되기 어렵다.

참여하는 태도로 국어 문화의 가치적 태도에 관한 내용인데, 위 [표 4]에서 확인할 수 있듯이 '국어 변화'가 중심 내용 요소임을 알 수 있다. 국어사에 관한 교육 내용을 중심으로, 변화하는 국어의 모습에서 국어의 가치를 소중히 여기고 문화 자원으로서 국어를 창달하는 태도를 갖추는 데 국어 의식 관련 내용이 존재한다. 이러한 성취 기준은 국어 의식의 개념적 범주에서 현재 현저하게 부족한 국어 문화의 가치적 태도 교육 내용으로서 의의를 지닌다. 다만 국어사 교육에 대한 지식·이해 관련 내용만 강조될 경우, 국어의 문화적 가치를 파악하는 교수-학습에 소홀해질 수 있다. 이를 보완하기 위해서는 국어사와 더불어 국어생활사의 교육 내용이 강조될 필요도 있다.[7] 국어생활사에서 선인의 민족의식과 지혜를 국어로써 이해하고 깨달을 수 있는 교육 내용을 구성할 수 있는 것이다.

셋째, 국어 의식이 암묵적으로 제시된 국어과 하위 영역에 존재하는 내용 요소와 관련하여, 읽기 영역 [9국02-01]은 '사회적 독서 문화'를, 쓰기 영역 [9국03-09]는 '윤리적 소통 문화'를, 매체 영역 [10공국2-06-02]는 '매체 변화에 따른 소통 문화'를 추출할 수 있다. 한편 [9국01-10]의 경우 듣기·말하기 영역에서 '언어폭력의 문제점을 성찰'하는 내용이 국어 의식과 암묵적으로 관련이 있는데, 이는 언어 인식에 관한 국어 의식의 교육과 연관된다.

이들 언어문화에 관한 성취 기준들은 공통적으로 '윤리성(ethics)'을

....

7   김수정(2015: 35)에서는 장윤희(2009: 303)를 바탕으로 국어생활사 교육의 목표는 '국어가 지닌 문화적 가치를 이해'하는 것이라고 한 바 있다. 그러면서 국어가 지닌 문화적 가치를 이해하게 된다면 학습자들은 국어 발전과 국어 문화 창조에 이바지할 수 있는 바람직한 태도를 기를 수 있다고 하였다. 이러한 점에서 국어 의식에 대한 개념적 범주로서 국어 문화에 대한 가치적 태도는 국어생활사 교육과 연계하여 충분히 구현될 수 있다. 2022 교육과정에서 국어생활사 및 국어 문화의 측면을 강조하지 못한 것은 국어 의식이 선언적이고 당위적으로 실행되는 데 그칠 위험성을 갖고 있는 것이다.

내용 요소로 포함하고 있다. 그것은 텍스트 이해와 표현이 '윤리적으로' 수행된다는 의미에, 텍스트의 질료인 국어가 지닌 가치를 중시하고 국어를 문화 자원으로 바라본다는 관점이 내재되어 있기 때문이다. 예를 들어 쓰기 윤리를 지켜서 글을 쓴다는 의미는 필자가 생산하는 글이 언어문화적 가치를 풍부하게 지닌 생산물이라는 사실과 상통한다. 이와 관련하여 구본관(2018: 51)은 국어교육의 윤리 관련 선행 연구를 분석하며 의사소통 상황에서의 참여자 간 윤리로 관심이 확장되고 있다고 하였다.[8]

이처럼 국어 의식이 암묵적으로 내포된 성취 기준은 '윤리성'과 관련하여 해당 국어 활동의 '문화'가 강조되어 있다고 할 수 있다. 학습자가 국어 의식 특히 국어 문화의 가치적 태도를 지니고 있어야, 사회적 독서 문화와 윤리적 소통 문화 그리고 매체 환경에서의 소통 문화를 형성할 수 있다는 것이다. 물론 아직 국어 의식과 이들 언어문화(language-culture) 사이의 연계성에 대한 교육과정적 논의도, 학문적 논의도 부족한 상태이기에 이러한 해석이 다소 비약적일 수도 있다. 그러나 문법이 국어 활동의 기반임을 직시하고, 국어 의식이 문법 영역의 학습에서만 작동하는 것이 아니라 국어를 부려 쓰는 모든 학습자가 갖추는 기본 정신 상태라고 볼 때, 국어 의식은 모든 국어 활동에서 근간으로 작동해야 하며 그 지향점은 국어를 통한 문화 형성과 창달로 이어지는 것이 마땅하다.

이런 점에서, 〔표 4〕에 제시된 국어 의식이 암묵적으로 내포된 성취 기준들은 '국어 문화의 가치적 태도'에 관한 교육으로 연계될 가능성이 높다. 2022 교육과정의 개정을 거쳤지만 여전히 부족한 국어 문화의 가치적

....
8   쓰기 교육 영역의 경우 글쓴이의 윤리 교육, 문학 교육 영역의 경우 작품 속에 형상화된 인물을 통한 윤리 교육, 듣기 말하기의 경우 대화 참여자, 특히 듣는 이에 대한 배려로서의 윤리 교육, 문법 영역의 경우 차별적 언어 사용을 억제하는 윤리 교육 등에 많은 관심이 주어져 있었다(구본관 2018: 51).

태도와 관련된 국어 의식 교육 내용을, 국어 활동 영역의 성취 기준에서 통합적으로 구성할 수 있는 방안을 꾸준히 고민해 가야 할 것이다.

4. 정리와 전망

지금까지 국어 의식의 개념화를 기반으로 국어 의식과 관련된 교육 과정 내용을 비판적으로 검토하였다. 우선 국어 의식에 대한 기존 연구를 종합하여 국어 의식이 주로 언어 인식에 국한하여 논의되어 왔음을 확인 하였다. 이를 극복하고자 '국어 의식'에서 '국어'의 중층성을 상기하고 '의식'의 개념적 근원을 탐색하고자 하였다. 그 결과 국어 의식 교육을 국어에 대한 탐구, 국어 사용에 대한 인식, 그리고 국어 문화에 대한 가치적 태도로 범주화하였다. 다음으로 2022 교육과정의 내용 체계와 성취 기준에서 국어 의식과 관련된 교육 내용을 비판적으로 분석하였다. 내용 체계에서는 국어 의식이 핵심 아이디어에서 명시되었지만, 언어 인식에 중점을 둔 내용 요소가 편중되어 있었다. 성취 기준에서는 문법 영역을 중심으로 한 명시적인 내용과 국어 활동 영역에 내포된 암묵적인 내용으로 나누어 살펴보았다. 명시적인 내용에서는 국어 의식 관련 내용이 문법의 지식·이해 범주와 연계되어 선언적 교육에 그칠 우려가 있었다. 암묵적인 내용에서는 국어 의식에서 국어 문화에 대한 가치적 태도 범주가 국어 활동 영역의 윤리성과 언어문화에 관한 교육 내용으로 구성될 가능성이 있음을 확인하였다.

국어 의식은 문법교육의 정의적 영역이자 국어에 대한 태도의 핵심 교육 내용으로 개념과 교육 내용의 체계화가 절실하다. 이를 위해서는 그 무엇보다 국어 의식의 개념에 대한 필요성에 그치지 말고, 국어 의식의 개념을 세부적인 요소로 파악하는 작업이 필요하다. 2022 교육과정에서 진일보한 국어 의식에 대한 명시적 내용이 보다 구체적인 수행 활동으로 연계되는 고민 또한 지속되어야 한다. 추후 국어 의식의 교육적 체계화를 위해 아래 두 가지의 과제를 탐구해 나가야 할 것이다.

첫째, 국어 의식의 개념 확립을 위하여 국어교육의 철학적인 논의를 강화해야 한다. 현재의 국어교육은 주로 이론과 실천의 방법적인 측면에 중점을 두고 있어서 국어교육의 존재론적인 논의가 부족한 상태이다. 국어 의식이 국어 문화와 그에 대한 가치적인 측면을 포함하고 있음에도, 교육 내용으로 충분히 구현되지 못한 이유 중 하나는 철학적인 논의가 미흡하기 때문이다. 국어의 역사에 대한 논의에서 간과된 정의적인 교육 테제를 조사하고, 국어 교육과 관련된 학문 분야의 개념인 민족의식, 시민 의식, 윤리성 등을 통합하여 국어 의식에 대한 개념적인 깊이를 더해야 한다.

둘째, 학습자의 국어 의식에 대한 조사 연구를 실시해야 한다. 국어 의식은 다층적인 개념이기 때문에 현장에서의 국어 학습자들이 국어 의식을 어떻게 이해하는지에 대한 방식이 다양할 것으로 예상된다. 뿐만 아니라, 학습자들이 국어 의식을 어떻게 표현하고 있는지를 파악하기 위해 충분한 조사가 필요하다. 특히 학습자의 국어 의식은 문법 수업뿐만 아니라 수업 내외의 소통에서 다양하게 나타날 수 있다. 이러한 점을 고려하여 국어 의식의 이해와 표출 양상에 대한 조사를 실시하면, 국어 의식의 교육 내용을 보다 풍부하게 마련할 수 있을 것이다.

3

다문화 현상에 관한
국어 의식 교육의 가능성*

1. 다문화 현상과 국어 의식 교육의 필요성

이 장에서는 국어 의식 교육의 실천태를 강구하는 차원에서 다문화 현상에 관한 국어 의식 교육의 가능성을 가늠해 보고자 한다. 특히 비판적 언어 인식의 관점에서 학습자가 다문화 현상을 비판적으로 인식할 수 있는 국어 의식 교육의 방향을 설정해 볼 것이다.

국어 의식은 국어교육에서 문법교육의 태도 교육 내용 가운데 하나로 제시되어 있다. 문법교육의 태도 교육은 "국어의 가치를 인식하고 국어를 바르게 사용할 때 국어 능력이 효과적으로 향상된다."라는 명제로 일반화되어 있다(교육부 2015: 9). 여기서 '국어의 가치를 인식'한다는 것

....

*　3부 3장은 「현대 사회와 다문화」 10권 2호에 게재되었던 "다문화 현상에 관한 국어 의식 교육의 가능성"을 이 책에 맞게 수정 및 보완한 것이다.

은 사회문화적 맥락 속에 놓인 다양한 국어 현상을 능동적이고 비판적으로 의식한다는 행위와 관련을 이룬다(김규훈, 2019b: 17). 이를 전제로 국어 의식 교육의 대상으로서 다양한 국어 현상 가운데 '한국 사회의 다문화 현상'을 주목하여 국어 의식 교육의 가능성을 찾아볼 수 있다.

이러한 논의는 다음 두 가지의 측면에서 필요성을 지닌다. 첫째, 국어 의식 교육은 구체적인 교육 내용의 마련이 요청된다. 국어 의식과 관련된 연구 담론은 기존 국어 의식의 교육 내용이 지닌 모호성을 비판하는 데 집중해 왔다(김은성 2005; 고춘화 2013; 원진숙 2013; 김진희 2018). 국어 의식이 언어 인식(language awareness)과 밀접한 관련이 있다는 사실이 국어교육학계에서 인정받고 있다는 점에서(김은성 2018:18), 언어 인식의 연구 테제를 활용하여 국어 의식의 세부 교육 내용을 확충해야 한다.

둘째, 다문화 국어교육에 대한 논의는 비판적 관점에서 적극적으로 전개되지 못하였다. 비판적 관점의 언어 연구라고 할 수 있는 비판적 언어 인식이나 비판적 담화 분석을 적용한 국어교육 연구는 주로 '읽기 방법'을 구현하는 차원에서 논의되어 왔다(김유미 2014; 문종철 2016). 물론 비판적 언어 인식의 관점에서 환경 문제를 조명한 생태언어학 논의가 존재하지만, 힘의 관계(power relations)를 담지한 국어 사용의 이면을 들여다보는 국어교육 연구는 여전히 부족한 실정이다. 다문화 현상은 이러한 힘의 관계에 대한 중심 대상 가운데 하나라고 볼 수 있다.

더욱이 다문화 국어교육에 관련된 연구 가운데 모국어 학습자가 다문화 학습자를 어떻게 인식하는지를 다룬 논의가 부족하다는 점 또한 비판적 관점의 다문화 국어교육 연구 필요성을 강화한다. 이러한 다문화 국어교육 논의는 상호문화주의(inter-culture)로 수렴되는데, 정영근(2006: 31)은 다문화가 여러 문화들의 병존을 지칭하는 표현인 반면, 상호문화는 문화들 사이의 연관성 특히 상호 작용을 드러낸다고 하였다. 오영훈(2009:

29)은 독일의 사례를 바탕으로 상호문화 이해 교육의 도입 필요성을 논의하였다. 원진숙(2008b: 276)은 다양한 소수 문화와 평화로운 공존이 다문화 국어교육의 방향이어야 한다고 하였고, 김혜영(2012: 266)은 국어교육에서 관찰과 성찰을 통한 다양한 문화에 대한 상호 작용의 노력이 필요함을 언급한 바 있다. 다문화 현상은 다수자와 소수자 간 힘의 관계가 작동하고 있다는 점에서, 비판적 관점의 다문화 국어교육 연구로서 자리매김할 수 있다.

이를 위해 이 장에서는 국어 의식의 범주 가운데 하나로 다문화 현상을 상정하고, 다문화 현상에 관한 국어 의식 교육의 가능성을 탐색하기로 한다. 구체적으로 '국어 의식'과 '비판적 언어 인식'의 학제 간 접점을 이론적으로 파악하고, '다문화 현상을 비판적으로 인식하는 국어 의식'의 실제를 구안한다는 의의를 지닌다.

2. 국어 의식 교육 대상으로서 다문화 현상

1) 언어 인식 기반 국어 의식 교육의 내용 범주

다문화 현상에 대한 언중의 인식 문제는 국어교육학에서 깊이 있게 논의되어야 한다. 이미 대한민국은 오랫동안 다문화 사회의 특징을 갖추고 있으며, 이 다문화 현상이 국어를 통해 어떻게 표현되며 대중의 심리에 어떠한 영향을 미치고 있는지를 살피는 작업은 국어교육에서의 중요한 과제이기 때문이다.

이러한 문제의식은 '언어 표현과 의도성 탐구'에 중점을 둔다. 표현자가 선택하는 어휘나 문법이 사회문화적 현상을 어떻게 재현하는지에 대

언어 인식		국어 의식 교육의 내용 범주
개념	**교육 요소**	
■ 기능적: 모어 화자가 언어 사용에 주의를 기울여서 판단하는 표현 의도 이해. ■ 비판적: 언어와 사회적 맥락 사이의 관계에 초점을 두고 언어가 세계를 어떻게 표상하는지를 탐구.	▶ 텍스트의 의미를 구성하는 언어 ▶ 텍스트가 나타내는 가치나 태도 ▶ 텍스트에 숨은 힘의 관계와 텍스트가 재생산하는 이념	• 인지: 텍스트에 사용된 문법과 어휘 관찰과 이해 • 정의: 텍스트의 관점에 대한 태도 파악 • 실천: 텍스트에 반영된 힘의 관계에 대한 인식

[그림 1] 언어 인식과 국어 의식의 교육 내용 범주의 대응

한 고민이 필요하다. 표현자가 현상을 객관적으로 표현하려고 노력하더라도, 표현된 언어에는 모종의 의도가 담겨 있기 마련이다. 현상에 대한 언어적 표상체인 텍스트는 무엇이든 표현자의 의도에 따라 텍스트 이면에 생동하는 의미가 구성되어 있다.

언어 표현과 이면의 의도를 살피는 작업은 '언어 인식(language awareness)'과 밀접한 관련이 있다. 주지하다시피 언어 인식은 모어 화자가 표현된 언어에 의도적 주의를 기울이는 일련의 정신 활동을 말한다(Bolitho et al., 2003). 언어 인식 개념과 교육 요소에 따라 국어 의식의 교육 내용 범주를 연결해 보면 위 [그림 1]과 같다.

[그림 1]은 언어 인식과 국어 의식의 내용 범주를 대응시켜 본 것이다. 여기에서 확인할 수 있듯이, 언어 인식의 개념은 '기능적'인 측면과 '비판적'인 측면으로 구분된다. 기능적 언어 인식은 일반적으로 통칭하는 언어 인식으로서 모어 화자가 사용된 언어에 대해 주의를 기울여서 그 이면을 살피는 일련의 활동을 말한다. 비판적 언어 인식은 언어 인식을 기반으로 언어와 사회의 관계에 집중하여 언어를 중립적인 대상으로 기술하지 않고 힘의 관계로 분석한다(Clark & Ivanič 1999: 66). 그래서 비판적 언

어 인식은 특정 현상에 관한 대중의 인식이 특정한 텍스트를 통해 드러나는 의도성과 이를 바탕으로 한 일련의 경향성을 파악하고자 한다.

언어 인식의 교육적 실천은 텍스트 중심의 총체적(whole) 접근을 바탕에 둔다. [그림 1]에서 볼 수 있듯이, 텍스트의 의미를 구성하는 언어적 특징을 탐구하고, 텍스트가 표출하는 가치나 태도에 대응하며, 텍스트가 당대 사회문화적 맥락에서 나타나는 힘의 관계를 파악하고자 한다. 이는 텍스트가 어떤 이념적 가치를 내포하고 있는지를 드러내는 것이 언어 인식 연구의 궁극적 도달점임을 시사한다. Bolitho et al.(2003: 256-257)에서 강조하였듯이, 언어 인식 교육은 텍스트의 사회-정치적 이념에 관한 다양성(diversity)의 태도를 갖게 하는 것이 목표라고 하겠다.

이러한 언어 인식과 연계하여 국어 의식 교육은 [그림 1]에서 볼 수 있듯이, '인지, 정의, 실천'의 범주로 교육 내용을 설정할 수 있다. 곧 '텍스트에 사용된 문법과 어휘의 관찰과 이해'를 인지적 교육 범주로, '텍스트의 관점에 따른 태도 파악'을 정의적 교육 범주로, '텍스트에 반영된 힘의 관계에 관한 인식'을 실천적 교육 범주로 제시할 수 있다.

2) 다문화 현상에 관한 국어 의식 교육의 내용 요소

국어 의식에서 다루어야 하는 텍스트에는 소위 '의도적인 의도성'의 분석이 필요한 대상이 존재한다. 언어의 생태학(ecology of language)에서는 언어 현상이 마치 생태계의 순환 규칙과 마찬가지로 사회문화적 현상 간의 충돌과 화해가 나타나는 생태적 현상이라고 한 바 있다(Haugen 1972). 언어의 생태학에서 특히 주목해야 하는 의제는 이질적인 집단이 어떻게 언어적으로 상생할 것인지에 관한 현상이다. 이와 관련하여 국어교육에서는 '남북한 국어 사용, AI 융합 시대의 소통, 환경의 지속 가능성 문제', 그리고 '다문화 현상' 등을 의도적인 의도성 분석의 대상으로 상정할 수 있다.

다문화 현상과 국어 의식 교육의 관련성은 바로 여기에 주목한다. 다문화 현상을 모국어 텍스트에서 표상하는 방식과 텍스트 생산자의 의도성 여부를 분석하고 이를 비판적으로 인식하는 교육이 국어 의식 교육인 것이다.[1] 이는 다문화 현상을 모국어 텍스트에서 어떠한 방식으로 표상되는지에 따라 다문화 가정에 대한 자국민의 태도가 달라질 수 있다는 점에서 국어교육의 정의적 영역에서 반드시 다루어야 한다. 예를 들어, '다문화(multi-culture)'라는 단어가 배태하는 틀(frame)과 '상호문화(inter-culture)'라는 단어가 배태하는 틀은 매우 다르다(Pang 2001). 다문화는 여러 문화가 존재한다는 틀 인식이 강한 반면, 상호문화는 여러 문화 간의 관계성에 대한 틀 인식이 강하다. 어떤 어휘가 해당 국가에서 지배적으로 선택되는지에 따라 그 사회에서 다문화 현상을 다루는 정책의 방향이 달라지기도 한다는 사실 또한 이러한 틀짓기 현상과 관련이 깊다.

국어 의식 교육에서 다문화 현상을 현동화하기 위해서는, 앞의 〔그림 1〕에서 살펴본 국어 의식의 교육 내용 범주를 바탕으로 다문화 현상을 대입하여 교육 내용 요소를 마련해야 한다. 다문화 현상에 관한 국어 의식의 교육 내용 요소를 다음 〔표 1〕과 같이 제시하기로 한다.

〔표 1〕은 다문화 현상에 관한 국어 의식의 교육 내용 요소를 제시해

....

1   '다문화 언어(국어) 현상'이라는 개념은 중의적이다. 하나는 다문화 화자와 자국어 화자 사이의 언어 소통의 문제에 관한 것을 가리키고, 다른 하나는 다문화 현상을 자국어 텍스트에서 어떻게 표상하는지에 관한 문제를 가리킨다. 전자는 한국어 교육(외국어 및 제2언어)의 주요 화두이고, 후자는 국어학 및 국어교육의 주요 화두이다. 특히 후자의 경우 다문화 현상을 자국어 텍스트에서 표상하는 방향에 따라 다문화 가정에 대한 자국인의 태도가 달라질 수 있다.

[표 1] 다문화 현상에 관한 국어 의식의 교육 내용 요소

내용 범주	내용 요소		
	인지	정의	실천
국어 현상에 관한 다양성	다문화 현상에 관한 이해와 국어 사용 분석	다문화 현상에 관한 민감성과 태도의 함양	다문화 현상에 담긴 사회적 힘의 관계 인식

본 것이다. 언어 인식을 기반으로 한 국어 의식 교육은 학습자가 국어 현상의 다양성을 인식하도록 하는 것을 주요 내용으로 삼는다. '다문화 현상의 이해와 국어 사용 분석', '다문화 현상에 관한 민감성과 태도의 함양', '다문화 현상에 담긴 사회적 힘의 관계 인식'이라는 내용 요소는 학습자가 다문화 현상의 본질을 이해하고, 특히 그 현상에서 어떠한 국어 사용 양상이 나타나는지를 인지적으로 탐구하며, 이를 통해 다문화 현상에 민감하게 반응하고 주체적 태도를 형성하는 데 주안점을 두고 있다. 더 나아가 학습자가 다문화 현상에 내재된 불균형한 사회적 힘의 관계를 이해하고, 이를 개선하기 위한 실천을 추구할 수 있도록 유도해야 한다.

향후 국어 의식의 교육 내용 요소에 관한 구체적인 교수-학습 자료와 활동을 개발해 나가야 한다. 특히 위에서 언급한 다문화 현상은 국어교육에서 텍스트에 표현되어 있으며, 학습자는 이러한 텍스트를 비판적으로 이해하고 수용하는 과정에서 국어 의식을 형성하게 된다. 따라서 이러한 텍스트의 비판적 수용 과정에서 발현되는 학습자의 능력과 비판적 수용의 대상인 텍스트의 특성을 자세히 살펴보아야 한다. 비판적 언어 인식과 텍스트 유형에 대한 고민을 이어가 보도록 하자.

3. 비판적 언어 인식 대상으로서 다문화 현상을 표상하는 텍스트

1) 비판적 사고와 비판적 언어 인식의 관련성

텍스트를 비판적으로 수용하는 과정에서 학습자가 발휘하는 능력은 국어교육의 고등 사고 능력으로 여겨져 왔다. '비판적 사고', '창의적 사고'는 텍스트의 수용과 생산에 작용하는 학습자의 국어 능력으로 중시되어 온 것이다. 이러한 사고 능력은 국어 의식을 논의하는 맥락에서 비판적 언어 인식과 관련을 맺고 있다.

비판적 언어 인식은 언어가 이념적으로 중립적이지 않다는 사실을 전제로, 영국의 언어학자 노먼 페어클로프를 중심으로 1980년대 초반부터 언어 속에 든 이데올로기 분석을 추구한 연구 울타리이다. 이에 비판적 언어 인식 연구는 언어가 세계를 표상하며 사회적 구조를 반영한다는 입장을 취하고 있다(Ali, 2011: 30). 그래서 비판적 언어 인식은 특정 사회의 언어 사용 모습을 분석적으로 살펴보면 해당 사회의 다양한 현상이 지닌 이념적 특성을 살펴서 궁극적으로 해당 사회의 언중이 지닌 의식의 면면을 들여다볼 수 있다는 사실을 전제한다.

비판적 언어 인식은 사회적 힘의 불균형에 대한 판단과 실천을 포함하는 능력으로 정의된다. 언어를 중립적 의사소통의 도구가 아닌 사회적 실천의 수단으로 간주하며, 언어 행위는 사회적 실천의 한 형태로 본다. 특히 힘의 관계, 예컨대 사회적 변인, 곧 지역, 세대, 계층, 성별, 문화, 정치 등에 따른 갈등 현상은 '언어'를 통해 일어난다고 본다. 이러한 맥락에서 비판적 언어 인식은 특히 정치 및 사회적 담화에 관심을 갖는다(백선기 등, 2010; 이재선, 2015; 김병건, 2016). 그것은 언어를 삶과 역동적으로 결합하는 '언어로서의 매개체'에 주목하며 언어 사용의 의도성을 살피고자 하기 때문이다.

이와 같은 비판적 언어 인식의 특성은 국어교육에서 전통적으로 중시해 온 비판적 사고와 일정한 관련을 맺는다. 델피 보고서(Delphi Report)에 따르면, 비판적 사고란 해석, 분석, 평가 및 추론을 산출하는 의도적이고 자기 규제적인 판단이며, 동시에 그 판단에 대한 근거가 제대로 되어 있는가와 개념, 방법론, 준거, 맥락의 측면들을 제대로 고려하고 있는가에 대한 설명을 산출하는 의도적이고 자기 규제적인 판단이다(Facione 1990: 2). Lipman(2003; 박진환 외 역 2005: 70)은 문제 해결을 위한 사고, 진술에 대한 정확한 평가와 확장적 사고, 생각의 정당화를 위한 체계적인 탐색이 비판적 사고의 구인이라고 하였다. 홍병선(2011: 454)에서는 비판적 사고는 반성적이면서도 능동적인 사고로서, 주어진 상황에 대한 총체적인 조망을 통한 분석과 평가를 토대로 문제 해결 방안을 모색하는 사고라고 하였다. 이를 종합하면, 비판적 사고는 어떤 현상의 표면과 이면을 복합적으로 이해하고 이를 바탕으로 그 현상을 통찰(insight)할 수 있는 능력과 관련되어 있다.

국어교육에서 비판적 사고는 중핵적 교육 목표 가운데 하나로 설정되어 있다. 그것은 국어교육이 텍스트의 비판적 수용과 창의적 생산을 핵심 명제로 설정하고 있기 때문이다. 이런 점에서 비판적 언어 인식은 학습자의 비판적 사고의 함양과 밀접한 관련이 있으며, 실제 교육 내용으로 구성될 때 텍스트의 비판적 수용 과정과 세부적으로 연계되어야 함을 알 수 있다.

2) 다문화 현상을 표상하는 텍스트의 유형 설정

국어교육이 텍스트를 중심으로 국어 현상을 교수-학습하는 것을 목표로 설정하였기에, 다문화 현상을 표상하는 텍스트에 대한 유형 설정이 우선되어야 한다. 그런데 이러한 텍스트 유형 설정은 전통적인 언어학에서 사용하는 방식을 그대로 활용하기는 어렵다. 그것은 비판적 관점의 언어 연구에서는 텍스트 유형 설정의 기준이 텍스트의 언어적 특질이 아니라 언어 사용자의 인식적 범주를 바탕에 두기 때문이다.

김봉순(2010)에서는 텍스트언어학을 기반으로 한 텍스트 분류법을 제시하고 각각의 국어교육적 의의와 한계를 살피고 있다.[2] 이를 다음 [표 2]로 살피면서 다문화 현상을 표상하는 텍스트의 유형화에 대한 접근 방법을 고민해 보도록 하자.

[표 2]는 텍스트언어학을 중심으로 한 텍스트 분류법의 개념을 제시하고 그 국어교육적 의의와 한계를 밝힌 것이다(김봉순, 2010: 177-192). [표 2]에서 볼 수 있듯이, 전통적인 텍스트 분류법은 '구조 중심'과 '기능 중심'으로 대별된다. 구조 중심의 텍스트 분류는 텍스트의 표층 구조와 심층 구조에 따른 분류이다. '서사, 설명, 논증' 등과 같이 분류되는 방식을 가리킨다. 기능 중심은 텍스트가 지닌 화행적 기능에 의거하는 경우에 해당한다. '정보 전달, 설득, 친교' 등과 같은 의사소통의 성격에 따라 텍스트가 분류된다. 이들 구조 중심과 기능 중심의 텍스트 분류는 텍스트가 본질적으로 지닌 내·외적 성격에 따른 것이다. 이와 같은 사실은, [표 2]에 제시된 국어교육적 의의에서 볼 수 있듯이, 구조 중심 분류법은 텍스트에

....

2 참고로 김봉순(2010)에서는 아래 [표 2]에서 제시된 '기능 중심, 구조 중심, 장르 의식 중심 분류'와 더불어 '이원론적 분류, 국어교육의 기존 분류'를 언급하고 있다.

[표 2] 텍스트 분류법과 국어교육적 의의 및 한계

분류법	개념	국어교육적 의의	국어교육적 한계
구조 중심	텍스트의 심층적 구조나 표층적 구조를 중심으로 한 분류	텍스트 내적인 특성이기에 텍스트에 대한 주요 지식을 제공하는 데 적합함.	구조의 개념이 아직 검증되지 않고 있고, 텍스트의 외적인 요인에 종속적임.
기능 중심	텍스트의 기능에 따른 분류(특히 기본 기능과 화행 기능)	텍스트를 광범위하게 포괄하여 직관적으로 유형을 판단하게 할 수 있음.	텍스트 외적인 상황에 의존하므로 엄밀히 말해 텍스트 분류라고 하기 어려움.
장르 의식 중심	언어 사용자의 의식 속에서 존재하는 텍스트 유형을 찾아 정리하는 방법	집단이 공유하는 특정 양식의 텍스트를 총체적으로 파악하여 실제적인 문식 능력을 향상시킬 수 있음.	텍스트 범주 분류의 일정한 수준이나 체계가 불규칙적이어서 일정하게 범주화하기에는 어려움이 있음.

'대한' 내적 구조의 지식을 파악하는 데에, 기능 중심 분류법은 참여자가 텍스트 운용의 주체이므로 '직관적으로' 텍스트의 유형을 파악하는 데에 유용하다.

다문화 현상을 표상하는 텍스트의 경우, 이와 같은 구조 중심이나 기능 중심의 전통적인 텍스트 분류법에 따라 접근하는 것보다 '장르 의식 중심'의 분류법이 보다 유용하다고 할 수 있다. 그것은 다문화 현상에 대해 언중이 지닌 '국어 의식'을 살펴보는 것이 중요하기 때문이다.

한편 다문화 현상을 표현하는 텍스트의 유형 설정은 텍스트의 양식(mode)에 대한 고민과 함께 이뤄져야 한다. 매체(media)에 의해 소통되는 텍스트에는 언어 사용자의 인식 경향성이 내포되어 있기 때문이다. 매체 텍스트는 형식이 무엇이든지, 시간과 공간을 초월하며 댓글이나 게시판과 같은 공론장으로 나타난다. 인터넷 신문 기사와 같은 매체 텍스트의 경우, 기사의 본문에 나타난 기자의 의도와 기사에 대한 댓글을 통해 드러난 대중의 의도 간에 부합하거나 상충하는 모습이 잠재되어 있는 것이다.

더욱이 비판적 언어 인식은 텍스트의 생산과 유통 그리고 소비의 과정에서 다양한 참여자의 의식을 파악하려는 목표를 설정한다. 이런 점에서 비판적 언어 인식의 연구는 매체 양식의 텍스트를 주된 분석의 대상으로 상정하기도 한다. 이와 관련하여 Fairclough(1995; 이원표 역 2004: 7)는 대중매체 텍스트의 언어에 대한 분석이 대중매체 생산물(output)과 관련된 다음 세 가지 문제를 어떻게 설명하는지 보여준다고 언급한 바 있다. "첫째, 세계(사건, 관계 등)가 어떻게 표현되는가? 둘째, 프로그램이나 이야기에 관련된 사람들(가령, 기자, 시청자, 언급되거나 인터뷰를 당하는 '제삼자들(third parties)')을 위해서 어떤 정체성이 설정되는가? 셋째, 관련된 사람들 사이에는 어떤 관계가 설정되는가(가령, 기자와 시청자, 전문가와 시청자, 또는 정치인과 시청자 관계)?" 이들 각각은 '표현(representations), 정체성(identities), 관계(relations)'의 문제로 지칭되며, 매체 텍스트가 내포한 의도성을 드러내도록 기여한다.

결국 다문화 현상을 표상하는 텍스트로서 매체를 주된 대상으로 삼는 것은, 학습자가 다문화 현상을 관찰하고 어떤 정체성을 형성할지에 대한 문제와 관련이 있다. 더 나아가, 다문화 현상을 표상하는 텍스트를 비판적으로 해석하는 능력뿐만 아니라, 텍스트가 나타내는 다문화 사회의 현실을 직시하고 균형 있고 평등한 관계를 구축하는 일이 중요하다고 하겠다.

장르-의식 중심의 텍스트 유형과 함께 매체와 같은 텍스트 양식을 함께 고려하는 것은 국어 의식 교육에서 새로운 텍스트의 개념화가 필요하다는 사실을 의미한다. 물론 이 작업은 앞서 김봉순(2010)이 지적한 대로 국어교육용 텍스트의 개념이 다양한 인접 학문으로부터 파생되어 복잡한 과제임은 분명하다. 특히 언어 사용자의 의식에 대한 경향성에 따라 텍스트를 유형화하는 작업은 쉬운 일이 아니다. 그럼에도 국어교육에서 국어 의식은 결국 텍스트에 기록된 언어적 흔적(linguistic trace)으로부터 언어 사용자의 의식을 조사하는 과정에서 교육적으로 실현 가능하다고 본다. 이러한 맥락에서 다문화 현상에 대한 언어 사용자의 인식을 실제 텍스트를 통해 추출해 보도록 한다.

4. 신문 텍스트의 비판적 분석과 다문화 국어 의식 탐구의 실제

1) 신문 텍스트를 대상으로 한 비판적 담화 분석의 적용

신문 텍스트는 다문화 현상을 표상하는 대표적인 대상이다. 신문사, 텍스트 생산자, 다문화 현상의 참여자, 텍스트 소비자 및 댓글 작성자 사이의 긴장 관계를 바탕으로 신문 텍스트는 소통된다. 특히 하나의 다문화 현상에 대한 다양한 관점을 담은 여러 신문 텍스트를 비교하고 분석함으로써, 이들 간 이해관계가 어떻게 구축되고 드러나는지를 상호텍스트적으로 확인할 수 있다.

신문 텍스트는 '표제'와 '전문'에서 특정한 어휘 사용을 통해 해당 텍스트가 배태하는 지배적 이미지를 전달하려는 성격이 강하다(유선영, 2001). 그것은 비교적 짧은 지면에서 '지배적 어휘'를 통해 특정 신문사가 의도하는 해석의 관점을 투영하려 하기 때문이다. 따라서 신문 텍스트의 비판적 분석은 어휘 사용의 측면을 반드시 염두에 두어야 한다.

구체적으로 신문 텍스트의 비판적 분석을 위해 '비판적 담화 분석'의 분석 틀을 활용할 수 있다. 그것은 비판적 담화 분석이 어휘 사용을 포

〔표 3〕 비판적 담화 분석의 분석 층위와 분석 요소의 예(Fairclough, 1992)

분석 층위	분석 요소의 예
텍스트	타동성, 초점 문장, 양태, 어휘의 의미, 어휘 선택, 은유 등
담화 수행	상호담론성, 텍스트 연쇄, 일관성, 응집력, 담화 행위 조건, 가정과 전제 등
사회문화적 수행	담화행위의 전형성, 담화 질서와 체제, 담화의 이데올로기 및 정치적 효과 등

함한 언어적 특성에 대한 분석을 바탕으로 해당 텍스트가 발현하는 가치와 이념을 들여다보고자 하는 것을 목표로 삼기 때문이다. 더욱이 비판적 담화 분석이 비판적 언어 인식의 함양을 위한 방법론이라는 사실은(Fairclough, 1998), 비판적 언어 인식 관점의 국어 의식에 대한 수행적 교육 내용을 가늠할 수 있는 바탕이 된다.

주지하다시피 비판적 담화 분석은 '텍스트', '담화 수행', '사회문화적 수행'의 텍스트를 분석하고자 한다(Fairclough, 1992, 1995/2013). 각 분석 층위에 따른 분석 요소를 정리하면 위 〔표 3〕과 같다(Fairclough, 1992: 97).

〔표 3〕에서 볼 수 있듯이, 비판적 담화 분석은 '텍스트, 담화 수행, 사회문화적 수행' 층위에서 '언어적, 의미적, 사회적' 요소에 의해 분석 작업을 수행한다. 텍스트 층위의 언어적 분석 요소는 단어, 문장 차원에서 표현자의 의도성이 어떠한 문법적, 어휘적 자질에 의해 내포되었는지를 파악한다. 이러한 언어적 분석 요소는 담화 수행 차원의 의미적 분석 요소를 해석하기 위한 바탕이 된다. 담화 수행 층위의 의미적 분석 요소는 〔표 3〕에서 언급된 담화 행위 조건과 같이, 텍스트의 의미 구성에 관여한 참여자, 그리고 텍스트를 둘러싼 맥락의 관련성을 복합적으로 파악한다. 이를 통해 궁극적으로 사회문화적 수행 층위에서 해당 담화가 지닌 전형성, 담화의 질서와 체제, 더 나아가 담화가 표출하는 이데올로기나 정치적 효과

등을 파악한다. 일련의 비판적 담화 분석을 통해 특정 텍스트가 배태하고 있는 세계를 드러내는 데 초점을 둔다.

여기에서는 이들 분석 요소 가운데 텍스트 차원에서 '어휘 선택'에 집중한다. 곧 어휘 선택에 의해 달라지는 담화 수행과 사회문화적 수행의 특성을 탐구한다. 이때 어휘 선택은 해당 어휘가 지닌 기본적인 의미뿐만 아니라 그러한 어휘가 선택됨으로써 텍스트 수용자로 하여금 특정한 행동 유도성(affordance)을 유발하는 틀짓기(framing) 양상을 해석하는 일 또한 중요하다. Goffman(1974: 11-12)에서 언급하였듯이, 언중은 틀짓기를 통해 현상에 대한 인식과 인식의 지속성을 경험하기 때문이다.

다문화 현상을 다룬 신문 텍스트의 비판적 담화 분석에 어휘의 틀 분석을 연계하여 분석 방향을 설정해 보기로 한다. 비판적 담화 분석과 틀 이론의 상관성은 Hope(2010)에서 확인할 수 있다. Hope(2010)는 '기후 변화(climate change)'[3]에 관련된 정치 담화를 틀짓기 양상을 중심으로 분석하고 있다. 그 기저 이론으로 Minsky(1975: 212)를 소개하고 있는데, '틀 체계(frame systems)'라는 개념이 담화의 의미 구성에 작용한다는 점은 주목할 만하다.

누군가 새로운 상황을 마주할 때, 그는 자신의 기억으로부터 '틀(frame)'이라고 불리는 상당한 구조를 선택한다. 틀은 필요할 때 세부 사항을 변화해 가면서 실재에 적합하도록 채택되어 일련의 체제로 기억되어 있다.

....

3   기후 변화와 같은 환경 문제도 다문화 현상과 같은 힘의 관계가 나타나는 중요한 비판적 언어 인식의 의제이다. 참고로 Giddens(2009:12)에서는 기후 변화 정책의 경우 대중에게 기후 변화의 위험성을 경고하는 것보다 에너지 효율에 대한 민감성을 언급하는 것이 더 효과적이라고 하면서, 대중이 기후 변화를 어떻게 인식하게 할 것인지를 고민해야 한다고 한 바 있다.

(…) 하나의 '틀'은 정형화된 상황을 대표하는 데이터-구조와 같다는 점에서, 틀을 노드와 그들 간 관계의 네트워크로 간주할 수 있다. (…) 그래서 연관된 틀이 집합을 이루어 하나의 '틀 체계(frame systems)'를 이룬다 (Minsky, 1975: 212).

위에서 볼 수 있듯이, 틀은 사회적 경험에 대한 총체적인 개념(concept)의 집합체이다. 유사한 경험이 모여 특정 상황에 대한 판단의 준거가 되듯이, 틀은 위에서 지적한 것처럼 '틀 체계'를 이룬다. Minsky(1975: 223)에서는 틀 체계가 텍스트의 분석 과정에서 중요한 위상을 지닌다고 하였다. 텍스트는 중심 내용을 기억나도록 유도하는 '주제적 상위 틀(thematic super-frames)'과 그 주제에 간여하는 무수히 많은 '하위 틀(sub-frames)'의 결합으로 이루어져 있다는 것이다. 이러한 틀은 텍스트의 의미를 구성하는 실체적 자질이라고 할 수 있는 '어휘(lexicon)'에 수록되어 있다. 따라서 어휘는 틀을 촉발하며, 촉발된 틀은 텍스트의 텍스트적 자질과 결합하여 주제적 의미를 구성한다.

이를 바탕으로 다문화 현상을 다룬 신문 텍스트의 비판적 분석 방향을 아래와 같이 설정하기로 한다.

- 텍스트: 신문 텍스트에 사용된 중심 어휘의 틀 분석
- 담화 수행: 어휘의 틀이 부각하는 신문 텍스트의 의미 이해
- 사회문화적 수행: 신문 텍스트가 배태한 사회적 힘의 관계 인식

2) 신문 텍스트의 '다문화' 관련 어휘에 나타난 국어 의식
분석의 실제

'다문화'라는 용어는 다문화 현상을 나타내는 근간이다. 그런데 이들 용어 사용에서조차 언중의 상이한 의식이 드러난다. 여기에서는 신문 텍스트에 쓰인 '다문화' 관련 어휘에 주목하여 교육 내용으로서 국어 의식을 분석해 보고자 한다. 이를 위해 다문화 현상에 대한 힘의 불균형성이 보이는 두 신문 텍스트를 선정하였다. 이들은 기사와 칼럼인데 먼저 각각의 표제를 아래와 같이 살펴보기로 한다.

㉮ 기사 표제: '외가는 남성 중심 표현 … 혼혈아·다문화는 배타적 용어', 『국민일보』(2019.10.9.)
㉯ 칼럼 표제: '다문화'라는 용어의 그늘,『재외동포신문』(2019.9.24.)

'㉮'는 사회에서 남용되고 있는 배타적 용어를 지적하면서 다문화 현상을 드러낸다. 밑줄 친 '배타적 용어'를 보면 우리나라에서 혼혈아나 다문화가 부정적 의미로 사용되고 있음을 짐작할 수 있다. '㉯'에서는 밑줄친 부분과 같이 의도적으로 '그늘'이라는 단어를 노출하여 '다문화'라는 용어가 부정적인 상황에서 자주 사용될 수 있음을 드러내고 있다.

이제 신문 텍스트의 본문에서 '다문화'라는 표제에 관련된 다른 어휘들이 어떠한 인식을 드러내고 있는지 확인해 볼 것이다. 먼저 '㉮'와 '㉯'에서 '다름의 가치'에 대한 문제의식이 엿보이는 부분이다.

㉮-(1)
외국인을 차별하는 표현도 은연중에 쓰이고 있다. 정씨는 "기지촌에서

여성운동을 하다 만난 혼혈인들은 영어로 '하프 퍼슨(Half-Person, 반반 섞였다는 의미), 한국어로 '혼혈아'로 불린다"며 "완전한 인간이 아니거나 아동으로만 취급당해 온 것"이라고 말했다.

'㉮-(1)'에서 밑줄 친 부분을 보면 '혼혈아'를 지칭하는 영어 '하프 퍼슨'은 '혼합의 틀(mix frame)'을 촉발한다. 이 '혼합의 틀'은 순수한 하나의 인간이 아니라 마치 둘 이상의 물질이 섞여 있다는 의미를 구성한다. 혼합의 틀이 강한 '하프 퍼슨'이라는 용어는 위의 텍스트에서 '인간성을 훼손한다는' 내지 '순수한 인간이 아니라는' 맥락을 지닌다. 이는 인종주의가 지닌 차별적 관점과 다르지 않다. 결국 '나와 다르다는 사실'을 '다름'으로 인정하지 않고 '틀림'으로 차별하고 배척하는 인식이 나타난 것이다. '다름의 가치'에 대한 국어 의식 교육이 필요한 부분이라고 할 만하다.

이러한 다름의 가치는 아래 '㉯-(1)'의 본문에 대한 비판적 분석을 통해서도 확인할 수 있다.

㉯-(1)

몇 달 전 한 지방자치단체장이 '다문화가족 운동회'에서 '잡종강세'라는 말을 하여 구설에 올랐다. 이민자 가정의 자녀들을 '잡종'에 비유했던 것인데, 이민자들에 대한 차별적인 인식을 드러낸 것이라는 거센 비판을 받고 있으며, 본인은 물론이고 소속 정당 차원에서도 사과와 유감 표시를 한 후 본인은 인권 교육을 따로 받겠다고도 약속하였지만 그 후로도 논란은 상당 기간 계속되었다. 본인은 발언이 문제가 되자 "다문화가정 자녀의 우월성을 칭찬하기 위한 발언이었다"라고 해명하였지만, 대단히 부적절한 용어 사용으로 인해 발언 의도는 중요하지 않게 되어버렸다.

위에서 밑줄 친 '잡종강세'라는 단어는 모욕적인 의미를 발산한다. 그것은 다문화 가정의 자녀를 '잡종'이라고 지칭한 것뿐만 아니라 '잡종이 우월하다'는 사고방식을 보였기 때문이다. '잡종이 우월하다'는 생각은 '동물의 틀(animal frame)'을 촉발한다. 위 본문에서 해당 발언을 한 참여자는 다문화 가정의 자녀를 마치 '동물'과 같이 간주하고 있는 것이다. 다문화 가정의 자녀에 대한 비하 내지 조롱의 수행적 의미가 해당 텍스트에서 강하게 발현된다. 이러한 수행적 의미는 우리 사회가 지닌 다문화에 대한 인식의 수준이 낮은 상태임을 단편적으로 보여준다.

이번에는 "다문화인은 외국인인가?"라는 문제의식을 고민해 보자. 다문화인은 국적을 엄밀히 따져볼 때, 외국인이 맞다. 그런데 다문화인을 외국인으로 단정함으로 인해 '차별의 인식'이 촉발될 여지가 크다. 아래 신문 텍스트를 확인해 보자.

㉮-(2)
동남아시아 등에서 온 결혼 이주여성을 표현하는 '다문화'도 배타적 용어라는 지적이 나왔다. 신지영 고려대 교수는 "한국 사회에서 한국어가 모국어가 아니거나 한민족이 아닌 사람들은 모두 외국인 취급을 받으며 종종 배척당한다"고 했다.

위 '㉮-(2)'에서 밑줄 친 '한민족'과 '외국인'이라는 단어는 상대적으로 '외국인'의 단어에 '이질의 틀(difference frame)'을 부각한다. 다문화 가정을 한민족이 아닌 외국인으로 간주하고 있다는 수행적 의미가 구성될 수 있다. 특히 '외국인 취급'을 받으며 '배척당한다'는 표현은 다문화인은 수동적인 존재로서 자국민보다 지위나 위상이 낮다는 차별의 인식이 보인다. 이를 반영하듯이 아래 신문 텍스트의 본문에는 차별의 인식에 관한 서술이 나타나 있다. '다문화'라는 용어가 지닌 차별성을 없애기 위해 과연 '다문화'를 '외국인'으로 지칭하는 것은 타당한지에 대해 텍스트 생산자가 문제를 제기하고 있는 것이다.

ᅟᅢ-(2)
그런데 최근 사회 일각에서는, '다문화'라는 용어 자체도 차별적·비하적인 의미를 갖는다고 하여 쓰지 말자는 주장이 나오고 있다. 이러한 주장을 반영하여 실제로 외국인이 많이 거주하는 것으로 알려져 있는 대표적인 '다문화' 도시인 안산시는, 다문화 가정과 외국인을 지원하는 업무를 맡고 있던 '다문화지원본부'를 '외국인지원본부'로 명칭을 변경하고, 그 아래 소속된 부서들인 '다문화정책과'와 '다문화지원과'는 각각 '외국인주민정책과'와 '외국인주민지원과'로 명칭을 변경하였다.

'ᅟᅢ-(2)'에서 쓰인 '다문화 가정'이라는 단어는 '다양성'의 틀이 촉발되는 것이 타당하다. 즉 서로 다른 국적, 인종, 문화를 가진 사람들로 구성된 가정의 의미가 텍스트에서 수행된다. 그런데 위에서 언급된 것처럼 '다문화'를 '외국인'으로 완전히 대체할 경우, 이러한 다양성의 의미가 보존될 수 있는지는 의문이다. 앞서 'ᅟᅠ㉮-(2)'에서 살펴보았듯이 자칫 '외국인'을 차별적으로 인식할 경우 오히려 현재 '다문화'라는 용어보다 더 배타적인 의미가 구성될 우려가 있기 때문이다. 어쩌면 다문화의 배타성을 극복하기 위해 '외국인'으로 틀 이동(frame shift)을 하였지만, 이로 인해 다양성이 '소거(erasure)'될 수 있다.[4] '차별의 인식'을 극복할 수 있는 방안에

....
4   틀 이동(frame shift)은 다른 말로 틀 치환(frame displacement)이라고 한다. 새로운 틀이 이전에 다른 틀을 완전히 대체하지 못하는 현상을 가리킨다(Stibbe 2015: 59). 한편 소거(era-

대한 숙의가 필요하다고 하겠다.

신문 텍스트에 쓰인 '다문화' 관련 어휘에 대한 비판적 담화 분석을 통해 '다름의 가치'와 '차별의 인식'이라는 국어 의식이 드러나고 있음을 확인해 보았다. 비록 지금까지의 분석이 단편적인 국어 의식의 예를 드러내는 데에 지나지 않지만, 이들 어휘 사용에서 언중에 따라 차별이나 혐오의 태도가 보인다는 사실을 파악할 수 있다. 추후 다문화 현상을 표상하는 텍스트에 대한 비판적 분석을 통해 국어 의식의 면면을 확인하고 이들을 한데 모아, 국어 의식에 대한 일련의 경향성을 확보해야 할 것이다. 이를 토대로 정의적 영역의 국어교육으로서 국어 의식에 대한 세부 내용 요소를 마련해 나갈 수 있을 것이다.

5. 정리와 전망

지금까지 다문화 현상에 관한 국어 의식 교육의 방향을 고민해 보았다. 이를 위해 먼저 국어 의식 교육과 다문화 현상의 관련성을 파악하였다. 그런 다음 비판적 언어 인식의 대상으로서 다문화 현상을 표상하는 텍스트의 유형을 살펴보았다. 특히 텍스트 유형은 구조 중심이나 기능 중심의 전통적인 텍스트 분류법이 아닌, 언중의 의식을 중심으로 그 경향성을 바탕으로 체계화될 수 있다. 끝으로 국어 의식 교육의 실제를 확인하기 위하여, 신문 텍스트에서 언중이 다문화 현상을 인식하는 방식을 파악하였다. 곧 비판적 담화 분석과 틀 이론을 바탕으로 '텍스트(어휘의 틀)—담화

....

sure)는 텍스트에서 조직적인 부재, 배경화나 왜곡을 통해 대상을 미미하고 상관없거나 중요하지 않은 것처럼 보이게 하는 언어적 표현을 말한다(Stibbe 2015: 146).

수행(틀이 부각하는 의미) ─ 사회문화적 수행(텍스트에 배태된 사회적 힘의 관계)'이라는 분석 요소를 마련하였다. 이를 적용하여 '다문화' 관련 어휘가 사용된 신문 텍스트를 비판적으로 분석하여 '다름의 가치, 차별의 인식'이라는 국어 의식의 예를 확인하였다.

이와 같이 국어 의식 교육은 다문화 현상과 연계하여 실행 가능성을 가지고 있다. 국어 의식에 관한 교육 내용이 그간 꾸준히 지적되어 온 추상성을 다문화 현상과 결합함으로써 이를 극복할 수 있는 가능성을 보인다. 그러나 아직까지 다문화 현상에 대한 국어 의식의 내용을 명확하게 확정하지 못했다는 한계도 존재한다.

이러한 한계를 극복하기 위해서는 무엇보다 다문화 현상에 관한 국어 의식에 관한 실제 교수-학습 현상을 환원적으로 살펴보아야 한다. 교육 현장에서 다문화 현상은 일반화된 지 오래다. 이는 한국 사회의 다문화적 전환과 직결되어 있기 때문이다. 국어 교재와 교수-학습 현장에서 아직 연구되지 못한 다문화 현상, 특히 비판적 관점에서 접근할 수 있는 다문화 현상은 매우 다채롭다고 할 수 있다. 이들을 국어 의식의 논제로 수렴하여 구체적인 교육 내용을 마련하는 일이 필요하다. 일례로 국어 교과서를 대상으로 비판적 언어 인식의 관점을 온전히 적용한 다문화 국어 의식의 연구는 본격적으로 시도되지 못하였다. 국어교육의 실행 현상을 대상으로 다문화 국어 의식을 환원적으로 탐구하는 작업을 바탕으로, 추후 다문화 현상을 비롯한 다양한 힘의 관계에 대한 현상을 국어교육에서 섭렵해 나갈 수 있기를 기대한다.

참고문헌

고춘화(2013), "국어 의식의 개념화와 교육적 해석", 『국어교육학연구』 47, 국어교육학회, 153-185.

곽새라(2021), "로하니 이란 대통령 UN총회 연설문(2015년 및 2018년)에 대한 비판적 담화 분석", 『중동문제연구』 20(3), 명지대학교 중동문제연구소, 1-32.

교육과학기술부(2012), 『국어과 교육과정』, 교육과학기술부 고시 제2012-14호[별책 5].

교육부(2015), 『국어과 교육과정』, 교육부 고시 제2015-74호[별책 5].

_____(2022), 『국어과 교육과정』, 교육부 고시 제2022-33호[별책 5].

구본관 외(2014), 『어휘교육론』, 사회평론아카데미.

구본관(2011), "어휘 교육의 목표와 의의", 『국어교육학연구』 40, 국어교육학회, 27-59.

_____(2018), "국어 교육과 윤리—과거, 현재, 미래", 『국어교육』 160, 한국어교육학회, 37-71.

국립국어원(2020), 『공공언어 감수 전문가 양성을 위한 지침서』, 문화체육관광부.

권이은(2011), "비판적 읽기 범주 설정 및 내용 체계화 연구", 『독서연구』 26, 한국독서학회, 355-380.

김광해(1993), 『국어 어휘론 개설』, 집문당.

_____(1997), "어휘력과 어휘력의 평가", 『선청어문』 25, 서울대학교 국어교육과, 1-29.

김규훈(2017), "'틀 의미론'을 활용한 의미 교육의 내용 구성 방향", 『국어교육』 158, 한국어교육학회, 1-29.

_____(2018), "'비판적 담화 분석'의 국어교육적 적용—〈언어와 매체〉의 통합 단원 구성", 『문법교육』 33, 한국문법교육학회, 1-30.

_____(2019a), "표현 의도를 탐구하는 어휘 교육의 설계 요소 탐색", 『국어교육학연구』 54(3), 국어교육학회, 5-33.

_____(2019b), "문법교육에서 '국어 의식'의 교육 내용 체계화 방안: '언어 인식'의 전이를 중심으로", 『우리말글』 83, 우리말글학회, 1-26.

_____(2020), "복합양식 텍스트의 비판적 수용에 관한 교육 내용 설계 방향—복합양식 담화 분석(MDA)의 국어교육적 적용을 바탕으로", 『국어교육학연구』 55(2), 국어교육학회, 41-71.

_____(2023a), 『국어교육과 생태언어학의 컨버전스: 지속가능성의 비판적 언어 인식 교육 내용 구성(연구과제번호 2023S1A5A2A01079674)』, 한국연구재단.

_____(2023b), "문법교육에서 국어 의식의 개념적 체계화와 교육 내용의 비판적 고찰", 『민족연구』 81, 한국문법교육학회, 160-182.

김규훈 외(2017), "'비판적 담화 분석' 기반 비판적 수용의 통합 활동 개발—'언어와 매체'의 통합을 중심으로", 『교육과정평가연구』 20(3), 한국교육과정평가원, 75-99.

_____(2018), "생태학 관점의 비판적 언어 인식을 위한 매체 수용의 학습 활동 설계―영화
〈옥자〉의 생태언어학적 비평을 바탕으로", 『국어교육』 161, 한국어교육학회, 315-343.

김난도 외(2017), 『트렌드 코리아 2018』, 미래의 창.

김누리(2015), "비판적 담화 분석(CDA)을 활용한 읽기 교육 방법 연구", 경북대학교
석사학위논문.

김동환 외(2013), 『고등학교 화법과 작문』, 미래엔.

김병건(2016), "신문의 사설 · 칼럼에 나타난 '진보'에 대한 비판적 담화 분석", 『사회언어학』
24(1), 한국사회언어학회, 65-90.

김병홍(2004), "텔레비전 정치 뉴스 텍스트의 의도성 분석", 『한글』 264, 한글학회, 153-178.

김봉순(2008), "독서교육에서 비판의 성격과 지도 내용", 『독서연구』 19, 한국독서학회, 167-
196.

_____(2010), "국어교육을 위한 텍스트 분류 체계 연구―읽기와 쓰기 영역을 중심으로",
『국어교육학연구』 33, 국어교육학회, 169-209.

김상태(2020), "은유를 활용한 문법교육: 실험 연구", 『새국어교육』 124, 한국국어교육학회,
127-147.

김소영(2006), "연설의 담화 유형적 특성과 평가의 방향", 『화법연구』 9, 한국화법학회, 173-
202.

김수정(2015), "국어생활사 교육 내용 분석 연구", 『문법교육』 25, 한국문법교육학회, 27-57.

김유미(2014), "비판적 담화 분석을 활용한 읽기 교육 연구", 서울대학교 박사학위논문.

김은성(2005a), "외국의 국어지식 교육 쇄신 동향", 『선청어문』 33, 서울대학교 국어교육과,
429-466.

_____(2005b), "비판적 언어 인식에 대한 연구", 『국어교육연구』 15, 서울대학교
국어교육연구소, 323-355.

_____(2018), "'국어에 대한 태도' 교육의 현황과 새로운 전개", 『한말연구』 50, 한말연구학회,
5-32.

김은중(2018), "문명의 전환과 존재론적 전회: 『중용』의 재해석과 부엔 비비르(Buen Vivir)를
중심으로", 『라틴아메리카 연구』 31(3), 한국라틴아메리카학회, 19-47.

김은지(2021), "장르 인식을 활용한 스마트 광고 리터러시 교육 연구", 『한국초등국어교육』 70,
한국초등국어교육학회, 83-102.

김재희(2018), "대통령 연설문에 나타난 사회언어학적 의미 연구―페어클로의 비판적 담화
분석을 중심으로", 『텍스트언어학』 44, 한국텍스트언어학회, 1-33.

김정우(2011), "문학 교육과 어휘 교육", 『국어교육학연구』 40, 국어교육학회, 187-215.

_____(2015), "국어 교육의 성과를 높이기 위한 광고의 활용 방안", 『청람어문교육』 53,
청람어문교육학회, 7-35.

김지오(2023), "대학생 칼럼의 미숙한 표현 고찰: 공공언어가 갖춰야 할 요건을 중심으로",
『동악어문학』 89, 동악어문학회, 103-133.

김지은·한규은(2017), "광고학과 교육학의 학제 간 융합 가능성을 위한 진단—광고의 교육적
　　효과에 대한 메타 분석을 토대로", 『광고연구』113, 한국광고홍보학회, 68-130.

김진희(2018), "문법 태도 교육 내용으로서 '국어 사랑과 국어 의식'에 대한 비판적
　　소고—국어과 교육과정 및 국어 교과서에 제시된 양상을 중심으로", 『한말연구』50,
　　한말연구학회, 35-59.

김창원 외(2015), 『2015 개정 교과 교육과정 시안 개발 연구 Ⅱ—국어과 교육과정(연구보고
　　CRC 2015-25-3)』, 한국교육과정평가원.

김한샘(2012), "어휘 교육을 위한 사용 어휘 분석 연구—초등학생 작문 어휘 조사를
　　기반으로", 『겨레어문학』48, 겨레어문학회, 493-516.

김해연(2016), "언론담화 선거기사의 비유적 표현의 은유 이론적 분석", 『어학연구』52(3),
　　서울대학교 언어교육원, 393-420.

김혜숙(2001), "광고 언어의 국어 교육적 수용 방안과 실제: 특히 문법교육에 광고 언어를
　　적용하기 위하여", 『국어교육』105, 한국어교육학회, 1-35.

＿＿＿＿(2006), "총장 연설 화법의 텍스트담화적 전략", 『사회언어학』14(2), 한국사회언어학회,
　　117-146.

김혜숙 외(2014), 『생태학 담론을 통한 국어교육 설계』, 동국대학교출판부.

김혜영(2012), "다문화 문식성 신장을 위한 교육 내용 분류: 소설과 시 텍스트를 중심으로",
　　『새국어교육』90, 한국국어교육학회, 261-284.

김혜정(2008), "비판적 사고력 신장을 위한 읽기 지도 방향", 『독서연구』20, 한국독서학회, 47-
　　81.

김효연(2021), "비판적 언어 인식을 위한 문법교육 내용 연구: 복합양식 텍스트의 분석을
　　중심으로", 동국대학교 박사학위논문.

김효연·김규훈(2016), "'비판적 담화 분석'의 문법교육적 적용 가능성: 문법 담화 교육을
　　중심으로", 『국어교육연구』61, 국어교육학회, 85-114.

＿＿＿＿(2022), "문법교육과 비판적 담화 분석의 접점 모색—텍스트 분석 요소에 대응하는
　　문법교육 내용 구성 방향", 『문법교육』44, 한국문법교육학회, 125-156.

남가영(2011), "초등학교 문법 문식성 연구의 과제와 방향", 『한국초등국어교육』46,
　　한국초등국어교육학회, 99-132.

노은희 외(2022), 『2022 개정 국어과 교육과정 시안 개발 연구(연구보고 CRC 2022-2)』,
　　한국교육과정평가원.

도원영 외(2018), "은유 데이터베이스 구축을 위한 시론", 『한국어 의미학』61,
　　한국어의미학회, 55-79.

마릉연(2015), "한국어 유의어 변별 교육—틀 의미론 적용을 중심으로",
　　『우리말교육현장연구』9(1), 우리말교육현장학회, 243-270.

문종철(2016), "비판적 읽기 능력 향상을 위한 비판적 담화 분석 활용 연구", 한국교원대학교
　　석사학위논문.

민병곤(2013), "고도 전문화 시대의 언어 인식과 교육적 대응", 『국어교육학연구』46,

국어교육학회, 77-109.

민현식(2010), "통합적 문법교육의 의의와 방향", 『문법교육』 12, 한국문법교육학회, 1-37.

_____(2021), "언어의 공공성과 문법교육의 방향", 『문법교육』 41, 한국문법교육학회, 1-48.

_____(2023), "공공언어 정책과 교육의 괴리 극복 방안", 『동악어문학』 89, 동악어문학회, 13-45.

민현식 외(2010), 『공공언어 요건 정립 및 진단 기준 개발 연구』, 국립국어원.

_____(2019), 『고등학교 언어와 매체』, 천재교육.

박미화·김솔(2017), "온라인 뉴스 댓글 분석을 통해 본 한국 사회의 중국동포 혐오증: 오원춘 사건 보도 전후를 중심으로", 『다문화와 평화』 11(3), 성결대학교 다문화평화연구소, 92-117.

박수자(1998), "사고, 지식, 어휘의 교육적 함의", 『국어교육학연구』 8, 국어교육학회, 83-104.

_____(2006), "추론적 읽기 지도의 내용 연구", 『국어교육』 120, 한국어교육학회, 169-200.

박신영(2018), "상상력 기반의 시 교육 연구", 한국교원대학교 박사학위논문.

박영목 외(2017), 『고등학교 화법과 작문』, 천재교육.

박인기(2000), 『국어교육과 미디어 텍스트』, 삼지원.

_____(2005), "국어교육학 연구의 방향: 재개념화 그리고 가로지르기", 『국어교육학연구』 22, 국어교육학회, 97-123.

_____(2012), "국어교육 내용으로서의 '태도'—'태도'가 국어교육내용으로서 중요성을 띠는 관점 확충하기", 『한국초등국어교육』 50, 한국초등국어교육학회, 79-106.

_____(2014), "국어교육 텍스트의 경계와 확장", 『국어교육연구』 54, 국어교육학회, 1-26.

박재현(2006), "설득 화법 교육을 위한 텍스트 연결 표현의 의미기능 연구", 『텍스트언어학』 21, 한국텍스트언어학회, 239-258.

박재현 외(2009), 『사회적 의사소통 연구: 지역·민족·인종에 대한 차별적 언어 표현 개선 연구』, 국립국어원.

박종훈(2008), "텍스트의 기능적 분석과 그 국어교육적 의미: 동성(transitivity)을 중심으로", 『국어교육학연구』 33, 국어교육학회, 427-448.

박준홍(2016), "뉴스 이해 능력 신장을 위한 국어교육 내용 연구—틀(frame) 인식을 중심으로", 서울대학교 박사학위논문.

박준홍·박성석(2021), "연설자의 공신력 각인 발화가 설득 효과에 미치는 영향", 『화법연구』 51, 한국화법학회, 49-94.

박혜진(2019), "가족계획 공익광고에 대한 비판적 담화 분석: 1980년대 산아제한 공익광고와 2000년대 출산장려 공익광고를 중심으로", 『담화와 인지』 26(1), 담화인지언어학회, 43-71.

방민호 외(2019), 『고등학교 언어와 매체』, 미래엔.

방은수(2017), "경험의 은유적 혼성을 통한 서사 창작 교육", 한국교원대학교 박사학위논문.

백선기 외(2010), "감성광고의 담론적 구성과 사회적 함축 의미", 『한국광고홍보학보』 12(1), 한국광고홍보학회, 37-83.

서영진(2019), "4차 산업혁명 시대의 국어 교과 역량 탐색", 『국어교육학연구』 54(4), 국어교육학회, 67-103.

서종훈(2020), "연설 담화의 교육적 정체성에 대한 고찰", 『우리말글』 84, 우리말글학회, 151-177.

서 혁(2019), "미디어 생태계의 변화에 따른 복합양식 문식성 교육 및 연구의 과제", 『제44회 전국학술대회 발표자료집』, 한국독서학회, 29-45.

서 혁 외(2014), 『문식성 향상을 위한 어휘 능력 신장 연구』, 국립국어원.

서현정(2023), "공문서 평가를 위한 차별적·권위적 표현 목록 및 용례 구축", 『공공언어학』 9, 한국공공언어학회, 93-138.

소지영·주세형(2017), "과학 교과서의 '문법적 은유'를 중심으로 본 국어과의 도구 교과적 본질 탐색", 『국어교육연구』 39, 서울대학교 국어교육연구소, 119-158.

손영조(2017), "검사의 수사지휘, 용어에 대한 연혁적 비교 연구", 『경찰학 연구』 17(3), 경찰대학, 35-38.

송현주(2010), "동기화를 고려한 어휘 교육", 『어문학교육』 41, 한국어문교육학회, 7-32.

신동일(2018), "언어학적 전환, 비판적 언어학 전통, 그리고 비판적 담론연구의 출현", 『질적탐구』 4(3), 한국질적탐구학회, 1-42.

신동일·김종국(2005), "대학교양영어 인터뷰평가에서 담화 연구", 『사회언어학』 13(2), 한국사회언어학회, 107-128.

신명선(2000), "광고 텍스트의 문화적 의미와 국어교육", 『국어교육』 103, 한국어교육학회, 79-106.

_____(2002), "사회적 실천 행위로서의 읽기 방법의 설계에 대한 시고", 『국어교육학연구』 14, 국어교육학회, 235-264.

_____(2004), "어휘 교육의 목표로서의 어휘 능력(lexical competence)에 대한 연구", 『국어교육』 113, 한국어교육학회, 263-296.

_____(2005), "텍스트 유형 교육에 관한 비판적 고찰—신문 기사문을 중심으로", 『국어교육학연구』 24, 국어교육학회, 361-384.

_____(2008), "개정 국어과 교육과정의 문법교육 내용에 대한 고찰", 『국어교육학연구』 31, 국어교육학회, 357-392.

_____(2010), "인지 의미론의 연구 성과를 활용한 문법교육 내용 개선 방안 연구", 『한국어 의미학』 31, 한국어의미학회, 77-107.

_____(2011), "국어과 어휘 교육 내용의 유형화에 관한 연구", 『국어교육학연구』 40, 국어교육학회, 61-101.

_____(2015), "귀국 학생의 어휘 사용 양상과 교육—동사를 중심으로", 『국어교육학연구』 50(4), 국어교육학회, 144-180.

_____(2017), "어휘 능력의 개념과 자장(磁場), 그리고 교육의 실제성", 『문법교육』 29, 한국문법교육학회, 169-214.

_____(2020), "'어휘 사용의 타당성 탐구 활동'의 교육 내용 설계 방향", 『교육문화연구』

26(1), 인하대학교 교육연구소, 261-288.

신명선 외(2016), "보도 자료에 대한 이해도 조사", 『국어교육연구』 37, 서울대학교
　　국어교육연구소, 137-195.

신선경(2006), "설득의 수단으로서의 은유", 『한국어 의미학』 20, 한국어의미학회, 139-159.

_____(2009), "자연과학 텍스트에 나타난 유추와 은유", 『한국어 의미학』 29, 한국어의미학회,
　　133-152.

신유식 외(2020), 『고등학교 국어』, 미래엔.

신호철(2016), "〈언어와 매체〉의 단원 구성 방안 연구", 『문법교육』 28, 한국문법교육학회, 259-
　　282.

심영택(2013), "비판적 언어 인식의 교육 방법 연구", 『국어교육학연구』 46, 국어교육학회, 45-
　　75.

심지연(2016), "경제 텍스트에 나타난 은유의 인지의미론적 연구", 『한국어 의미학』 51,
　　한국어의미학회, 111-136.

안상수 외(2007), 『사회적 의사소통 연구: 성차별적 언어 표현 사례 조사 및 대안 마련을 위한
　　연구』, 국립국어원.

안희연(2021), "압둘라 2세 요르단 국왕의 대국민 담화문에 대한 비평적 담화 분석:
　　포스트코로나 연설문을 중심으로", 『한국이슬람학회논총』 31(2), 한국이슬람학회, 177-
　　206.

양영희(2012), "국어교육에서의 바람직한 통합 방안 제시", 『우리말글』 56, 우리말글학회, 281-
　　311.

_____(2017), "사회 방언(학)과 비판적 언어 인식에 근거한 문법교육의 방향 설정",
　　『학습자중심교과교육연구』 17-1, 학습자중심교과교육학회, 257-272.

오영훈(2009), "다문화교육으로서 상호문화교육: 독일의 상호문화교육을 중심으로",
　　『교육문화연구』 15(2), 인하대학교 교육연구소, 27-44.

오주영(2010), "틀 의미론을 통한 인지적 의미학습에 관한 연구", 『비교문화연구』 19,
　　경희대학교 비교문화연구소, 295-311.

오현아·강효경(2015), "「법 교육에서의 인성 교육 내용 구성 가능성 탐색―~잖아(요),
　　~거든(요)를 중심으로", 『새국어교육』 103, 한국국어교육학회, 79-111.

옥현진(2013), "문식성 재개념화와 새로운 문식성 교수·학습을 위한 방향 탐색",
　　『청람어문교육』 47, 청람어문교육학회, 61-86.

우한용 외(2003), 『신문의 언어문화와 미디어 교육』, 서울대학교출판부.

원자경(2012), "문학적 사고의 은유 원리를 활용한 창의력 교육 연구", 고려대학교
　　박사학위논문.

원진숙(2008a), "지식 기반 정보화 사회의 문식력 신장을 위한 국어교육의 개선 방향",
　　『한국초등교육』 19(2), 서울교육대학교 초등교육연구소, 21-32.

_____(2008b), "다문화 시대의 초등학교 국어과 교육―다문화 가정 자녀를 위한 한국어 교육
　　지원 방안을 중심으로", 『국어교육학연구』 32, 국어교육학회, 269-303.

_____(2013), "다문화 배경 국어 교육 공동체 구성원들의 언어 의식", 『국어교육학연구』 46,
　　국어교육학회, 111-138.

유경민(2008), "개념 은유를 활용한 한국어 어휘·문화 교육―인간관계에 대한 개념 은유를
　　중심으로", 『한국어 의미학』 26, 한국어의미학회, 153-182.

유선영(2001), 『새로운 신문 기사 스타일―역피라미드 스타일의 한계와 대안』, 한국언론재단.

유희재(2017), "정치적 담화에서 나타나는 '우리'의 의미와 대통령의 전략적 위치짓기―
　　박근혜 전 대통령의 연설문을 대상으로", 『이화어문논집』 43, 이화어문학회, 119-142.

이경현·권순희(2016), "문화 전략을 활용한 광고 표현의 국어교육적 시사점",
　　『학습자중심교과교육연구』 16(3), 학습자중심교과교육학회, 589-609.

이관규(2003), "광고와 국어교육: 그 현황과 전망", 『국어교육학연구』 17, 국어교육학회, 335-
　　363.

_____(2011), "통합적 국어교육의 가치와 '독서와 문법'", 『국어교과교육연구』 18,
　　국어교과교육학회, 91-117.

이관규 외(2019), 『고등학교 언어와 매체』, 비상.

이관희(2010), "문법으로 텍스트 읽기의 가능성 탐색―신문 텍스트에 쓰인 '~도록 하~'와
　　'~게 하~'를 중심으로", 『국어교육학연구』 25, 국어교육학회, 119-161.

이도영(2001), "신문 언어 사용의 원리와 국어교육", 『한국초등국어교육』 19,
　　한국초등국어교육학회, 103-121.

이동혁(2009), "의미 교육 개선을 위한 인지언어학의 함의", 『우리말글』 46, 우리말글학회, 43-
　　66.

_____(2013), "의미 교육 내용의 개선 방안―'의도'와 관련하여", 『어문론집』 56,
　　중앙어문학회, 459-484.

이삼형 외(2015), 『고등학교 언어와 매체』, 지학사.

이삼형(2019), "스마트 미디어 시대와 독서교육", 『독서연구』 53, 한국독서학회, 9-32.

이삼형·김시정(2014a), "'독서 문법'의 가능성 탐색", 『국어교육』 145, 한국어교육학회, 95-
　　124.

_____(2014b), "한국어 인지 어휘 분석 연구", 『국어교육』 147, 한국어교육학회, 75-107.

이삼형·문선민(2019), "국어교육의 실제성 구현을 위하여―주체성과 공공성을 중심으로",
　　『국어교육연구』 69, 국어교육학회, 91-120.

이삼형 외(2007), 『국어교육학과 사고』, 역락.

_____(2019), "국어교육의 실제성 구현을 위하여―주체성과 공공성을 중심으로",
　　『국어교육연구』 69, 국어교육학회, 91-120.

이상우·강연희(2011), "초, 중등 학습자를 위한 광고 비판적 읽기 전략 연구", 『새국어교육』
　　89, 한국국어교육학회, 5-27.

이세연 외(2016), "신문 매체의 개념어 확대 사용 양상 연구", 『새국어교육』 107,
　　한국국어교육학회, 135-171.

이원표(2001), 『담화 분석』, 한국문화사.

이은희(2003), "신문과 국어교육", 『국어교육학연구』 17, 국어교육학회, 109-137.

이재선(2015), "북한의 국가 이데올로기와 언어정책 — 북한신문매체에 관한 비판적 담화 분석", 『언어사실과 관점』 36, 연세대학교 언어정보연구원, 123-166.

이재원(2016), "연설의 종류와 텍스트 종류", 『수사학』 27, 한국수사학회, 33-56.

이재현(2013), 『디지털 시대의 읽기쓰기』, 커뮤니케이션북스.

이정식 외(2000), "어휘장과 은유 문제", 『한국어 내용론』 7, 한국어내용학회, 565-590.

이종철(2000), "창의적인 어휘 사용 능력의 신장 방안", 『국어교육』 102, 한국어교육학회, 155-179.

이지선(2015), "은유 교육 연구: 박지원의 「호질」을 중심으로", 한양대학교 박사학위논문.

이지원(2020), "시진핑 정치 담화에서 나타나는 '우리(我們)' — 비판적 담화 분석의 관점을 중심으로", 『中國文學硏究』 79, 한국중문학회, 157-188.

임지룡(2006), "인지언어학적 관점에서 본 의미의 본질", 『한국어 의미학』 21, 한국어의미학회, 1-29.

_____(2013), "문법교육의 인지언어학적 탐색", 『국어교육학연구』 46, 국어교육학회, 5-44.

임혜원(2018), "가상화폐의 은유적 개념화 양상", 『한국어 의미학』 62, 한국어의미학회, 1-26.

장성아(2015), "비판적 담화 분석(CDA)을 활용한 국어 교육 내용 연구", 『국어교육연구』 59, 국어교육학회, 213-244.

장윤희(2009), "국어생활사 교육의 성격과 목표", 『문법교육』 10, 한국문법교육학회, 287-311.

장필성(2016), "EU 2016 다보스포럼: 다가오는 4차 산업혁명에 대한 우리의 전략은?", 『과학기술정책』 26(2), 과학기술정책연구원, 12-15.

전용선(2010), "법령용어(체포, 검거) 사용의 정확성에 대한 고찰", 『경찰학 연구』 10(3), 경찰대학, 157-193.

정려란(2018), "국어 문법적 은유에 대한 체계기능언어학적 접근", 『한국어문교육』 26, 고려대학교 한국어문교육연구소, 97-126.

정미령(2023), "공공언어 사용 용어의 순화어에 대하여 — 공공언어 감수 전문가 양성을 위한 지침서(2020) 〈부록 1〉을 대상으로", 『국어교육연구』 81, 국어교육학회, 225-260.

정영근(2006), "상호문화교육의 일반교육학적 고찰", 『교육철학』 37, 한국교육철학회, 27-42.

정지현(2013), "국어 의식과 국어 인식의 교육적 개념화를 위한 방향 탐색", 『문법교육』 19, 한국문법교육학회, 389-419.

정현선(2005), "'언어·텍스트·매체·문화' 범주와 '복합 문식성' 개념을 통한 미디어 교육의 국어교육적 수용에 관한 연구", 『한국초등국어교육』 28, 한국초등국어교육학회, 307-337.

_____(2014), "복합양식 문식성 교육의 의의와 방법", 『우리말교육현장연구』 8(2), 우리말교육현장학회, 61-93.

정혜승(2002), "국어과 교육과정 실행 요인 분석 — 교과서 요인을 중심으로", 『국어교육』 108, 한국어교육학회, 209-248.

_____(2005), "은유의 기능과 국어교육적 함의", 『국어교육』 118, 한국어교육학회, 181-219.

_____(2006), "좋은 국어 교과서의 요건과 단원 구성의 방향", 『어문연구』 34(4),

한국어문교육연구회, 379-400.

_____(2008), "문식성(literacy)의 변화와 기호학적 관점의 국어과 교육과정 모델", 『교육과정연구』 26(4), 한국교육과정학회, 149-172.

정혜현(2019), "통일 관련 역대 대통령 연설문에 나타난 동성(transitivity) 체계 선택과 인식 분석", 『한국어문교육』 27, 고려대학교 한국어문교육연구소, 123-152.

정희모(2017), "비판적 담화 분석의 문제점과 국어교육에의 적용―페어클러프와 푸코의 방법 비교를 중심으로", 『작문연구』 35, 한국작문학회, 161-194.

정희창(2023), "공공언어 교육의 실제: 대학에서의 공공언어 교육 사례를 중심으로", 『동악어문학』 89, 동악어문학회, 47-68.

제민경(2011), "텍스트 중심 문법교육의 방향 탐색―신문 텍스트의 '전망이다' 구문을 중심으로", 『국어교육』 134, 한국어교육학회, 155-181.

_____(2013), "텍스트의 장르성과 시간 표현 교육―신문 텍스트의 '~었었~'과 '~ㄴ 바 있~'의 선택을 중심으로", 『텍스트언어학』 34, 한국텍스트언어학회, 179-206.

_____(2015), "장르 문법교육 내용 연구", 서울대학교 박사학위논문.

제민경·구본관(2014), "경제 현상의 언어화를 통해 본 담화 구성력", 『한국어 의미학』 43, 한국어의미학회, 1-31.

조아라·이정윤(2010), "사이버공간에서의 악성 댓글 사용에 대한 탐색적 연구", 『청소년상담연구』 18(2), 한국청소년상담원, 117-130.

조원형(2019), "기억과 다짐: 대통령의 과거사 관련 연설에 대한 텍스트언어학적 분석", 『수사학』 29, 한국수사학회, 217-245.

조진수(2018), "문법적 은유를 활용한 수학 문장제 텍스트의 이해 과정 연구", 『텍스트언어학』 45, 한국텍스트언어학회, 279-306.

주세형(2005), "통합적 문법교육의 내용 설계―의미를 구성하는 문법 지식을 중심으로", 『이중언어학』 27, 이중언어학회, 203-228.

_____(2016), "〈언어와 매체〉 교재 구성의 원리―문법 영역에서의 통합 원리 탐색을 중심으로", 『문법교육』 28, 한국문법교육학회, 237-286.

진 솔(2021), "광고를 활용한 비주얼 리터러시 교육 방안", 『새국어교육』 126, 한국국어교육학회, 275-305.

천경록(2014), "사회적 독서와 비판적 문식성에 대한 고찰", 『새국어교육』 101, 한국국어교육학회, 7-35.

최경봉(2000), "은유 표현에서 단어의 선택과 해석 원리", 『한국어 의미학』 7, 한국어의미학회, 215-241.

_____(2002), "은유 표현에서 어휘체계의 의미론적 역할", 『한국어학』 15, 한국어학회, 285-306.

최영인 외(2019), "TV 홈쇼핑 담화에 나타난 설득 전략의 문제적 양상 분석―상품 특성 전달을 중심으로", 『화법연구』 45, 한국화법학회, 145-181.

최영환(2003), "효율적인 국어과 교재 구성 방안", 『국어교육학연구』 16, 국어교육학회, 533-558.

최윤선(2014), 『비판적 담화 분석』, 한국문화사.

최지현 외(2007), 『국어과 교수·학습 방법』, 역락.

최형용 외(2019), 『고등학교 언어와 매체』, 창비.

편지윤·서혁(2020), "복합양식 텍스트 읽기의 인지적 평가 요소 개발 연구", 『독서연구』 54, 한국독서학회, 203-244.

편지윤 외(2018), "복합양식 텍스트의 텍스트성 재개념화를 위한 시론", 『학습자중심교과교육연구』 18(2), 학습자중심교과교육학회, 493-522.

한귀은(2006), "국어교과서의 영상 제작 활동 도입 방안", 『국어교육학연구』 27, 국어교육학회, 1-27.

한은주(2023), "대학교육에서의 공공언어 인식과 함양 필요성 따른 조명", 『동악어문학』 89, 동악어문학회, 69-101.

홍병선(2011), "'비판적 사고'가 갖는 철학적 함의", 『철학논총』 66, 새한철학회, 453-473.

Abram, D.(2010), *Becoming animal: an earthly cosmology*, New York: Pantheon.

A.L.A.(1996), *Language Awareness*, Association for Language Awareness.

Alcott, B.(2005), "Jevon's paradox", *Ecological Economics* 54(1), 9-21.

Shamin, A.(2011), "Critical language awareness in pedagogical context", *English Language Teaching* 4(4), 28-35.

Barker, C. & Galasiński, D.(2001), *Cultural studies and discourse analysis: A dialogue on language and identity*, London: Sage. 백선기 역(2009), 『문화연구와 담론 분석』, 커뮤니케이션북스.

Barnet, B.(2003), "The erasure of technology in cultural critique", *Fibreculture Journal* 1(1), Retrieved from "fibreculturejournal.org".

Barthes, R.(1977), *Image, music, text*, New York, NY: Hill and Wang.

Benwell, B.(2006), *Discourse and identity*, Edinburgh: Edinburgh University Press.

Blackmore, E. & Holmes, T.(eds.)(2013). *Common cause for nature: Values and frames in conservation*, Machynlleth, Wales: Public interest Research Centre.

Bloom, B. S.(1956), "Taxonomy of educational objectives: The classification of educational goals", *Handbook 1: Cognitive domain*, 20-24.

Bloor, M. & Bloor, T.(2013), *The practice of critical discourse analysis: an introduction*, London: Routledge.

Bolitho, R. et al.(2003). "Ten questions about language awareness", *ELT Journal* 57(3), 251-259.

Brewer, J. & Lakoff, G.(2008), *Comparing climate proposals: A case study in cognitive policy*, Proceedings of the Rockridge Institute.

Button, G. & Lee, J. R. E.(1987), *Talk and social organization*, Clevedon: Multilingual Matters.

Clark, R. & R. Ivanić. 1999. "Raising critical awareness of language: a curriculum aim for the new millennium", *Introduction to critical language awareness* 8(2), 63-70.

De Beaugrande, R. & Dressler, W. U.(1981), *Introduction to text linguistics*, London: Routledge.

Dewey, J.(1916), *Democracy and Education: An introduction to the philosophy of education*, New York, NY: Macmillan. 이홍우 역(2007), 『민주주의와 교육— 교육철학 개론』, 교육과학사.

Donmall, B. G.(1985), *Language awareness*, NCLE Papers and Reports 6, London: Centre for Information on Language Teaching and Research.

Eisenstein, C.(2011), *Sacred economics: money, gift, and society in the age of transition*, Evolver Editions.

Facione, P. (1990), *Critical thinking: A statement of expert consensus for purposes of educational assessment and instruction (The Delphi Report ED315423)*, Newark, OH: American Philosophical Association.

Fairclough, N.(1989/2001), *Language and power*, New York: Longman. 김지홍 역(2011), 『언어와 권력』, 경진.

Fairclough, N.(1992/2007), *Discourse and social change*, Cambridge: Polity Press. 김지홍 역(2017), 『담화와 사회 변화』, 경진.

Fairclough, N.(1995/2013), *Critical discourse analysis: The critical study of language*, London: Routledge.

Fairclough, N.(1995/2004), *Media discourse*, London: Edward Arnold. 이원표 역(2004), 『대중매체 담화 분석』, 한국문화사.

Fairclough, N.(ed.)(1998/2014), *Critical language awareness*, New York: Routledge.

Fairclough, N.(2003), *Analysing discourse: textual analysis for social research*, London: Psychology Press.

Fairclough, N. & Wodak, R.(1997), "Critical discourse analysis", In van Dijk, T.A., (Ed.), *Discourse as social interaction*, London: Sage, 258-284.

Ferber, A.(2007), "Whiteness studies and the erasure of gender", *Sociology Compass* 1(1), 268-282.

Fill, A., & Mühlhäusler, P.(2001), *The ecolinguistics reader: Language, ecology, and environment*, New York: CONTINUUM.

Fillmore, C.(1982), "Frame semantics. In The linguistics of society of Korea (Eds.)", *Linguistics in the morning calm*, Seoul: Hanshin Publishing, 111-137.

Fillmore, C. J. & Baker, C.(2015), "A frames approach to semantic analysis", In B. Heine and N. Narrog(eds,), *The oxford handbook of linguistic analysis* (2nd ed.), Oxford: Oxford University Press, 791-816.

Freudenthal, H.(2012), *Mathematics as an educational task*, New York: Springer Science

& Business Media.

Giddens, A.(1991), *Modernity and self-identity: Self and society in the late modern age*, Stanford, CA: Stanford University Press.

Giddens, A.(2009), *Politics of climate change*, Cambridge: Polity Press.

Goatly, A.(1997), *The language of metaphor*, London: Routledge.

Goffman, E.(1974), *Frame analysis: an essay on the organization of experience*, New York, NY: Harper & Row.

Goodman, K. S.(1987), *Language and thinking in school: A whole-language curriculum*, New York, NY: Richard C. Owen Publishers.

Halliday, M. A. K.(1978), *Language as social semiotic: the social interpretation of language and meaning*, London: Edward Arnold.

Halliday, M. A. K.(1994/2004), *An introduction to functional grammar* (fourth edition), London: Routledge.

Haugen, E.(1972), *The ecology of language*, Stanford: Stanford University Press.

Hienmann, W., & Viehweger, D.(1991), *Textlinguistik: eine Einführung*, Walter de Gruyter. 백설자 역(2011), 『텍스트언어학 입문』, 역락.

Hodge, R. & Kress, G.(1988), *Social definitions of the real, Social semiotics*, New York, NY: Taylor & Francis.

Hope, M.(2010), "Frame Analysis as a Discourse-Method: Framing 'climate change politics'", *Proceedings of Post-Graduate Conference on Discourse Analysis*.

Iedema, R.(2003), "Multimodality, resemiotization: extending the analysis of discourse as multi-semiotic practice", *Visual communication* 2(1), 29-57.

Ivanič, R.(1990), *Critical language awareness in action*, In R. Carter(ed.), Knowledge about language and the curriculum, Hodder & Stoughton.

Jackendoff, R. & Jackendoff, R. S.(2002), *Foundation of language: Brain, meaning, grammar, evolution*, New York, NY: Oxford University Press.

Kahn, M.(2001), "The passive voice of science: language abuse in the wildlife profession," In A. Fill and P. Mühlhäusler(eds.), *The ecolinguistics reader: language ecology, and environment*, London: Continuum, 232-240.

Kintsch, W., & Walter Kintsch, C. B. E. M. A. F. R. S.(1998). *Comprehension: A paradigm for cognition, Cambridge*, MA: Cambridge university press.

Kress, G. (2003), *Literacy in the new media age*, New York, NY: Routledge.

Kress, G. & van Leeuwen, T. (2006), *Reading images: the grammar of visual design* (2nd Ed.), London: Routledge.

Lakoff G., & Johnson, M.(1980), *Metaphors we live by*, Chicago, IL: The University of Chicago Press. 노양진 · 나익주 역(1995), 『삶으로서의 은유』, 서광사.

Lakoff, G. & Johnson, M.(1999), *Philosophy in the flesh: The embodied mind and its challenge to Western thought*, New York: Basic Books.

Lakoff, G. & Wehling, E.(2012), *The little blue book: the essential guide to thinking and talking democratic*, New York: Free Press.

Lakoff, G.(1987), *Women, fire, and dangerous things: What categories reveal about the mind*, Chicago: The University of Chicago Press.

Lakoff, G.(1993), *The contemporary theory of metaphor*, UC Berkeley Previously Published Works, Retrieved from "escholarship.org/uc/item/54g7j6zh".

Lakoff, G.(2004), *Don't think of an elephant!: Know your values and frame the debate*, VT: Chelsea Green Publishing. 유나영 역(2015), 『코끼리는 생각하지 마』, 와이즈베리.

Lakoff, G.(2010), "Why it matters how we frame the environment", *Environmental Communication: A Journal of Nature and Culture* 4(1), 70-81.

Lakoff, G., & Johnson, M.(1980/2008), *Metaphors we live by*, Chicago, IL: The University of Chicago Press.

Langacker, R. W.(1987/1991), *Cognitive grammar*, OUP USA. 이기동·김종도 역(1991), 『인지문법』, 한신문화사.

Langacker, R. W.(1987), *Foundations of cognitive grammar: Volume I:* Theoretical prerequisties, Stanford University Press. 김종도 역(1998), 『인지 문법의 토대』, 박이정.

Larson, B.(2011), *Metaphors for environmental sustainability: Redefining our relationship with nature*, New Haven, CT: Yale University Press.

Lipman, M.(2003), *Thinking in education*, Cambridge University Press. 박진환 외(2005), 『고차적 사고력 교육』, 인간사랑.

Machin, D. & Mayr, A.(2012), *How to do critical discourse analysis: A multimodal introduction*, CA: Sage.

Martin, J.(2008), "Incongruent and proud: de-vilifying 'nationalization'", *Discourse & Society* 19(6), 801-810.

Martin, J.(2014), *Politics and rhetoric: a critical introduction*, London: Routledge.

Matinec, R.(2000), "Types of processes in action", *Semiotica* 130(3/4), 243-268.

Martinec, R. & Salway, A.(2005), "A system for image-text relations in new (and old) media", *Visual Communication* 4(3), 337-372.

Matura, H. R., & Varela, F. J.(1992), *The tree of knowledge: The biological roots of human understanding*, Boston: Shambhala Publications.

McLuhan(1964), *Understanding media: The extensions of man*, New York: Signet.

Minsky, M.(1988), "A framework for representing knowledge", In A. Collins & E. Smith(eds.), *Reading in cognitive science: a perspective from psychology and artificial intelligence*, CA: Morgan Kaufmann, 156-189.

Müller, C.(2008), *Metaphors dead and alive, sleeping and waking: A dynamic view*, *Chicago*, IL: University of Chicago Press.

N.C.L.E.(1985), *Language Awareness, National Congress on Languages in Education Assembly*(4th, York, England, July 1984).

Norris, S.(2004), *Multimodal discourse analysis: A conceptual framework*, In P. Levine & R. Scollon (Eds,), Discourse and technology: Multimodal discourse analysis, Washington D.C.: Georgetown University Press.

O'Halloran, K.(2011), *Multimodal discourse analysis*, In K. Hyland & B. Paltridge (Eds.), Bloomsbury companion to discourse analysis, London: Bloomsbury.

O'Toole, M.(1994), *The language of displayed art*, London: Leicester University Press.

Pang, V. O.(2001), *Multicultural education: A caring-centered, reflective approach*, Columbus, OH: McGraw-Hill.

Reddy, M.(1979), "The Conduit Metaphor", *Metaphor and thought* 2, 285-324.

Richards, I. A., & Ogden, C. K.(1959), *The meaning of meaning*, New York, Hacourt, Brace.

Royce, T.(1998), "Synergy on the page: exploring intersemiotic complementarity in page-based multimodal text", *JASFL Occasional Papers* 1(1), 25-50.

Searle, J. R.(2002), *Consciousness and language*, Cambridge: Cambridge University Press.

Semino, E.(2008), *Metaphor in discourse*, Cambridge: Cambridge University Press.

Singer, P.(1990), *Animal liberation*, London: Random House.

Specter, M.(2012), "The climate fixers", *The New Yorker* 14, 96-103.

Stibbe, A.(2015), *Ecolinguistics: Language, ecology and the stories we live by*, London: Routledge. 김규훈 외 역(2018), 『생태언어학: 언어, 생태학, 그리고 삶으로서의 이야기』, 역락.

Sullivan, K.(2006), "Frame-based constraints on lexical choice in metaphor", *Proceedings of the 14th Berkeley Linguistics Society Annual Meeting* 32(1), 387-399.

Sullivan, K.(2013), *Frames and constructions in metaphoric language*, Amsterdam: John Benjamins.

Tannen, D.(ed.)(1993), *Framing in discourse*, Oxford: Oxford University Press.

van Dijk, T. A.(1993), "Principles of critical discourse analysis", *Discourse & Society* 4(2), 249-283.

van Dijk, T. A.(2009), "Multidisciplinary CDA: a plea for diversity", In Wodak, R. & Meyer, M.(eds.), *Methods of CDA*, London: Sage, 95-120.

van Dijk, T. A.(2009), *Society and discourse: How social contexts influence text and talk*, New York, NY: Cambridge University Press.

van Leeuwen, T.(1999), *Speech, music, sound*, London: Palgrave.

van Leeuwen, T.(2008), *Discourse and practice*, Oxford: Oxford University Press.

van Leeuwen, T.(2014), *Critical discourse analysis and multimodality, In C. Hart* P. Cap(Eds.), Contemporary critical discourse studies, London: Bloomsbury.

van Lier, L.(2004), *The ecology and semiotics of language learning*, Boston, MA: Kluwer Academic Publishers.

Wodak, R. & Meyer, M.(Eds.)(2015), *Methods of critical discourse studies* (3rd Ed.), London: Sage.

신문

국민일보, "외가는 남성 중심 표현 … 혼혈아·다문화는 배타적 용어", 2019/10/09.

뉴시스, "미세먼지에 갇힌 부산 도심", 2019/01/23.

연합뉴스, "살아난 남극 오존층, 한국도 90년대부터 파괴 물질 확 줄였다", 2016/07/02.

재외동포신문, "'다문화'라는 용어의 그늘", 2019/09/24.

조선비즈, "남극 오존층 구멍, 영국 땅 18배만큼 줄어...2050년까지 자연 회복", 2016/07/01.

찾아보기